AF452408

F. DE CAULET

DU MÊME

LE MUSÉE D'ALGER. Paris, Leroux, 1890, grand in-4° avec planches hors texte.

LE MUSÉE DE CONSTANTINE. (En collaboration avec M. Gauckler). *Ibid.* 1892.

LES RÉCENTES DÉCOUVERTES ARCHÉOLOGIQUES DANS LA GRÈCE MODERNE. Foix, Francal, 1893, in-8°.

UNE EXCURSION A CONSTANTINOPLE. Foix, Gadrat, 1893, in-8°.

LES ŒUVRES LITTÉRAIRES DE L'EMPEREUR HADRIEN. Toulouse, Chauvin, 1893, in-8°

LA COMPOSITION DE SALAMMBÔ D'APRÈS LA CORRESPONDANCE DE FLAUBERT. Toulouse, Privat, 1894, in-8°.

LES FOUILLES DE L'ACROPOLE D'ATHÈNES. *Gazette archéologique*, 1888.

INSCRIPTIONS DE POMPEIOPOLIS, DE CRÈTE, DE PAPHLAGONIE, DE DÉLOS, D'APAMÉE-CIBOTUS. *Bulletin de correspondance hellénique*, 1888, 1889, 1892, 1893. — INSCR. DE CARIE (en collabor. avec M. Deschamps). *Ibid.*, 1889, 1890. — INSCR. D'EUBÉE (en collabor. avec M. Legrand). *Ibid.*, 1891.

LA COLLECTION BALZAN ET GALÉA A SOUSSE. *Revue archéologique*, 1892.

DEUX MONUMENTS ANTIQUES DE TUNISIE. *Bulletin archéologique du Comité des Travaux Historiques*, 1892.

THÉSÉE ET LE MINOTAURE, MOSAÏQUE D'HADRUMÈTE. *Comptes rendus de l'Académie des Inscriptions*, 1892.

UN AMBASSADEUR ARIÉGEOIS A CONSTANTINOPLE SOUS LA RÉGENCE. *Bulletin de la Société Ariégeoise des Sciences, Lettres et Arts* (tome IV). Foix, imp. Pomiès, 1894. — LA VIE MILITAIRE A FOIX ET LE RÔLE DU CHATEAU DE 1630 à 1675. *Ibid.* — LE MEURTRE DU CURÉ DELESCAZES, L'AUTEUR DU *Mémorial Historique*. *Ibid.* — INCIDENTS DE LA VIE DE DELESCAZES. *Ibid.* — LA DANSE A FOIX EN 1663. *Ibid.* (tome V). Foix, imp. Gadrat, 1895. — LA CHAPELLE DE LA VIERGE AU BOUT DU PONT DE L'ARIÈGE. *Ibid.*

INCIDENTS DE LA VIE MUNICIPALE A FOIX SOUS LOUIS XIV, LOUIS XV ET LOUIS XVI. Foix, imp. Gadrat, 1894 et 1895, 3 brochures in-16. (Extrait du journal l'*Avenir de l'Ariège*).

UNE ILLUSTRATION PYRÉNÉENNE : LE CHEVALIER DE LÉVIS. *Revue des Pyrénées*, 1895.

LES PROTESTANTS A PAMIERS SOUS L'ÉPISCOPAT DE CAULET. *Annales du Midi*, 1895.

NOTES SUR LA CATHÉDRALE DE PAMIERS ET L'ÉGLISE ABBATIALE DE SAINT VOLUSIEN DE FOIX. *Bulletin de la Société archéologique du Midi de la France*, 1895.

VIE ET SERMONS DE BOURSE, CHANOINE ET ARCHIPRÊTRE DE PAMIERS SOUS L'ÉPISCOPAT DE VERTHAMON. *Semaine catholique de Pamiers*, 1895.

FRANÇOIS ESTIENNE DE CAULET EVESQVE DE PAMIERS IL NACQVIT LE 19 MAY 1610 MORT LE 7 AOUST 1680
Gravé par E. Desrochers et se vend chez luy a Paris rüe du foin prez la rüe
Quoiqque Caulet soutint auec beaucoup de Zele
Tour les droits quil croyois a sa Mitre annexe
Il fut pourtant vn vray modele
Des Pasteurs desinteressez

UN PRÉLAT JANSÉNISTE

F. DE CAULET

RÉFORMATEUR

DES CHAPITRES DE FOIX ET DE PAMIERS

PAR

G. DOUBLET

ANCIEN MEMBRE DE L'ÉCOLE D'ATHÈNES

Professeur de Rhétorique au Lycée de Foix

MEMBRE CORRESPONDANT DE LA SOCIÉTÉ ARCHÉOLOGIQUE DU MIDI DE LA FRANCE

—

D'APRÈS DES DOCUMENTS INÉDITS

Avec portrait, pièces justificatives et fac-simile.

—

OUVRAGE HONORÉ D'UNE MÉDAILLE DE VERMEIL
PAR LA SOCIÉTÉ ARIÉGEOISE DES SCIENCES, LETTRES ET ARTS

PARIS	FOIX
A. PICARD ET FILS	GADRAT AINÉ
Libraires-Editeurs	Libraire-Editeur
82, RUE BONAPARTE.	RUE DE LA BISTOUR.

1895

AVANT-PROPOS.

Parmi les évêques de Pamiers, si le plus connu est le premier, Bernard Saisset, que Boniface VIII créa son légat et que Philippe IV le Bel fit arrêter et juger, l'un des plus remarquables aussi est François-Etienne de Caulet, que Rome inquiéta et soutint ensuite, que Louis XIV appuya d'abord et finit par persécuter. Nous ne cherchons pas à tracer sa vie, qui n'a jamais été, il nous semble, étudiée avec tous les détails qu'elle mérite. Qu'il suffise d'en rappeler ici les lignes principales. Fils d'un président au Parlement de Toulouse, il eut pour frères un magistrat qui devint à son tour président au même Parlement, et un prêtre qui fut l'un de ses vicaires-généraux, pour sœur la baronne de Mirepoix. Elève des Jésuites de Paris, abbé commendataire de Saint-Volusien de Foix à 17 ans, prêtre, missionnaire, ami d'Olier qui a fondé le séminaire de Saint-Sulpice, protégé de saint Vincent-de-Paul qui le fit nommer à l'Evêché de Pamiers, disciple plus encore qu'ami de l'évêque janséniste d'Alet, Nicolas Pavillon, M. de Caulet fut désigné pour la mitre de Pamiers le 14 juin 1644, à l'âge de 34 ans. Sacré à Saint-Sulpice le 5 mars 1645, il entra à Pamiers le jour des Rameaux ; il y mourut le 7 août 1680.

Ce que fut son épiscopat, on le sait en gros ; on connaît surtout le caractère de la lutte qu'il soutint contre le Roi au sujet de la Régale. Ouvrez le *Siècle de Louis XIV* au chapitre des *affaires ecclésiastiques :* Voltaire y insiste sur Caulet comme l'un des deux évêques qui « mal-

1

heureusement (pour le Roi) étaient les deux plus vertueux hommes du royaume » et qui refusèrent « inflexibles, et pour des raisons plausibles », de se soumettre à Louis XIV. Je ne cite que ce témoignage.

Grâce à l'obligeance de M. Pasquier, archiviste de l'Ariège, nous avons consulté les Archives départementales et étudié le fonds de l'Evêché appaméen qui est d'une grande richesse en documents inédits, relatifs à Caulet. Qu'il nous soit permis de remercier ici M. Pasquier pour l'amabilité avec laquelle il a bien voulu nous autoriser à puiser à ces sources ; les conseils de son expérience ne nous ont pas fait défaut ; il a même consenti à revoir certaines parties du travail d'ensemble que nous entreprenions et à examiner avec nous telle pièce d'une lecture moins aisée.

Nous étudions ici une partie des documents nouveaux, croyons-nous, que nous avons eu l'occasion de consulter et de mettre en ordre. L'objet de cette étude est de montrer comment Caulet, dont l'esprit sévère n'est connu qu'en traits généraux, a rétabli l'ordre dans son chapitre cathédral et dans le chapitre abbatial de Foix. Sans aborder ici la question de la Régale, — question compliquée et assez importante pour mériter d'être examinée à part, — nous serons amené à en dire au moins quelques mots. Ce que nous cherchons, c'est d'indiquer ce qu'étaient les chapitres de Foix et de Pamiers ; — comment ils repoussèrent d'abord la réforme ; — comment celui de Pamiers, sur lequel j'insiste davantage, dut se soumettre et laissa l'esprit nouveau se faire jour ; — comment il fut partagé en deux camps de force égale ; — comment l'esprit nouveau finit par avoir la majorité ; — comment l'Evêque établit la réforme à Pamiers ainsi qu'à Foix, mais pour être aussitôt entraîné dans la querelle de la Régale où l'Eglise le soutint, mais où l'Etat le battit.

En second lieu, nous ferons voir les rapports que cette réforme eut avec la reconstruction de deux des plus importants édifices religieux du pays, ruinés par les guerres entre Catholiques et Protestants : la cathédrale de Pamiers et l'église abbatiale de Foix. Si Caulet n'avait pas réglé l'emploi des revenus des deux chapitres, ces deux monuments n'eussent pas été aussi vite relevés.

Nous joindrons en appendice quelques pièces justificatives.

Telles seront les matières des chapitres de cette étude. S'ils font connaître une des parties de l'œuvre d'ensemble que Caulet s'était proposée, s'ils témoignent en faveur de la nécessité des réformes qu'il désirait imposer à ses chapitres autant qu'à tous les autres membres de son clergé, si les documents qui nous ont servi, inédits pour la plupart, permettent d'arriver à une certaine précision, l'histoire, qui n'est pas encore faite, d'un des plus distingués Evêques de Pamiers sera un peu mieux comprise. Que l'on se reporte au *Port-Royal* de Sainte-Beuve : on y voit quel était le prestige de Caulet, comment une dame demandait un enfant à Dieu « par l'intermédiaire du Bienheureux François de Pamiers » et se recommandait à ses prières « dans la même vue que la mère de Samuel » (1). D'autre part, le savant éditeur des Mémoires de Foucault, de l'intendant qui au nom du Roi et malgré le Pape brisa les suprêmes résistances de l'Evêque, signale d'un mot la manière dont celui-ci a ramené son chapitre, « tombé dans le plus grand relâchement, à la régularité et à une règle presque monastique » (2).

Nous aurions pu restreindre ce travail au chapitre cathédral de Pamiers, pour lequel nos documents étaient les plus nombreux ; nous donnerons les raisons qui nous ont déterminé, au début et vers la fin de cette étude presque exclusivement consacrée aux chanoines et prébendiers de la Cathédrale, à parler du chapitre abbatial de Foix, afin de ne pas séparer les deux parties d'une même lutte engagée par un esprit austère et ami de l'ordre contre des gens relâchés et ennemis de l'obéissance. « Eglise de France tant vantée et qui ne cesses de te célébrer toi-même ! » s'écrie le brillant historien de Port-Royal, « que tu étais belle sous Louis XIV, mais que tu avais aussi de taches et de trous dans les plis de ta robe » (3)! Nous montrerons quelques-unes de ces taches, et surtout comment a essayé de les effacer François-Etienne de Caulet, abbé de Foix de 1627 à 1644, Evêque de Pamiers de 1644 à 1680 (4).

(1) Lettre d'Arnauld des 16 avril, 26 août et 10 septembre 1683 citées par Sainte-Beuve, 5ᵐᵉ Edit., t. V. p. 613.

(2) Mémoires de Foucault, éd. Baudry. Imp. impériale p. CXXXVII de l'introduction.

(3) Sainte-Beuve, Appendice du t. IV, p. 544. Allusion au sermon de Bossuet sur l'unité de l'Eglise.

(4) « Cœur honnête, cerveau étroit et formé pour des opiniâtretés successives », l'appelle Sainte-Beuve (*ibid.*, p. 355) dont presque toutes les sympathies sont réservées à Pavillon, qu'il qualifie de saint avec Le Camus qui proclamait l'Evêque d'Alet « un saint sur terre » en 1675. Caulet mérite d'être mieux jugé, et c'est ce que nous voudrions établir dans les Etudes que nous lui consacrons.

Outre le fonds de l'ancien Evêché, qui nous a fourni la plupart des documents de ce travail, nous avons dû la communication d'ouvrages imprimés assez rares ou de pièces manuscrites à l'obligeance de plusieurs personnes que nous nous faisons un devoir de remercier ici : M. l'abbé Barbier, chanoine de la cathédrale de Pamiers, M. l'abbé Ferran, secrétaire de l'Evêché de cette ville, M. de Faure-Massabrac, notaire à Pamiers, M. Grilh, ancien avoué, receveur municipal de la ville, M. Massip, conservateur de la Bibliothèque municipale de Toulouse, M. Rousseau, principal du collége de Pamiers. Tout ce qu'ils ont bien voulu me communiquer m'a beaucoup aidé à étudier la vie et l'épiscopat de celui qu'Innocent XI proclamait un prélat de pieuse mémoire ; et particulièrement ces différends qui rappellent le spirituel poème héroï-comique de Boileau, ou tel passage des *Caractères* de La Bruyère (1), soit le dialogue qu'il établit entre le chevecier, l'écolâtre, le prévôt d'un chapitre quelconque, la jalousie qu'il prête à ceux-ci contre le trésorier, le pénitencier, l'archidiacre et le grand-vicaire, soit l'harmonieuse et ironique phrase où le lecteur entend « les cloches sonner dans une nuit tranquille, et leur mélodie, qui réveille les chantres et les enfants de chœur, endort les chanoines et leur procure de beaux songes. »

(1) Chapitre *de quelques usages.*

CHAPITRE PREMIER.

CE QU'ÉTAIENT LES CHAPITRES DE PAMIERS ET DE FOIX.

Le chapitre cathédral de Pamiers ; son organisation, son besoin de réforme. — Efforts des prédécesseurs de Caulet. — Episodes de la vie des Chanoines et des Prébendiers. — Nécessité de rétablir la règle à Pamiers. — La tentative de réformer le chapitre abbatial de Foix en est le prélude.

Henri de Sponde, évêque de Pamiers, écrivant au pape Urbain VIII, rappelait que saint Ignace prisonnier combattit nuit et jour contre ses gardiens et les appela « dix bêtes fauves, dix léopards que les bienfaits irritent et exaspèrent. Et moi, plus malheureux que le saint, j'ai *douze léopards* », ajoutait le prélat en parlant des douze chanoines de son chapitre cathédral. Ces *douze léopards* en soutanes, surplis, aumusses et bonnets carrés, c'est Caulet qui a le plus senti leurs griffes : mais il les leur a fait rentrer.

L'une des œuvres les plus curieuses de son épiscopat, l'une de celles qu'il poursuivit avec le plus d'ardeur, ce fut la réforme de son chapitre cathédral. Non qu'elle lui appartienne en propre : il ne fit que reprendre un travail projeté par ses prédécesseurs, surtout par le dernier, mais à peine entrepris par celui-ci et abandonné aussitôt. Caulet soutint la lutte, surtout après dix ans d'épiscopat et lorsqu'il connut clairement la question ; il la conduisit jusqu'au moment où la querelle de la Régale le trouva vainqueur de son chapitre, mais lui donna un adversaire autrement redoutable, le Roi.

Sans exposer ici les origines un peu confuses et obscures de l'église de Pamiers, rappelons au moins, d'après une vie anonyme de Caulet(1), ainsi que d'après le *Gallia* (2), que l'abbaye placée sous le vocable du martyr saint Antonin passe pour avoir été bâtie vers 961 ; que Roger 1er comte de Foix aurait écrit à un des abbés de Cluny vers 1060 pour lui céder le terrain à condition qu'il y fût établi un couvent de Bénédictins ; que dès 1095 on y trouvait des chanoines *réguliers ;* qu'en 1295, Boniface VIII érigea l'abbaye en évêché et fit un évêque de l'abbé Bernard de Saisset ; qu'en 1317 Jean XXII créa l'évêché de Rieux et celui de Mirepoix en enlevant quelques parties de celui de Pamiers.

Après la création du siége épiscopal, les chanoines réguliers restèrent dans la nouvelle cathédrale ce qu'ils étaient auparavant dans l'abbaye (3). Ils observaient encore leurs vœux. Mais, du jour où la cathédrale, d'abord située en dehors de la ville, fut transportée ainsi que le chapitre au dedans en 1499, ils commencèrent à abandonner leurs règles. « Plus de demeure commune, de table commune », disent les auteurs du *Gallia ;* « une vie pareille à celle des séculiers, des mœurs relâchées, la vieille cathédrale livrée au pillage, la nouvelle installée à l'étroit dans la petite église paroissiale du Mercadal ».

Ce genre d'existence s'était aggravé au xvie siècle, surtout à la faveur des guerres de religion. Il est juste de reconnaître que le chapitre y avait été obligé de vivre au jour le jour, parfois à l'aventure, et que toute règle devait en souffrir. Le *Mémorial historique* de Delescazes nous renseigne utilement à ce sujet (4). Un jour le chapitre quitte la ville pour le Mas (5) ; un autre il se réfugie à Montgauzy près de Foix (6), puis au Mas (7), où il est surpris par Daudon le célèbre capitaine huguenot. Il se retire à Varilhes (8), rentre à Pamiers (9), en sort de

(1) Ms. 730 de la Bibliothèque municipale de Toulouse, p. 16.
(2) Ed. Palmé, XIII p. 150.
(3) La vie anonyme de Caulet dit même que Boniface VIII les enrichit *novis reditibus e dioecesi Tholosana delibatis,* ce qui amena la querelle entre Rome et Philippe IV, dont nous n'avons pas à parler ici.
(4) Ed. Pomiés, Foix, 1891-1894. Voir la table analytique dressée par **M. Pasquier,** archiviste de l'Ariége, au mot *chapitre cathédral de Pamiers,* p. 247.
(5) 1566, Lahondés II, p. 23.
(6) 1582, Delescazes, p. 67.
(7) 1586, *Ibid.* p. 107.
(8) 1586, *Ibid.* p. 112.
(9) 1599, *Ibid.* p. 119.

nouveau (1), y revient (2), s'en sauve devant l'arrivée du huguenot Rohan, se réfugie à Varilhes, puis à Foix (3), rentre à Pamiers le jour de la Pentecôte 1627 (4), et fait des démarches pour que le château du Castella soit rasé par les agents de Louis XIII plutôt que de risquer de retomber aux mains des calvinistes (5). Avec une existence aussi agitée, on s'étonnera peu que la règle de l'ordre de saint Augustin ait été imparfaitement observée.

Les évêques n'avaient pas toujours réussi à faire obéir le chapitre cathédral. Sans doute, Pilfort de Rabastens avait en 1315, par une sentence arbitrale, réglé la plupart des questions que soulevaient la séparation des menses, l'institution du prieur claustral, la collation des bénéfices, la nomination et l'admission tant des simples chanoines que des dignitaires (6). Sans doute Gérard de la Bricoigne avait obtenu, en 1436, que les chanoines de la cathédrale, déjà réduits à 18 par Grégoire XI en 1371, le fussent par Eugène IV à 12 (7). A la fin du xv⁰ siècle, nous trouvons le chapitre divisé en deux factions : les uns, et ce sont les plus nombreux, habitent Pamiers et célèbrent les offices au Mercadal, le reste vit au Mas, quoiqu'il soit détruit, entourés de gens d'armes et maîtres de la mense capitulaire (8).

L'évêque Joseph d'Esparbès de Lussan (1608-25) avait cherché à rendre aux chanoines la vie régulière qu'ils avaient abandonnée « au milieu de la guerre et de l'anarchie, peut-être aussi des défaillances qui en étaient les inévitables suites, et cherché à la rétablir par une ordonnance de 1610 » (9). Le 3 septembre 1620, le Parlement de Toulouse avait ordonné que l'Evêque et le syndic du chapitre entretiendraient à frais communs « un chœur de musique et un maistre des cérémonies » dans l'Eglise du Mercadal; que des experts, chargés d'ailleurs d'examiner « la commodité ou incommodité, capacité et grandeur » de ce bâtiment, verraient à trouver dans le voisinage un logement « commode pour les chanoines pour servir de closture convenable à leur vie régu-

(1) 1602, Lahondès, p. 76.
(2) 1610, *Ibid.* p. 81.
(3) 1627, Delescazes, p. 152 ; Lahondès, p. 103.
(4) Delescazes, p. 161.
(5) Lahondès, p. 113.
(6) *Gallia,* col. 160 ; Lahondès, I p. 157.
(7) *Gallia,* col. 165 ; Lahondès, p. 235.
(8) Lahondès, p. 357.
(9) Lahondès, II p. 83 : il n'en dit pas davantage.

lière » ; que le syndic ne serait pas tenu de garder le château du Mas, « sauf à y estre pourveu à l'advenir par le Roy », ni l'Evêque, « des ornemens d'une chapelle pour son droit d'entrée en l'Evesché » ; que les chanoines donneraient chacun une chape processionnelle, suivant l'ordonnance arbitrale de 1315, dans les quatre mois (1). Voici encore des Lettres-Royaux au profit de l'Evêque contre le syndic du chapitre : datées du 22 février 1620, et de Toulouse, elles ordonnaient, en conséquence de la requête épiscopale qui indiquait ce que les chanoines faisaient « en hayne de son ordonnance donnée sur la correction et régullarité d'iceulx », que le syndic fût condamné à payer 1000 livres de dommages et intérêts « à cause de la dégradation des isles » et à rembourser la moitié des frais causés par la garde « et conservation du chasteau épiscopal du Mas Saint-Anthonin » (2). N'insistons pas davantage sur ces documents dont le principal intérêt nous semble être qu'ils se rattachent à la tentative de l'Evêque d'Esparbès de Lussan pour établir la réforme de ses chanoines, la première qui ait été faite.

L'évêque Henri de Sponde (1626-39 et 1643) et son neveu, qui fut son coadjuteur au titre de Mégare puis son successeur, Jean de Sponde (1639-43), continuèrent l'œuvre commencée (3). A vrai dire, le premier, qui voulut relever les ruines morales et matérielles de son diocèse (4), ne semble pas avoir cherché à ramener le chapitre à l'observation de sa règle. En revanche son neveu, qui le remplaça sur le siége de Pamiers, Jean de Sponde (5), s'en occupa assez activement. Ce fut l'honneur de leur successeur, François-Etienne de Caulet, d'y avoir à peu près réussi.

(1) A. E. Liasse XLV n° 12.

(2) Il avait été détruit, pour la troisième fois, en 1621, par le baron de Léran, lieutenant du duc de Rohan.

(3) Jean était clerc du diocése de Saintes, quand son oncle l'Evêque lui donna procuration pour la coadjutorerie, à Foix, par devant notaire, le 1er mai 1633 (A. E. Liasse XCVIII n° 10). Jean fut sacré à Paris le 2 juillet 1634 au titre de Mégare ; il mourut le 31 mars 1643. Son oncle reprit alors l'Evêché et mourut le 15 des calendes de juin, cette même année. Voir Lahondès, *Annales de Pamiers*, t. II, le *Gallia*, et la rééd. du *Mémorial historique* du curé Delescazes, entre autres.

(4) Qu'on se rappelle que sous son épiscopat furent rasées l'église du Mercadal, celle du Camp (moins les tours qui servaient respectivement de guet), la maison épiscopale du Mas Saint-Antonin, celle du Mercadal ; que les offices catholiques durent être célébrés temporairement dans le temple calviniste; que près de là Sponde acheta de petites maisons pour relever l'Evêché (lequel ne sera terminé qu'au XVIII° siècle) et y logea quelques-uns des chanoines. Lahondès, II p. 122.

(5) Lahondès, *ibid.*, p. 140.

H. de Sponde avait proposé au chapitre de vivre en paix avec lui, de s'employer « de bonne façon » à la sécularisation que les chanoines demandaient en 1636 : Mascaron, Rudelle alors infirmier, et F. de Robert avaient été choisis pour aller à Toulouse chercher un arbitre qui vidât leur différend avec l'Evêché (1). Mais son neveu et coadjuteur, J. de Sponde, évêque de Mégare, n'est pas dans des dispositions aussi conciliantes : le chapitre en est peiné (2). H. de Sponde à son tour refuse de demander la sécularisation : le chapitre l'avertit que les chanoines vont poursuivre l'exécution de l'arrêt qu'ils avaient obtenu contre son prédécesseur, et l'invite à concourir pour la moitié des frais à l'entretien « d'une chapelle et chœur de musique » (3). En juin 1637 on lui intime ces lettres-royaux (4). En janvier 1638, nouvelles démarches à Toulouse pour arriver à un arbitrage relatif aux procès que le chapitre avait avec l'Evêque de Pamiers : les chanoines députés s'entendent avec l'Evêque de Mégare, ils choisissent deux arbitres, et lui deux de son côté. « Despuis la prinse de la ville, ils font le service dans le temple quy a servy aux huguenots, quy est le lieu le plus indécent quy se puisse voir, et l'on y souffre toutes les injures du temps et menace d'entière ruyne, les autels quasy nudz n'y ayant autre parement que de papier, le tabernacle fort mesquin, les portes mal asseurées qu'à cause de ce y ont esté commis de grands sacrilèges et scandales... La poursuite du bastiment de l'esglise est le principal chef des demandes du chapitre, avec l'entretien de la musique » (5). Le 24 mars 1638, Sponde adresse au Conseil une enquête dirigée contre les deux chapitres de Pamiers, le cathédral composé de réguliers, et le collégial formé de séculiers, à l'occasion des anciens différends (6). Comment vivaient alors les chanoines ? « Veu le peu de compte que plusieurs des habitués du chœur, tant chanoines que prébendiers, ont fait des admonitions qui leur ont été faites d'aller par la ville *in habitu*, ce quy scandalise le corps du chapitre », celui-ci le prescrit sous peine de huit jours de retenue sur le revenu pour la première désobéissance,

(1) R. C. 22 août 1636.
(2) *Ibid.* 0 janvier 1637.
(3) *Ibid.* 24 avril 1637.
(4) *Ibid.* 12 juin 1637.
(5) *Ibid.* 15 janvier 1638.
(6) A. E. Liasse LXV, n° 27.

de deux mois pour la deuxième, de l'entrée du chœur pour la troisième (1).

H. de Sponde a définitivement remis l'Evêché à son neveu : le chapitre envoie le saluer à Toulouse (2), et le sacristain, Maguelonne,
accepte de prononcer la harangue à son entrée à Pamiers (3). On le
prie de mettre un terme aux différends que l'Evêché avait avec le chapitre (4), puis on députe l'archidiacre, Mascaron, et le prieur d'Arvigna, Robert, « pour aller à Paris faire la poursuite du susdit procès
contre ledit seigneur Evesque » (5). S'il n'est pas question au registre
capitulaire de l'arrêt que J. de Sponde obtint le 12 février 1642, on y
voit régler le cérémonial à observer vis-à-vis de l'Evêque (6). Celui-
ci meurt ; Mascaron, l'archidiacre, et Goullard, l'archiprêtre, sont
nommés vicaires-généraux durant la vacance du siège, Rudelle, official, et un des prébendiers, procureur-fiscal (7). De la mort de H. de
Sponde il n'est pas question, non plus que de la nomination de Caulet et de son sacre.

Le chapitre cathédral se composait de douze chanoines réguliers et
de douze prébendiers séculiers. Dans la répartition des revenus, ceux-
ci avaient la moitié de ce que recevaient ceux-là. Dans les douze chanoines quatre étaient les *dignitaires (dignitates)* : 1° le grand archidiacre, 2° l'archiprêtre (8), 3° le sacristain (9), 4° le préchantre ou
précenteur (10). Quatre autres étaient les *personnages (personatus)* :
5° l'infirmier (11), 6° l'aumônier (12), 7° le prieur de Rieucros (13), 8° le

----

(1) R. C. 30 août 1638.

(2) *Ibid.* 5 août 1639. Il avait probablement envoyé au chapitre une lettre analogue à
celle qu'il écrivit au curé Delescazes le 30 juillet et que celui-ci a reproduite *in extenso*
(Ed. Pomiés, p 174).

(3) R. C. 13 octobre 1639.

(4) *Ibid.* 18 avril 1640.

(5) *Ibid.* 4 juin 1640.

(6) *Ibid.* 11 avril 1642.

(7) *Ibid.* 4 avril 1643.

(8) Outre l'archiprêtre de Pamiers et de Montaut, il y avait un autre archiprêtre à Ax
pour le Sabartès.

(9) *Sacrista tertia dignitas seu personatus.*

(10) *Dignitas praecentoria sive prioratus de Dalou.*

(11) *Officium claustrale, non tamen post principalem (locum) majus, dicta infirmaria
seu prioratus a quo dependet parochialis ecclesia S. Joannis de Falga et de Benagues.*

(12) *Eleemosinaria seu prioratus S. Petri de Genato officium.*

(13) P. de Saint-Martin de Rieucros *(prioratus S. Martini de Rieucroso).*

prieur d'Arvigna (1). Il y avait encore le théologal, qui pouvait être un prêtre séculier. Les trois autres étaient simplement chanoines. Les simples canonicats étaient conférés alternativement par l'Evêque et par le Chapitre, lors de la mort d'un titulaire ou de sa résignation. Les dignitaires et les personnages étaient pris dans les chanoines : ceux-là étaient institués par l'Evêque, sur la présentation du chapitre, trois des personnages étaient au choix de celui-ci, l'un d'eux, l'infirmier, était nommé par l'Evêque (2).

M. de Lahondès a donc imparfaitement expliqué la composition du chapitre cathédral, lorsqu'il écrit : « Parmi les dignitaires, l'infirmier était prieur de Rieux *(sic)*, l'aumônier prieur d'Arvigna : ces prieurés étaient canoniaux » (3). Il fallait dire que, en dehors des dignitaires, il y avait quatre personnages tels que l'infirmier, l'aumônier, le prieur de Rieucros et le prieur d'Arvigna. Nous ajoutons, d'après le *Gallia*, que les prieurés en question et les fonctions claustrales étaient la propriété des seuls chanoines : plus tard ce fut le bien commun de tout le chapitre, chanoines et prébendiers.

Le droit d'entrée au chapitre était de 60 livres pour chaque chanoine (4).

Le chapitre cathédral de Pamiers (5) avait le droit de présentation et de nomination à certaines cures, l'évêque gardant celui de les conférer

(1) P. de Saint-Martial d'Arvigna (*p. S. Martialis de Arvignano*).

(2) Ainsi Carla (7 février 1657), Rech (19 janvier 1674), Bartholomé (28 février 1676). Le *Gallia* dit à tort que les *quatre* personnages étaient choisis par le chapitre.

(3) Lahondès, II p. 140, note 2.

(4) R. C. 19 février 1666. Le sacristain emploie celui de Cerle et de Carrère à l'achat d'un pluvial rouge cramoisi, de deux chasubles, d'une dalmatique, d'une tunique de camelot de fil blanc, d'un voile de calice, de deux bourses.

(5) De même l'abbaye de Saint-Sernin avait des prieurés dans le Pays de Foix (Voir Lahondès, *Bull. monum.*, 1886). L'abbé et les chanoines présentaient les recteurs, que nommait l'Evêque. Dans la juridiction de Pamiers, il y avait les six prieurés de Vicdessos, Miglos, Mercus, Siguer, Arignac et Celles. Celui de Vicdessos avait *dix* églises : Notre-Dame à Vicdessos, Saint-Germain à Orus, Saint-Thorens à Illier, Saint-Laurent à Suc, Saint-Georges à Sentenac, Saint-Vincent à Auzat, Saint-Jacques l'Apôtre à Saleix, Saint-Michel à Goulier, Saints-Pierre et Paul à Olbier, Sainte-Croix à Sem. Le prieuré de Miglos n'a qu'*une* église, Saint-Hilaire à Miglos. Celui de Siguer en a *trois*, Saint-Baudile à Siguer, Saint-Martin à Lercoul, Saint-Nicolas à Gestiès. Celui de Mercus en a *deux*, Saint-Genes à Mercus et le *Corpus* à Bompas. Celui d'Arignac n'a que l'église des Saints-Pierre et Paul dans le village, de même que celui de Celles, la seule église de Saint-Michel. En 1653 ils rapportaient approximativement, Vicdessos 1.400 livres, Miglos 800, Siguer 700, Arignac autant, Celles 500, Mercus 1.000. (Acte de notoriété du Comte de Troisvilles, gouverneur du Comté, A. E Liasse XLVIII).

et d'en instituer les titulaires ainsi élus. Par exemple (1), l'église paroissiale de Sainte-Colombe des Issarts et son annexe de Saint-Martin de Rieucros (2), — celle de Saint-Martin d'Ussat, — celle de Saint-Georges d'Artix (3), — celle de Saint-Victor et ses annexes (4), — celle de Saint-Paul des Allemans (5), — celle de Saint-Paul d'Albiès (6), — le vicariat perpétuel de celle de Saint-Laurent de Verniolle (7), — celui de Saint-Martin de Ventenac et son annexe de Saint-Jean du Bousquet (8), — celui de Saint-Blaise des Pujols (9), — l'église de Saint-Bauzeil (10). Ce droit s'étendait même sur le diocèse spirituel de Rieux : par exemple, pour l'église paroissiale Saint-Raimond de Brie et son annexe de Saint-Martin de Pauliac (11), — celle de Saint-Martin de Tourniac (12).

En mai 1677, les représentants de Caulet comme exécuteur testamentaire de Bassompierre, dernier abbé de Foix, et ceux de Jean de Gournay alors abbé, dressent une relation de l'état des églises qui dépendaient de la mense de cette abbaye. Nous apprenons ainsi qu'elles comprenaient l'église de Rieux, celle de Loubières, celle de La Barre, celle de Montlaur, celle de l'Herm, celle de Saint-Martin, celle de Baulou, celle de Ferrières, celle de Prayols, celle de Montoulieu, celle d'Amplaing, celle de Surba, celle de Niaux, celle de Bouan, celle d'Albiès, celle de Perles, celle de Savignac, celle de Vèbre, celle de Roquefixade, celle de Nalzen, celle de Montgaillard, celle de Dalou, celle de Montaillou-de-Prades, celle du bout du pont de Tarascon (Sainte-Quitterie), celle de Sinsat, celle de Saint-Paul (13). Tel était alors le nombre des églises qui dépendaient, à la fin de l'épiscopat de

(1) Nous ne prenons que les exemples relatifs à l'épiscopat de M. de Caulet.
(2) R. C. 20 février 65 ; 9 juin 75.
(3) *Ibid.* 4 mars 1653 ; 12 décembre 53 ; 24 mai 60 ; 20 mars 65.
(4) *Ibid.* 23 mai 1653.
(5) *Ibid.* 20 août 1655.
(6) *Ibid.* 3 septembre 1661.
(7) *Ibid.* 25 mai 1674.
(8) *Ibid.* 13 décembre 1675.
(9) *Ibid.* 11 octobre 1676.
(10) *Ibid.* 24 avril, 11 août et 18 décembre 1676.
(11) *Ibid.* 10 septembre 1653.
(12) *Ibid.* 11 octobre 1653.
(13) A. E. Liasse XLI, sans n°. Le *Gallia* dit que Louis de Bassompierre mourut le 1er juillet 1676 ; que le comte Jean de Gournay reçut sa commande du roi en 77 et ses bulles du pape en 81.

Caulet, de la mense de l'abbaye de Saint-Volusien de Foix : 26 au moins. — Un document de 1646 y compte aussi l'église de Sabart, lors de la vérification de l'état où sont les églises qui dépendaient de de Foix (1).

Les chanoines de Pamiers étaient des *réguliers*. Ils restèrent sous la règle de saint Augustin jusqu'à ce que Benoît XIV, à la demande de Louis XV, accordât en 1745 la sécularisation que nous allons voir ceux du xviie siecle réclamer vainement au Pape. C'étaient des Génovéfains. Ils appartenaient à cette communauté établie à Paris, dans l'église bâtie sur le tombeau de sainte Geneviève, et soumise à la *règle de saint Augustin*, telle que la définit la lettre CCXI de l'évêque d'Hippone. La congrégation de France (2), réformée d'abord sous Louis VII qui y avait introduit 12 chanoines réguliers de l'abbaye de Saint-Victor, tout récemment encore sous Louis XIII (3), desservait les paroisses, administrait les hôpitaux et les maisons de charité, dirigeait les séminaires.

Les Génovéfains portaient une robe blanche et un rochet ; en dehors de leur couvent, ils mettaient un manteau noir. *Réguliers,* ils ne l'étaient plus que de nom dans le pays de Foix : à Pamiers et à Foix, ceux qui composaient là le chapitre cathédral du Mercadal et ici le chapitre abbatial de Saint-Volusien, s'étaient donné leurs aises à l'endroit de la règle qui, théoriquement du moins, présidait à leur vie. Faut-il s'en étonner ? Nous avons indiqué d'un mot les circonstances particulières qui les avaient amenés à toute cette licence, et d'ailleurs l'état moral du clergé de ces régions n'était-il pas le même au lendemain de ces mêmes guerres de religion ? Ces chapitres ne sont pas une exception ; ils ne tranchent point sur l'ensemble du tableau que l'on pourrait offrir des mœurs ecclésiastiques à cette époque, tant chez les réguliers que chez les séculiers.

(1) A. E. Liasse LX n° 61.

(2) Le même terme s'applique aux autres ordres réformés.

(3) Par les soins de P. Charles Faure, qui avait déjà réformé l'abbaye de Saint-Vincent de Senlis et avait été le premier supérieur général de la Congrégation dès 1624, après avoir sérieusement aidé le cardinal de la Rochefoucauld, abbé de Sainte-Geneviève depuis 1610, dans la réforme dont l'avait chargé Grégoire XV (1623-25). Voir dans Boileau le discours où la Mollesse gémit sur la réforme de la Trappe, de Saint-Denis, des Carmes, des Feuillants, de Clairvaux et se réjouit de ce que l'oisiveté régnait encore et à Citeaux et à la Sainte-Chapelle (*Lutrin,* ch. II).

Partout, il y avait un vif besoin de progrès ; Caulet désirait rétablir l'ordre à tout prix ; s'il eut quelque mal à l'imposer à son chapitre, n'oublions pas qu'il essaya de le ramener dans le reste de son diocèse. La lutte si acharnée, qu'il livra à son chapitre, n'est qu'un des épisodes de ce qu'il fit pour le pays dont il gouverna les intérêts spirituels durant 35 ans. Mais elle emprunte un intérêt particulier à ce qu'elle est dirigée contre un chapitre dont les chanoines étaient des Génovéfains ; de ce que Caulet, avant de devenir évêque de Pamiers, avait été de 1627 à 1644 abbé de Foix et à ce titre chef de Génovéfains ; de ce qu'il avait, à Foix aussi, cherché à imposer une réforme comme il réussit à en faire une à Pamiers, et de ce qu'il n'est pas impossible que ce qui fut entrepris à Foix par Caulet, alors abbé, et continué, au nom des abbés ses successeurs, par lui lorsqu'il fut devenu évêque, ait une sorte de connexité avec ce qu'il fit à Pamiers (1).

Mais il est important de noter que Caulet n'a pas pris l'initiative de cette réforme à Pamiers, s'il l'avait prise à Foix. Il a continué énergiquement une œuvre que son prédécesseur immédiat, l'évêque Jean de Sponde, avait commencée et que le Roi avait approuvée par un arrêt dont il fut toujours question dans la suite. Abandonnée à sa mort, elle fut reprise alors par Caulet qui devait d'autant mieux connaître où en était la question, au moment de son arrivée à Pamiers, qu'il sortait de Foix. S'il ne se mit pas aussitôt à la besogne, c'est que l'ancien abbé de Saint-Volusien, qui savait à quoi s'en tenir sur les affaires du pays, jugea sans doute plus utile de le parcourir et d'apprendre à en connaître tout le reste des besoins (2). L'œuvre de Caulet sera d'autant plus appréciée que l'on connaîtra les origines de la question, les difficultés que ses prédécesseurs avaient rencontrées, l'organisation du chapitre cathédral, la vie que l'on y menait avec quelques épisodes caractéristiques, et même les affaires qui s'y rattachaient aussi directement.

Ainsi, pour n'en considérer qu'une seule, mais qui ait assez d'importance, il n'est pas inutile de faire remarquer que la réforme de

---

(1) La vie anonyme de Caulet le dit nettement : « *Fuxensis abbatiae reformatio veluti praeludium fuit ad reformandum canonicorum Ecclesiae cathedralis collegium* ». **P. 16.**

(2) Cette même biographie dit même que ce qu'il vit durant sa première tournée l'épouvanta : « *de procuranda emendatione desperans, fere animo concidit* » (P. 10). C'est Pavillon qui lui rendit courage.

ces chapitres, que nous nous proposons d'étudier, et la reconstruction des églises étaient connexes.

Voici d'après le biographe anonyme de Caulet, ce qui exigeait une réforme (1). Les chanoines réguliers devaient prononcer trois vœux, de chasteté, de pauvreté et d'obédience ; en outre ils s'engageaient à résider. Avec le temps, ils ne s'en occupaient plus, « comme il arrive dans les confréries aisées et riches », dit la *vita Cauleti*. Du costume religieux, il ne leur reste plus au xviie siècle, qu'une étroite bande d'étoffe de lin, qui va de l'épaule gauche au côté droit, « comme un baudrier » (2). De la chasteté, il n'était plus question : la plupart des chanoines avaient chez eux des servantes ou des concubines. De la pauvreté, il ne restait que l'ombre : chacun s'était approprié les revenus des bénéfices et des dignités, et ils s'astreignaient seulement à ne pas tester. De l'obéissance à l'évêque nul souci. Plus de vie en commun : chacun vivait chez soi. Veut-on jeter un coup d'œil sur les pages du registre capitulaire qui précèdent l'année où fut choisi Caulet ? On y voit chanoines et prébendiers jouant, fréquentant les jeux publics, causant des désordres et des scandales ; on y apprend qu'il fallut leur ordonner « d'aller avec la décence requise *in habitu et tonsura*, de célébrer la messe, de communier aux fêtes solennelles » (3) ; on y entend les plaintes du préchantre à qui un prébendier a adressé « de paroles injurieuses dans le chœur au grand escandale du culte et service de Dieu et du chapitre » (4). En 1644 voici des prébendiers à qui l'on assigne un délai de six mois pour apprendre le plain chant qu'ils ignorent (5) ; voilà des chanoines et des prébendiers à qui l'on fixe un an pour recevoir les ordres « quoy qu'ils y ayent esté depuis longues années admonestés » (6).

Il en était de même à l'abbaye de Saint-Volusien de Foix que Caulet avait administrée avant d'être choisi comme Evêque de Pamiers. On en jugera par ce qui suit : nous montrerons ainsi que ce qu'il avait commencé à Foix, il le continua à Pamiers, et que les deux œuvres sont la conséquence l'une de l'autre.

---

(1) Nous résumons ici les pp. 17 et suiv. du ms. 730 de la Bibliothèque de Toulouse.
(2) Echarpe blanche sur une soutane noire. Besoigne, II p. 149.
(3) R. C. 28 octobre 1642.
(4) *Ibid.* 22 novembre 1642.
(5) *Ibid.* 11 mars 1644.
(6) *Ibid.* 14 mai 1644.

Grâce à son oncle, Bonaventure de la Font, qui s'était volontairement démis de cette abbaye en sa faveur, Caulet avait été nommé, à 17 ans, en 1627, abbé de Saint-Volusien de Foix, avant même d'avoir fini ses études et d'être ordonné prêtre. C'était un abbé commendataire (1) ou, pour répéter un mot de Sainte-Beuve (2), « un séculier non régulier, un moine amateur et hors du froc ». C'était la seule abbaye du diocèse de Pamiers (3).

Comme le chapitre de Pamiers, celui de Foix se composait de douze chanoines réguliers et de douze prébendiers séculiers ; ainsi que celui de la cathédrale et pour des causes toutes semblables, celui de l'abbaye ne connaissait plus rien de la règle de saint Augustin. Ni supérieur ni subordination ; une vie libertine et licencieuse, et un désordre qui allait « jusqu'à un concubinage scandaleux » (4). Lui aussi, ce chapitre avait mené, au xvie siècle, une vie agitée qui n'avait pas peu contribué à l'affaiblissement de toute règle. En 1581 il se réfugie à Toulouse (5), puis à Ax (6), ou partie dans une ville et partie dans l'autre (7). Nous le trouvons ensuite à Dalou, à Varilhes, à Celles, à Montgaillard (8), à la Bastide-de-Sérou (9). Il rentre à Foix en 1594 (10) ou en 1602 (11), célèbre d'abord les offices à la maison-Dieu Saint-Jacques, reçoit enfin l'ordre de rentrer dans l'église abbatiale reconstruite, malgré l'opposition de l'abbé d'alors, Pierre de Caulet, un des oncles du personnage dont nous parlons (12). De là le même esprit irrégulier que dans le chapitre du Mercadal.

En 1634, à la nouvelle que Caulet, revenu de la cour, se trouve à Tou-

---

(1) Son titre complet était alors : *abbas commendatarius et dominus abbatiae seu monasterii Sancti Volusiani de Fuxo ordinis canonicorum regularium Sancti Augustini dioeceseos Appamiensis.* Ou encore : *abbas ecclesiae abbatialis Sancti V. etc.* Ou encore *abbas seu perpetuus commendatarius et dominus abb. etc...*

(2) Sainte-Beuve, t. V p. 66 note 1.

(3) L'abbaye de Boulbonne était sur le diocèse de **Mirepoix** : c'est la famille de Villemur de Pailhiès qui fournit les abbés de 1597 à 1721. *Gallia,* XIII col. 296.

(4) Besoigne, II p. 162.

(5) Delescazes, éd. Pomiès, p. 103.

(6) *Id.,* p. 112.

(7) Lacoudre, éd. Pomiès, p. 74.

(8) Delescazes, p. 112 et 113 ; Lacoudre, p. 74 et 75.

(9) Lacoudre, p. 75.

(10) Delescazes, p. 114.

(11) Lacoudre, p. 75.

(12) Delescazes et Lacoudre.

louse, le conseil politique de Foix décide que deux des consuls seront
députés pour aller saluer « le dict seigneur abbé, luy rendre les debvoirs et se féliciter de son heureux retour » (1). Il les accueille gra-
cieusement.

« Il est trop notoire que puis six ans en sa les consuls ont esté espol-
liés des clefs de la ville quy despuis ont esté gardées par le sergent
major (2) soubz prétexte de cette charge qu'il a obtenu du Roy par
une notable surprinze », et la discussion s'engage (3). Caulet, en qualité d'abbé « et conseigneur en paréage avec le Roy de la ville de Foix »,
écrit une lettre où il témoigue de « l'affection qu'il a » et de son désir
de venir ; on examine le genre de la réception qu'il conviendra de lui
faire ; on le remercie pour « la bonne volonté qu'il a au bien et soulagement ; et en recognoissance de ceste faveur » les consuls, portant les
robes et livrées de leur charge, accompagnés du conseil et des habitants,
le recevront à la place de Campbentous à la porte du Pont, feront pa-
raître une compagnie des habitants en armes (4). Le dimanche 8 octobre, à 4 heures de l'après-midi, Caulet fait son entrée ; trois cents
hommes sont allés à sa rencontre ; il va à « la grande esglize » où il
entend vêpres, reçoit le chapitre qui a été l'attendre à la porte du Pont,
et l'on entend « plusieurs salves de mousquetades par les soldats qui
feurent places à la dite esglize et tour du Pont » (5).

Le 2 juillet 1636, Caulet, qui est à Paris et y demeure « dans l'enclos du couvent des Bernadins », révoque le consentement qu'il avait
prêté par devant notaire, le 5 mai 1630, à Toulouse, à la sécularisation
du chapitre de Saint-Volusien ; le nouvel acte dit que ce concordat
était resté sans exécution, que désormais grâce à Dieu, au Roi, au
cardinal de La Rochefoucauld on peut espérer que les vœux des réguliers seront respectés. Le sceau de la prévôté de Paris est mis sur l'acte
notarié (6). En même temps, Caulet écrit aux consuls de Foix, les
exhorte à ne pas donner leur consentement à la sécularisation que demandaient et poursuivaient les chanoines réguliers de Foix ; on ne dé-

(1) Archives municipales de Foix, 12 septembre 1634.
(2) Office créé par le Roi en 1628 « pour la garde des portes de la ville » de Foix. Voir
mon article, *Bulletin de la Société Ariégeoise*, IV p. 387, note 5.
(3) *Ibid.* 17 septembre 1634.
(4) *Ibid.* 29 septembre 1634.
(5) *Ibid.* 8 octobre 1634.
(6) A. E. Liasse de papiers inscrits au xviiie siècle comme inutiles.

cide pas d'attendre son arrivée (1). Caulet envoie une nouvelle lettre ; on s'obstine à consentir à la sécularisation (2).

Le registre des délibérations contient l'acte de procuration des chanoines pour stipuler le consentement de la ville à leur sécularisation : le 13 septembre, ils s'étaient engagés à payer toutes charges et tailles, à donner 8 setiers de blé le Jeudi Saint comme aumône, à entretenir « une chapelle de musique dans l'églize et stipandier un maistre suffizant avec 4 enfans de cœur », à donner la première chanoinie vacante à un docteur de qualité requise lequel prêchera le dimanche et fêtes, à fournir 150 livres pour l'entretien d'un precepteur *(sic)* « suivant les saints décrets et ordonnances du Roy » (3). Le 2 décembre, sur la requête de Caulet, le conseil privé assigne les religieux de l'abbaye, ordonne que celle-ci reste « en estat de monastère » jusqu'à nouvel ordre, et interdit à tous autres juges de connaître de l'affaire (4) : l'abbé commandataire avait signalé la tentative du cardinal de La Rochefoucauld (5) pour réformer cette abbaye en vertu des pouvoirs qu'il avait reçus de Grégoire XV (1621-23) et du Pape alors régnant, Urbain VIII, ainsi que de Louis XIII par lettres patentes du 25 juin 1636. « La visitte a esté faite par le sieur abbé de l'abbaye de Chancelade, dudict ordre de saint Augustin, nommé par Sa Majesté à l'Evesché de Cahors, commissaire subdélégué par ledict sieur Cardinal » (6) ; les chanoines écartent la réforme et poursuivent à Rome leur sécularisation, ajoutait Caulet. Le 24 décembre, cet arrêt est signifié au prieur Claustral du chapitre fuxéen (7) et à sept chanoines (8) : Robert, l'un d'eux, proteste contre cette « assignation à six sepmaines et oppression et injure ». Le 22 janvier 1637, il écrit à Caulet qui est encore à Paris :

(1) Archives municipales de Foix, 13 septembre 1636.
(2) *Ibid.* 22 novembre.
(3) *Ibid.* Folio 237 B et suivants.
(4) A. E. Liasse XLVII.
(5) En même temps qu'Alain de Solminiac, depuis évèque de Cahors, réformait l'abbaye de Chancelade au diocèse de Périgueux dont il était abbé, le cardinal réformait celle de sainte Geneviève à Paris en vertu d'une Bulle de Rome : d'où l'existence de deux congrégations réformées qui étaient comme rivales, jusqu'à ce que celle de Chancelade fût réunie à celle de Paris et qu'il existât ainsi la compagnie de chanoines réguliers qu'on appela *la congrégation de France*.
(6) En date du 7 août 1636 ; son procès-verbal avait été dressé le 22 septembre et jours suivants.
(7) Jean Amardeilh.
(8) Dont ce Robert dont nous parlons.

« Je me plains de vos soupçons et de vostre collère.... cela m'empes=
che d'escrire suivant ma costume.... Plaise à Dieu remette vostre
esprit à une meilleure assiette en ma faveur.... Vous voilà desuny, ainsi
qu'un chascung croit, de Messeignieurs nos Evesques (1). Quant à
MM. nos gouverneurs, le changement est icy tellement odieus qu'on
ne feint pas de dire ceste réforme estre à l'huguenote.... Vous persévé-
rés à ne point venir et de parvenir à ce changement au péril de vostre
vie, d'autre part, MM. vos chanoines persévèrent à l'empescher ou
morir.... L'affaire sera bien extresme, s'il y va de la vie.... Je souspire
après vostre voyage.... J'ai lu les œuvres de la Mère Thérèze.
Jamais elle ne rézista ni aporta difficultés, pour si grandes que feussent
celles des chemins, pour se porter sur les lieux où elle vouloict s'establir : une fois la Sainte feust miraculeusement deslivrée d'un estresme
danger en l'un de ses voyages, et elle mesme rapporte ceste grâce à
l'intercession de saint Joseph » (2). — Six mois après, il écrit à Caulet, se
félicite de la promotion de Pavillon à l'Evêché d'Alet, lui dit que de
Foix à Alet il n'y a qu'une journée et qu'il pourra facilement s'y rendre « sans fraix et sans travail : si vous vouliez venir avec mon dit
Seigneur de Pavillon, ceste passion sy extresme de vous voyr icy ne
me passera jamais » (3).

Dès 1638, Caulet veut réformer son abbaye : il obtient des lettres-
patentes de Louis XIII, datées du 25 avril, qui nomment une commission où nous trouvons le nom de d'Ormesson et celui de Fou-
quet (4).

Besoigne dit qu'il appela des chanoines *réformés* de Chancelade :
les *anciens* chanoines de Foix les chassèrent sous prétexte que la congrégation de Chancelade était cassée au profit de celle de sainte Geneviève, demandèrent à cette dernière maison d'envoyer plusieurs de ses
religieux, et les chassèrent aussi.

Un arrêt du Conseil privé, du 1er avril 1639, rendu à la requête de
Caulet contre le syndic du chapitre abbatial et le chanoine J. Robert,
assignait les parties au troisième jour (5). Amardeilh, chanoine au

---

(1) Sponde, l'oncle et le neveu.
(2) A. E. Liasse LXIII n° 8.
(3) *Ibid.* Liasse LX.
(4) *Ibid.* Liasse de papiers dits inutiles, pièces non numérotées.
(5) *Ibid.* Liasse LXIII n° 22.

chapitre de Foix et sacristain de N. Dame de Montgauzy, se plaint des
excès d'un prébendier de cette chapelle, Carrière. C'étaient « quasi
journellement de notables insolances et irrévérences » ; il extorquait de
l'argent aux pélerins, leur prenait leurs cierges, détournait l'argent des
messes ; le 28 octobre 1639 il s'est fait remettre par deux femmes de
Pamiers « un réal d'Espaigne pour une messe et deux chandelles de
cire blanche ayant mis le tout dans sa pochette ». Le sacristain en avise
l'officialité (1).

Laissons-là ce qui regarde la réforme du chapitre abbatial de Foix :
ce que nous en avons dit, montre combien elle était difficile. Caulet
avait obtenu du moins deux arrêts du conseil privé, l'un le 10 mars
1639, l'autre en 1644 ; son premier successeur, Jacques de Montrouge,
en obtint un troisième en 1647. Vint ensuite François d'Escoperier de
la Gardie de Pouzols, lequel s'opposa à toutes réformes : celle-ci furent
reprises, d'accord avec Caulet devenu évêque, par Louis de Bassompierre, abbé de Foix et évêque de Saintes. Passons à Pamiers, où ce
qu'il va faire comme évêque est la suite de ce qu'il a cherché à obtenir
à Foix (2).

Caulet avait-il tort d'imposer une réforme à son chapitre cathédral
de Pamiers? Le registre de l'assemblée cathédrale suffit pour nous renseigner sur ce qui se passait alors, durant son épiscopat de trente-cinq
ans.

L'évêque demande la résidence : chanoines et prébendiers du chapitre cathédral de Pamiers aimaient à s'absenter. Les uns allaient prendre les eaux, le plus souvent à Encausse près de Saint-Gaudens (3),
parfois à Campagne-sur-Aude (4) ou à « Regnes » (5) ou même à
Ax (6). D'autres faisaient leurs dévotions à Notre-Dame de Garaison (7). Des chanoines et des prébendiers vivaient à la campagne ; le

(1) A. E. Liasse LX. Il sera question plus loin de cet Amardeilh, personnage des moins
édifiants.

(2) Nous revenons plus loin sur la manière dont la réforme de Foix, ainsi commencée,
aboutit.

(3) R. C. 1ᵉʳ septembre 1615 ; 1ᵉʳ juin 46 et 14 septembre ; 10 mai 47 et 29 août ; 9 septembre 50 ; 1ᵉʳ septembre 51 : 8 septembre 56 ; 2 juillet 60. Goudelin a parlé à plusieurs
fois de cette station purgative alors si fréquentée. (Ed. Privat, 1887, p. 254 et 323).

(4) *Ibid.* 10 septembre 1660.

(5) *Ibid.* 22 septembre 1615. Rennes-les-Bains (Aude).

(6) *Ibid.* 31 août 1674. C'est la seule mention que j'aie relevée de ces eaux du Pays de
Foix, alors moins fréquentées qu'aujourd'hui.

(7) Garaison, aujourd'hui dans les Hautes-Pyrénées.

chœur était presque désert, et ceux qui restaient avaient beaucoup plus
de mal (1). — L'évêque demande une certaine instruction. « Il y a
quelques-uns du corps du chapitre qui jusques à présent (1648) ont
négligé d'apprendre la Sainte Messe ayant atteint l'aage depuis longtemps et esté reçus aussi dans le chapp. depuis longues années » ; on
est obligé de leur enjoindre de l'étudier (2). Un peu plus tard on donne
quatre mois aux prébendiers pour qu'ils se rendront dans cet intervalle
capables de chanter le plain-chant (3). — Caulet recommande la poli-
tesse. Pour entretenir dans le chœur ce qu'ils nomment eux-mêmes
« la décence », les chanoines devront n'entrer et ne sortir durant les
offices qu'en saluant les autres, et ceux-ci leur rendront le salut (4). Ce
sont les prébandiers surtout qui font preuve d'indiscipline. L'un, invité
à porter la croix à la procession de l'octave du Saint-Sacrement, refuse,
désobéit à l'ordre que l'archiprêtre lui avait publiquement donné dans
le chœur, répond « qu'il y en a d'autres après lui », et — comme le dit
le registre, — « escandalise l'assemblée » : on le punit (5). Un autre,
sans avoir prêté le serment d'usage, s'arroge une place dans le chœur,
marque « ung grand mespris » aux observations qui lui sont adressées,
et ne se soumet qu'au bout de trois jours (6). Un autre « commet de
grandes insolences et fait des désordres au cœur pendant l'office divin
sans aucun respect de Dieu ni des sieurs » qui font les offices. « Le
sindic des prébendiers et chantres luy ayant dit de ne détourner pas
les enfans de cœur quy chantaient un verset devant le grand-autel par le
chant qu'il faisoit sans ordre, au lieu de prendre cella en bonne part,
au contraire tout transporté de colère, sans aucun respect, a scandaleu-
sement maltraité le syndic par des parolles fort iniurieuses accompai-
gnées de menasses ». Le registre en fait connaître quelques-unes. Il
criait notamment : « Quoquin ! maraut ! bougre ! Tu as manti. Je te
rouerai de coups. » Les chanoines ordonnent à ce prébendier de
venir après complies « pour recepvoir la correction qu'un tel crime

(1) R. C. 28 août 1654.
(2) *Ibid.* 6 juin 1648.
(3) *Ibid.* 27 juin 1653. Ne songe-t-on pas à certain personnage du *Lutrin*, « le gras
Evrard », qui ne veut pas devenir « écolier tout nouveau... sécher sur un livre » et dont
la bibliothèque est formée de « vingt muids de vin rangés ».
(4) *Ibid.* 31 août 1657.
(5) *Ibid.* 21 juin 1656.
(6) *Ibid.* 12 août 1657.

mérite » (1). Une autre année, à la grand-messe de la saint Etienne célébrée par l'archidiacre, « il ny avoit que le diacre pour servir, ce quy a donné subject d'un grand mesprix a nostre eglise » : on décide que le prébendier « quy est obligé de faire le soubz-diacre, le faira ou y employera quelqu'autre a peine d'estre multé », et que, si un motif légitime l'en empêchait, le premier de ses confrères qui en serait prié par le chapitre, « le faira et s'il reffusoit d'obéir sera aussi multé » (2). Décidément les prébendiers du chapitre appaméen n'avaient pas tort de demander à aller étudier ; permission qui leur était fréquemment accordée, à charge d'assister aux offices, s'ils restaient à Pamiers, au collège des Jésuites (3), ou, s'ils allaient à Toulouse, de venir aux fêtes solennelles et durant les vacations (4) et même de rendre compte de ces études (5).

Le chapitre bénéficiait de divers testaments (6). Néanmoins il n'y avait jamais d'argent dans sa bourse. Sans doute il contribuait au culte. Les paroissiens de Verniolle le priaient-ils de les aider à acheter une cloche ? (7) il donnait cinquante livres à condition qu'elle eût deux quintaux (8). Le gardien des capucins de Foix lui demandait quelques setiers de blé pour subvenir aux frais de l'assemblée que ses confrères tenaient dans cette ville (9). Le chapitre donnait ici une chasuble (10), là vingt et une livres à une paroisse dont la cloche s'était fendue (11), à la cathédrale même des chandeliers « séants et bons » pour le maître-autel à la place de ceux qui s'étaient rompus (12). Tantôt c'était un secours à un homme des Allemans, « fort misérable et chargé de famille, dont la maison se brusla » (13) ; tantôt une petite

---

(1) R. C. 7 février 1659.
(2) *Ibid.* 26 décembre 1668.
(3) *Ibid.* 21 mars 1650.
(4) *Ibid.* 26 septembre 1653.
(5) *Ibid.* 2 novembre 1668.
(6) Damoiselle Margueritte de Sancy donne la moitié de ses biens en 1660 (A. E. Liasse XXXI, n° 4 : je n'ai pas retrouvé la pièce inscrite sur l'inventaire) ; damoiselle Raymonde Dumartin, 200 livres (*ibid.*, n° 16) ; etc..
(7) R. C. 9 février 1646.
(8) *Ibid.* 6 avril 1646.
(9) *Ibid.* 17 août 1646.
(10) *Ibid.* 19 juin 1648. Eglise des Issarts.
(11) *Ibid.* 4 décembre 1648. Eglise de Verniolle.
(12) *Ibid.* 16 juillet 1649.
(13) *Ibid.* 29 octobre 1649.

boite d'argent pour porter le Saint-Sacrement aux malades de la paroisse à la campagne, et un petit étui de même métal pour donner l'Extrême-Onction aux mourants (1) ; tantôt un recteur qui ne pouvait achever de payer un tableau qu'il avait fait faire pour son église (2).

Ce qui pesait le plus lourdement sur les pauvres chanoines, c'est la part qu'ils ne pouvaient refuser de prendre à la construction de la nouvelle cathédrale. Parfois on arrivait à demander aux consuls de Pamiers des réparations au clocher du Mercadal « que les orages ont ruyné et à faire » —je transcris l'expression des chanoines— « voix du bout de la plume » (3). Mais le plus souvent il fallait payer. Ce n'était rien encore, lorsqu'il s'agissait de réparer des chandeliers, d'envoyer à Toulouse « achepter un ornement de damas vert » (4), d'autant que l'évêque leur venait parfois en aide : par exemple, le jour où il leur donna une belle « chasuble de velours cramoisin à fond d'argent, deux tuniques, trois pluviaux de mesme estoffe, un grand dais à six bastons, un devant d'autel, un soleil d'argent, une chasuble noire à fond d'or (5) ».

Le retard de leurs créanciers gênait parfois les chanoines : tantôt les Jésuites leur doivent 600 livres (6), tantôt un de leurs métayers fait « de grands désordres dans les bois de la grange » qu'il a affermée et y enlève jusqu'à trois charges par semaine (7). Ils empruntent, un jour aux Jésuites, un autre à un conseiller au parlement de Toulouse (8) qui au bout de dix ans n'est pas remboursé et menace (9), un autre à Caulet trésorier général de France (10) qui réclame le remboursement (11), un autre enfin aux Clarisses (12). On ne sait comment trouver l'argent nécessaire. Les marguilliers du Mercadal doivent jouir de

---

(1) R. C. 8 novembre 1652.
(2) *Ibid.* 20 février 1660.
(3) *Ibid.* 22 décembre 1645.
(4) *Ibid.* 26 juin 1648.
(5) *Ibid.* 30 juillet 1655.
(6) *Ibid.* 27 juillet 1646 ; de même 23 janvier 1651. Ils prêtent alors 2.000 livres au chapitre au denier vingt (20 février 1654).
(7) *Ibid.* 31 mai 1647.
(8) *Ibid.* 10 juillet 1654, 8.000 livres.
(9) *Ibid.* 9 mai 1661.
(10) *Ibid.* 7 janvier 1662.
(11) *Ibid.* 12 décembre 1670.
(12) *Ibid.* 18 avril 1670. 1.000 livres.

la moitié de la cire des enterrements, mais la cire du maître-autel appartiendra au sacristain : d'où une assez grave contestation sur « les flambeaux des honneurs funèbres » (1). Il n'est pas facile de trouver « les entrepreneurs les plus intelligents », de les faire travailler aux conditions les plus raisonnables, d'emprunter jusqu'à 12.000 livres pour reconstruire, sur les masures qui restent, l'église du chapitre démolie par « ceux de la religion pret. reff. » (2). En 1654 M. de Caulet avait décidé que la cathédrale serait bâtie en trois ans ; il avait permis au chapitre de faire le service divin dans le temple protestant durant cet intervalle ; l'église est loin d'être achevée ; on le prie d'autoriser encore l'usage du ci-devant temple ou de donner une église commode et convenable (3). Un des vicaires généraux, Caulet étant alors absent de son diocèse, permet jusqu'à son retour d'user du ci-devant temple (4). En retour, le chapitre dit que Caulet, « au lieu de s'employer à remettre la cathédrale comme il est tenu, tout au contraire l'a laissée en l'estat depuis quatorze ans qu'il possède l'évesché pour tourmenter led. chapp. par plusieurs procez » (5).

Le chapitre n'a pas toujours l'idée nette de ce qui convient. Voici un prédicateur qui veut « pour le bien des âmes », prêcher l'après-midi les jours de dimanches et de fêtes. On estime d'abord que le sermon se fait ordinairement le matin à la grand'messe, mais on consent à ce qu'il se fasse l'après-dînée (6). — Il n'est pas toujours heureux dans ses négociations. Non qu'il néglige d'aller en corps saluer le gouverneur du pays de Foix, dès qu'il arrive à Toulouse (7), de députer, à la demande des consuls de Pamiers, quelqu'un qui traite amiablement les affaires qui sont pendantes entre catholiques « et ceux de la religion prétendue réformée » (8), d'envoyer deux représentants de leur compagnie complimenter les commissaires royaux chargés d'exécuter l'arrêt du conseil donné entre les deux religions (9).

<hr>

(1) R. C. 7 mai 1649.
(2) *Ibid.* 8 mai 1654. Autre emprunt le 12 janvier 1657.
(3) *Ibid.* 14 décembre 1657.
(4) *Ibid.* 16 décembre 1657.
(5) *Ibid.* 28 décembre 1657. Nous reviendrons sur ce qui concerne la cathédrale.
(6) *Ibid.* 4 mars 1650. Il est vrai que ceci n'est pas très probant.
(7) *Ibid.* 21 novembre 1651.
(8) *Ibid.* 13 mai 1650.
(9) *Ibid.* 18 avril 1655.

Mais voici un chanoine qu'ils ont député aux Etats du Pays de Foix :
il est refusé et il faut en appeler au conseil (1).

L'esprit du chapitre était hostile à l'évêque, tant qu'il y eut plus
d'*anciens* que de *nouveaux*. On cherchait des difficultés gratuitement.
On ne se gênait point pour dire des noirceurs contre lui et l'accuser de
« violences, vexations, tyrannies, enlèvemens, même d'assasinats, et
tous les jours c'étoit quelque nouvelle feuille diffamatoire de la part de
ces ecclésiastiques discoles qui se roidissoient contre tous les discours
de leur Evêque » (2). Ils l'accusaient sur des paroles en l'air. Dans un
paquet de consultations adressées à Caulet (3), on trouve la mention
d'un prébendier que sa folie a fait « enfermer pour esviter le scandale
et tacher de remedier à son mal. Le Chappitre par malignité conteste
qu'il soit fol, et dict que M. l'Evesque le détient injustement ». On a
procédé « à son audition » ; il a dit des extravagances, qu'il est fils de
Dieu et seigneur de toute la terre, qu'il veut garder la virginité et se
propose néanmoins d'épouser « la filhe du grand Chan de Tartarie,
avec laquelle il se croit marié ». La plupart de ces folies sont écrites de
sa main en deux ou trois feuillets qu'il envoya au grand-vicaire par
un domestique de l'évêché. On le voit : si l'arrivée du prétendu fils du
Grand-Turc tournait la tête au brave M. Jourdain, s'il écoutait les
discours de Covielle déguisé en Arménien, s'il était fier d'avoir été
fait Mamamouchi et de porter ce que sa femme appelle « un momon »,
à Pamiers de braves religieux rêvaient aux beaux yeux des Orientales
dans leurs journées de délire.

L'organisation des offices n'était pas facile pour le chapitre. Peu
après la nomination de Caulet, il avait fallu congédier le maitre de
musique et chercher un instructeur pour les enfants de chœur (4). De-
vait-on assister l'Evêque aux messes basses qu'il célébrait dans sa cathédrale ? à la majorité des voix on avait décidé que cela déroge à la
dignité des chanoines (5). Pour les obliger ainsi que les prébendiers à

(1) R. C. 21 septembre 1616. Le chapitre agissait comme seigneur haut-justicien de
Sainte-Foy. Le chanoine n'eut pas entrée aus Etats du Pays. Quel fut le résultat de
l'appel ? nous l'ignorons.
(2) Besoigne, II p. 151.
(3) A. E. Liasse XLIX, sans nº.
(4) R. C. 23 juin 1645.
(5) *Ibid.* 6 avril 1616.

assister aux offices, on mettait jusqu'à 72 livres en distribution par mois, « à prendre du plus liquide du revenu » (1); plus tard 6 livres par mois à chaque chanoine, 3 à chaque prébendier (2). Tout cela n'aboutissait guère à ce que les offices fussent « tenus plus désamment à la plus grande gloire de Dieu. » (3) Un an avant les *Ordonnances synodales* de Caulet, on ne pouvait plus faire les réparations indispensables : il fallut accepter l'offre d' « une personne qui par le seul motif de charité et pour la gloire de Dieu offroit de prester de l'argent sans interest » (4).

Les efforts de 27 années d'épiscopat et les *Ordonnances synodales* de 1672 ne furent pas inutiles à ce chapitre de Pamiers, mais n'y établirent pas un ordre définitif. C'est ce que prouvent les délibérations du chapitre cathédral (5) et d'autres documents.

Malgré les *Ordonnances* de 1672, les prébendiers continuent à donner des sujets de plaintes. En décembre de cette même année, il n'y en a plus que deux qui soient capables de servir à l'autel, et un autre qui se trouve en mesure « d'entonner au cœur » : aussi refuse-t-on une prébende vacante au neveu du recteur de Freychinet, parce qu'il n'est point « en estat de rendre le service » nécessaire, notamment « de servir de diacre et de soubz-diacre aux messes solennelles et conventuelles » (6).

En novembre 1674, un prébendier, prêtre, est « injurié de parolles au milieu de la rue » par un autre prébendier, simple clerc ; on les fait venir (7). Que l'on se rappelle la bataille décrite au chant V du

(1) R. C. 20 novembre 1648. Qui ordonnait la distribution ? On l'ignore.

(2) *Ibid.* 21 mai 1649.

(3) *Ibid.* 29 décembre 1651.

(4) *Ibid.* février 1671.

(5) Du 8 février 1678 au 15 novembre 1680 elles manquent ; le temporel fut saisi en mai 1678 et Caulet est mort le 7 août 1680.

Il assiste à la plupart et en signe le procès-verbal : ainsi en 1673 les 4 et 12 janvier, 7 avril, 2 octobre, — en 1674 les 19 janvier, 25 mai, 22 juin, 25 septembre, 1ᵉʳ octobre, 9, 28 et 31 décembre, — en 1675 les 4 et 18 janvier, 1ᵉʳ février, 13 et 22 mars, 18 et 20 avril, 4 mai, 9 et 11 juin, 2 août, 13 décembre, — en 1676 les 16 et 21 janvier, 21 et 28 février, 13, 21 et 27 avril, 15 mai, 24 et 31 juillet, 1ᵉʳ, 11, 14 et 22 août, 11 septembre, 9 et 14 octobre, 18 décembre, — en 1677 les 16 et 22 janvier, 5 et 19 février, 12 mars, 14 et 21 mai, 2, 3 et 30 juillet, 13 août, 18 septembre, 1ᵉʳ et 8 octobre, 2 novembre, 24 décembre, — en 1678 les 4 et 11 janvier, 8 février.

(6) R. C. 30 décembre 1672.

(7) *Ibid.* 2 novembre 1674.

Lutrin, les partisans du chantre rassasiés de pâté et de muscat, et tous les livres qui sont enlevés à la boutique du libraire Barbin et lancés par les combattants. Presque aussitôt il est question d'« irreverances et desobeissances comises par deux prebendiers dans le chœur, la nuit de Noël, l'Evesque officiant » (1). Enquête faite, l'un nie, l'autre « accorde une partie des faictz pour lesquels on s'estoit plaint » (2). Celui-ci avait refusé « tout haut de faire l'office de chapier avec un soubz-diacre du seminaire qu'on pria à cet effect, à cause qu'il n'y avoit pour lors aucun prebendier dans le chœur propre à ceste fonction, veu le petit nombre diceux quy devoit estre occupez a servir Monseigneur quy officioit, disant à haute voix et avec esmotion qu'il ne lui plaisoit pas et qu'il ny estoit pas obligé sy ce n'est avec un autre prebendier ». Ce même homme avait commis encore « diverses irreverances dans le cœur en disant de parolles contraires au respect deub à la saincteté du lieu et des officiers divins et à l'ediffication du public ». Il se déclara « marry » (3). Un an après, nouveau scandale (4). Le chanoine infirmier et cellerier se plaint de ce que, « estant allé au tinal (5) pour faire la distribution du vin et donner à chacun des bénéficiers du chapitre cathédral, il en auroit esté empesché par cinq prébendiers et autres qui, avec scandalle de plusieurs personnes qui ont acoureu au tinal, lont empesché d'exercer la charge de cellerier, excitant trouble et sédi-tion ». Le lendemain même, les fermiers du vin déclarent qu'ils ne peuvent entrer au tinal « a cause qu'ils ont trouvé un cadenat apliqué despuis hier à la porte » ; ils protestent « des axidents et domaiges quy se pourroit ensuivre ». C'est le syndic des prébendiers qui a posé ce cadenas : il en remet la clef à l'archiprêtre qui la confie au cellerier (6). En 1676, une longue transaction en onze articles est passée entre chanoines et prébendiers (7) ; ceux-ci font encore parler d'eux, des « deffauts quy se comettent dans le chœur » (8). Caulet expose les

---

(1) R. C. 28 décembre 1674.
(2) *Ibid.* 18 janvier 1675.
(3) *Ibid.* 1ᵉʳ février 1675.
(4) *Ibid.* 14 novembre 1675.
(5) *Tinal*, du latin *tina*, peut signifier ou un grand vase à préparer le vin, ou l'endroit même dans lequel est le récipient.
(6) R. C. novembre 1675.
(7) *Ibid.* 8 novembre 1675 et 16 janvier 1676. « Pour esviter le procez quy seroit de mauvaise édification ».
(8) *Ibid.* 24 janvier 1676.

plaintes de personnes qu'il juge dignes de foi. On ne parle que « des irreverances et immodesties que comettent plusieurs prebendiers dans le chœur pendant les divers offices ». Trois surtout causent, rient, « font des postures indécentes », parlent à haute voix dans le chœur, se font des signes. Des laïques, « qu'on a voulu resprendre de ce qu'ils causoient dans l'église, ont respondu que l'on devoit comancer par ceux du chœur quy en font dadvantage ». Caulet estime qu'on n'observe plus ses règlements « pour le chant, cérémonial et bon ordre du chœur » ; il veut qu'on y remédie (1). Les accusés nient. Ils n'ont causé que par nécessité, ri que légèrement « et par surprinse », fait des signes « que pour relever les fautes du chœur » (2). Finalement, avec de pareils musiciens, il faut prendre un chantre « de bonne vie et mœurs » (3), et régler ce qui suit : « on n'usera point de fau bourdon que par l'ordre du chapitre et qu'on ayt un nombre suffisant de voix pour le faire avec bienséance et perfection... on ne fendra point sa voix, on n'usera point de roulades ny de basse, on chantera le plain chant grave, devot et magestueux » (4).

Pour le cérémonial, les *Ordonnances* de 1672 n'ont pas tout prévu. L'assiduité des *anciens* laissera à désirer : un jour aucun d'eux n'est présent, « bien qu'on les ait tous convoqués le matin même, et tous se sont excusés sur leurs infirmités » (5). Lorsque les rapports entre le roi et l'évêché se tendront, il faudra une lettre de cachet de Louis XIV pour que le chapitre rende au gouverneur d'alors les mêmes honneurs qu'il n'avait pas contestés à ses prédécesseurs dans le Pays de Foix (6). Il faut décider à nouveau que, suivant la coutume, les deux derniers chanoines hebdomadiers et deux des prébendiers choisis par le chapitre « iront prendre et accompagneront l'évêque, et lorsqu'il viendra à l'office et quand il s'en retournera à la maison épiscopale » (7). Distinguons d'ailleurs pour le cérémonial entre celui qui a trait à la liturgie et celui qu'exige la simple étiquette. On sait le conflit de Caulet et du marquis de Foix, gouverneur de la province. Le marquis exigeait

(1) R. C. 21 juillet 1676.
(2) *Ibid.* 31 juillet 1676.
(3) *Ibid.* 18 septembre 1677.
(4) *Ibid.* 1ᵉʳ octobre 1677.
(5) *Ibid.* 4 janvier 1673.
(6) *Ibid.* 6 mai 1674.
(7) *Ibid.* 1ᵉʳ février 1675.

que le chapitre cathédral vînt à sa rencontre avec la croix et le dais,
l'appelât *Monseigneur*, l'introduisît en chantant le *Te Deum*, le plaçât
ainsi que sa femme au-dessus des chanoines, lui donnât l'encens après
l'Evêque, le reconduisît aux portes processionnellement. Caulet
consentait seulement à aller le saluer avec le chapitre cathédral et à
lui donner à souper. D'où une lettre de cachet obtenue sous main par
le gouverneur, une querelle avec les chanoines où ils essuyèrent « des
paroles dures » ; ce qui décida l'Evêque, las des exactions dont le marquis de Foix avait fait sentir le poids au pays, à aller à Paris, où il
n'était pas venu depuis 1662, et à demander la punition du marquis
que Louis XIV envoya à Sisteron (1).

Tel est l'intérêt principal de ce que les *Ordonnances synodales*
de 1672 nous apprennent sur le chapitre cathédral de Pamiers, de ce
que nous font mieux connaître encore les documents, inédits pour la
plupart, conservés aux Archives départementales de l'Ariège. Grâce à
la réforme qu'il a tant bien que mal su ou voulu imposer au prix
d'une longue lutte, Caulet va être soutenu par ce chapitre qui menaçait en 1656 de verser le sang (2). Lorsqu'il résistera dès 1673 à la
Régale, appuyé cette fois par ses chanoines et ses prébendiers ainsi que
par le pape Innocent XI Odescalchi (3), Caulet livrera au roi une
bataille qui ne se terminera qu'après sa mort. Si ce combat fournira à
l'évêque l'occasion de donner, ainsi qu'on l'a déjà remarqué, les plus
touchants exemples de patience, d'humilité, d'esprit de pauvreté (4),
les *Ordonnances* de 1672 nous expliquent comment Caulet sut imposer
son esprit sévère à un corps qui vivait sans règle et mériter d'être
porté, au jour de ses funérailles, par ces chanoines réformés qu'il
avait si obstinément défendus contre les réfractaires. Il n'est peut-être pas

---

(1) Besoigne, II p. 175 et suiv. M. de Lahondès semble rapporter ce conflit à Saint-
Volusien de Foix, ce qui est une erreur ; moi-même, d'après lui, et n'ayant pas encore eu
en mains les *Vies des quatre Evesques*, je l'ai attribué aux chanoines de cette abbaye.
Bull. de la Soc. Ariég., IV, 1894, p. 412, note 3.

(2) Dans la dernière assemblée dont la délibération ait été conservée (8 fév. 78), on proteste contre la sécularisation du chapitre ; on s'opposera aux volontés du roi soit en cour
de Rome soit auprès de Sa Majesté « et partout ailleurs ou besoing sera ». C'est en mai 78
que les intendants de Montauban et de Toulouse saisirent les revenus.

(3) « Homme austère, doux et pieux, la même intégrité qui réglait la vie privée enga-
geait aussi le pape Innocent à remplir les devoirs du Saint-Siège sans lâches ménagements ».
Ranke, *Hist. des Papes*, V p. 455.

(4) Lahondès, II p. 223.

inutile de faire connaitre en détail la manière dont M. de Caulet réussit à modifier les mœurs de deux de ses chapitres, leur façon de penser et de vivre. C'est un assez curieux chapitre de l'histoire locale, et un tableau de mœurs ecclésiastiques qui n'est peut-être pas dépourvu d'un certain relief. Que l'on compare ce chapitre cathédral de Pamiers et ces chanoines de la Sainte-Chapelle que Boileau, vers le même temps, tourne en ridicule ! (1) Les premiers chanoines de Pamiers résistaient violemment à l'influence d'un homme de qui Bossuet n'hésitait pas, dit-on, à déclarer à Louis XIV lui-même que le peuple du Pays de Foix le regardait alors « comme un Saint » (2) ; leurs successeurs s'associèrent fidèlement à lui pour défendre les revendications du Saint-Siège contre le roi et, après la mort de leur évêque, ne trahirent pas ses idées au moment où l'Assemblée Générale du clergé, réunie en novembre 1681, se montra encore plus hostile au pape et encore plus dévouée au roi que n'avait été la précédente, au moment où, sous la présidence de l'archevêque Harlay de Champvallon, Bossuet prononça le célèbre sermon *sur l'unité de l'Eglise* qui cherchait à amener Louis XIV et Innocent XI à des sentiments plus pacifiques et demandait plus de concessions et de complaisances au pape qu'au roi.

« Allons à la tête de tout le troupeau, Messeigneurs, plus humbles et plus soumis que tout le reste ; zélés défenseurs des Canons, autant de ceux qui ordonnent la régularité de nos mœurs que de ceux qui ont maintenu l'autorité sainte de notre caractère ; soigneux de les faire paraitre dans notre vie plus encore que dans nos discours, — afin que, quand le Prince des pasteurs et le Pontife éternel apparaîtra, nous puissions lui rendre un compte fidèle et de nous et du troupeau qu'il nous a commis, et recevoir tous ensemble l'éternelle bénédiction du Père, du Fils et du Saint-Esprit. » Ces dernières paroles de l'allocution de Bossuet en novembre 1681 auraient-elles semblé déplacées dans la bouche de l'austère prélat dont nous allons étudier l'une des œuvres auxquelles il s'est le plus étroitement attaché ? Nous verrons que plus d'un membre de ces chapitres eût pu dire, comme un héros du *Lutrin* :

---

(1) Les quatre premiers chants du *Lutrin* paraissent de 1671 à 1674 : les deux autres ne seront donnés que de 1681 à 1683.

(2) Lahondès, II p. 209.

« Provoque cent arrêts, c'est l'esprit de l'Eglise ;
« C'est par là qu'un prélat signale sa vigueur ;
« Ne borne pas ta gloire à prier dans un chœur ;
« Ces vertus dans Aleth (1) peuvent être en usage ;
« Mais dans *Pamiers* plaidons............... »,

et d'autre part que, grâce à la ténacité de Caulet, les chanoines de Pamiers et de Foix ont fini par ne plus ressembler à ceux de la Sainte-Chapelle, que le poète nous montre

« Parmi les doux loisirs d'une paix fraternelle,
.... vermeils et brillants de santé,
Engraissés d'une longue et sainte oisiveté,
Et, pieux fainéants......
Veillant à bien dîner ».

(1) Allusions à la piété de Pavillon, évêque d'Alet, ami de Caulet.

CHAPITRE DEUXIÈME.

Résistance du chapitre cathédral à la réforme. — Intervention d'Innocent X en 1650. — Appel des chanoines au pape Alexandre VII. — Caulet et Pavillon.

Lorsque Caulet, nommé évêque de Pamiers le 14 juin 1644 et sacré le 5 mars 1645, se mit en route pour le Pays de Foix, le chapitre était ainsi composé : de Mascaron archidiacre, de Goullard archiprêtre, de Maguelonne sacristain, de Nervese préchantre et prieur de Saint-André-de-Dalou, Dominique Martin infirmier, Raymond Martin aumônier et prieur de Saint-Pierre-de-Genat, de Moynier prieur de Saint-Martin-de-Rieucros, de Robert prieur de Saint-Martial-d'Arvigna, de Calvet théologal, de Rudelle, Bellouguet et Douvrier simples chanoines (1). Les familles de Mascaron, de Goullard, de Robert, de Calvet sont inscrites au nobiliaire de l'Ariège (2). L'archidiacre avait pour frère Paul de Mascaron seigneur de Nescus.

D'abord tout marche bien. L'assemblée capitulaire choisit les deux celleriers et les députe à Toulouse pour « saluer de la part du chapitre M. l'Evesque de Pamiers, lorsqu'il y sera arrivé » (3). Caulet

---

(1) Bellouguet avait été nommé chanoine le 26 mars 1640 ; Calvet, chanoine théologal le 27 septembre 1642, tous deux, par Jean de Sponde. C'étaient les plus récemment entrés.

(2) Voir, dans le vol. III de l'*Histoire des Ariégeois* de M. l'abbé Duclos, le travail de M. Louis Lafont de Sentenac.

(3) R. C. 24 mars 1645.

commence à visiter son diocèse : l'archidiacre l'accompagne à Sabart pour la fête de la Nativité de la Vierge (1), le sacristain à Saurat (2), le théologal ailleurs ; lorsqu'il va consacrer l'église des Capucins à Foix, il est suivi de l'archidiacre, de l'archiprêtre, du sacristain, du théologal, du prieur d'Arvigna et de deux autres chanoines (3).

Mais dès 1646 la lutte est dans l'air. En juillet, le registre capitulaire parle, sans autrement préciser, des « différends que le chapitre a avec Mgr » ; les chanoines désirent en sortir à l'amiable ; deux d'entre eux vont à Toulouse afin d' « instruire les advocatz qui seront nommés pour traiter les accommodements de commune main » (4). En août, nouveaux froissements. Un vicaire de Foix a été condamné par le parlement de Toulouse à faire « réparation d'honneur à certaine femme dudict Foix » et à payer une amende ; pour éviter l'exécution de cet arrêt, Caulet désire que le syndic du clergé « preste le nom audict sieur vicaire pour aporter l'affaire au Conseil », et il a prié l'un des chanoines, comme député du clergé, d'être de son avis ; celui-ci en parle au chapitre, qui ne veut ni que le syndic s'occupe de cette affaire « ny ne preste le nom audict vicaire pour porter son procès au conseil ny autrement » (5).

En 1647 Caulet veut faire faire la nouvelle reconnaissance des droits seigneuriaux qui étaient en commun entre lui et le chapitre. Cela ne soulève aucune difficulté : il emploie le prieur des Carmes, le chapitre aussi (6). Mais voici les préliminaires de la lutte. Les chanoines se demandent s'ils doivent « faire signiffier les Lettres patentes qu'ils ont obtenues du Grand Conseil pour se pourvoir contre les Arrests que feu Mgr de Sponde a obtenus contre le chapitre, *attendeu ils sont surannés :* il est très important de délibérer si ladicte inthimation se doibt faire afin de conserver les droits dud. chapitre ». On envoie prier Caulet d'agréer l'intimation de ces lettres, et de surseoir à la poursuite « du procès » (7). On le voit : il n'y avait rien de nouveau en cause.

(1) R. C. 22 septembre.
(2) *Ibid.* 20 octobre.
(3) *Ibid.* 3 novembre.
(4) *Ibid.* 6 juillet 1646.
(5) *Ibid.* 26 août.
(6) *Ibid.* 25 janvier 1647.
(7) *Ibid.* 5 avril 1647.

L'objet des chanoines était de réduire à néant l'arrêt du 12 février 1642 obtenu contre eux par Jean de Sponde (1).

La lutte ne s'engage pas aussitôt. Notons quelques traces de mauvaise humeur. Caulet visite l'église de Saint-Victor et dit que le chapitre doit y envoyer des ornements pour le service religieux: les chanoines répondent qu'ils offrent le nécessaire, mais ne peuvent « faire tout à la fois toutes les fournitures de ce qu'il faut à leurs églises », et qu'avec le temps ils le donneront (2). Voici encore une contestation entre l'Evêque et les chanoines au sujet de la cure des Issarts (3). Caulet prend ses mesures (4). Un bref d'Innocent X, adressé le 9 juillet 1650 aux archevêque de Toulouse (5) et évêques de Mirepoix (6) et d'Alet (7), se rapporte à l'établissement de la réforme et dans le chapitre cathédral de Pamiers et dans l'abbaye de Saint-Volusien de Foix. Le pape charge les trois prélats d'informer sur les désobéissances des chanoines réguliers de Pamiers, sur « les abus et les scandales » dont lui parlait, dit-il, une requête de Caulet. Que fit cette commission ? nous n'en savons pas davantage (8). L'un des biographes de Caulet dit que, après avoir employé contre ses chanoines « discoles les larmes et les prières, la voix de la persuasion » et supporté toutes leurs calomnies, il eut recours au Saint-Siège, mais qu'il ne tira pas « grand service de cette commission nommée par Innocent X : ainsi il prit le parti de procéder lui-même contre les réfractaires » (9).

(1) Rappelons qu'il avait été d'abord coadjuteur de son oncle l'évêque Henri, au titre d'Evêque de Mégare : il était son successeur en 1642. Nous aurions voulu donner quelques détails sur l'arrêt de 1642.

(2) R. C. 3 janvier 1648.

(3) *Ibid.* 30 juillet 1649.

(4) C'est probablement au sujet de ces difficultés qu'il assiste à certaine conférence tenue dans le diocèse de Cahors, au château épiscopal de Merquès, le 12 octobre 1649, par les Evêques de Cahors, *Alet,* Sarlat, Périgueux, par les Vicaires-Généraux d'Albi, *Alet,* Cahors, Périgueux, par le chancelier de l'Université de Toulouse. (Catalogue des Manuscrits des Bibliothèques des départements, Paris, Plon. *Bibliothèque de Bordeaux,* XXIII, 1894, p. 234 : n° 4 du recueil 411 B).

(5) Charles de Monchal, qui mourut le 22 août 1651 et dont Caulet prononça l'oraison funèbre à Saint-Etienne de Toulouse.

(6) Louis de Nogaret (1628-55).

(7) Pavillon.

(8) A. E. Liasse LXVI sans numéro d'ordre. On reconnaît encore l'empreinte du sceau en cire rouge, en partie effacée : saint Pierre jetant ses filets dans la mer, et quelques lettres du nom du pape. Besoigne a connu cette mesure d'Innocent X : II p. 151. — Voir nos *Pièces Justificatives,* n° I.

(9) Besoigne, *l. c.*

Les hostilités ne se déclarent qu'à la fin de 1654. Les 15 et 16 décembre, Caulet, sans rien innover, mais fidèle à ce que son prédécesseur, Jean de Sponde, avait cherché à faire, rend une ordonnance qui allume aussitôt la guerre.

Une consultation donnée à Toulouse, datée du 12, et qui cite l'ordonnance du 10 (1), disait que l'évêque de Pamiers aurait le droit de visiter les chanoines, s'ils vivaient dans un cloître et en communauté régulière ; qu'il devait « réformer son ordonnance du 10 pour ne s'exposer pas à un appel comme d'abus et rendre sa visite infructueuse ». L'ordonnance du 10 les prévenait que, le même jour et le lendemain, il visiterait leurs maisons. Le 10, il ne trouve ni Mascaron, ni Goullard, ni Maguelonne, ni Robert, ni Martin, ni Calvet, ni Bellouguet, ni Durieu ; c'est « un manifeste complot et continuation de la désobéissance et mépris de la juridiction et dignité épiscopale ». Il les prévient de nouveau qu'il reviendra les 11 et 12. Le 12, personne n'est chez lui. Il les avertit, pour la troisième fois, qu'il reviendra le 14 ; ce jour-là, que se passa-t-il ? les actes ne le disent point (2). Quant à l'ordonnance des 15 et 16 décembre, elle porte que l'évêque, à la requête de son procureur fiscal, a plusieurs fois sommé les chanoines, sous peine d'excommunication, de l'attendre « dans leurs maisons et d'exhiber leurs lettres d'ordre et titres de bénéfices ». Ils n'en ont rien fait ; sans l'approche de Noël, il les excommuniait. Pour preuve de ses sentiments de conciliation, il leur avait accordé encore un mois de délai (3). Le 16 décembre, Caulet, visitant la cathédrale, a voulu lire les ordonnances de Jean de Sponde, que le Chapitre « a toujours fait semblant d'observer ». Sont-elles respectées ? demande-t-il à Goullard, « la première dignité lors présente (4) ». L'archiprêtre refuse de répondre, « opiniâtrement, avec contumace », malgré la menace d'être excommunié, « et ce durant deux séances ». Après Goullard, F. de Robert. Ce dernier se laisse « emporter à des paroles offencives (*sic*) contre le respect deu à la sainceté du lieu et à l'action de la visite et à la dignité épiscopale ». Caulet leur conseille de faire des excuses ; ils refusent. Il les suspend alors « des fonctions de leur ordre et offices

(1) A. E. Liasse XLIX, sans numéro.
(2) *Ibid.* Liasse XLI, n° 27 *g.*
(3) *Ibid.* Liasse XXVII double, n° 3 *a*, et liasse XLI, n° 27 *g.*
(4) L'archidiacre était donc absent.

publics », l'archiprêtre pour un mois, Robert pour quinze jours, et leur prescrit de jeûner deux fois par semaine et de réciter ces jours-là les psaumes de la pénitence durant ce temps (1).

Revenons à l'ordonnance de visite de ce même 16 décembre 1654. Elle porte formellement que les chanoines se logeront ensemble sous la conduite d'un prieur claustral (2). Caulet vient de visiter tout son diocèse, et de terminer par son église cathédrale et par le chapître qui y était attaché. Défense est faite de quitter jamais leurs habits de chanoines « ny aux champs ny à la ville », sous peine de suspension (3). Défense de faire des testaments ou des legs : lorsqu'ils meurent, ce qu'ils laissent est acquis à leur communauté. Ordre, sous peine d'excommunication, de vivre, d'ici à six mois, en une maison commune. Défense de continuer les « scandales qui suivent par leur vie libre et irrégulière ». Caulet leur assigne deux maisons près de l'église, « fort logeables », et dont l'une est déjà louée par lui. La règle de saint Augustin et les dispositions du droit commun ne souffrent pas que les chanoines réguliers, « tels que sont ceux de nostre Eglise cathédrale, tiennent des femmes pour leur service ; neantmoins plusieurs de nostre chapitre en ont dans leurs maisons » ; ils les congédieront dans un mois. Le théologal fera chaque semaine deux leçons auxquelles seront tenus d'assister et les chanoines et les prébendiers.

En réponse à cette ordonnance de Caulet, le chapitre se réunit le 11, déclare que l'évêque a « tesmoigné grande aigreur », qu'il fait « des efforts pour anéantir les droits, privilèges et honneurs de tout le corps... molester les particuliers... C'est un acte d'iniquité... Ces voyes et subjects sont contre le droit et la justice... En cas l'Evesque ou son promoteur entreprendra chose que ce soit, l'union et concorde doibt se trouver dans le chapitre ». D'un commun accord, on décide de s'opposer à l'ordonnance, de défendre énergiquement les « droits, privilèges, honneurs et biens », d'aller en justice au cas où l'évêque « voudra maltraiter par aucune voye que ce soit » les chanoines en corps ou en particulier. C'est l'archidiacre qui fera toutes les « supplications, réquisitions, représentations, deffances, exceptions et demandes » (4).

---

(1) A. E. Liasse XLI, n° 5 *g*. La pièce a le cachet de Caulet.

(2) Une telle élection avait donné lieu, en 1315, à une sentence arbitrale entre l'évêque et le chapitre. Copie de ce document, A. E. Liasse XLI, n° 5 *h*.

(3) Ils ne portaient plus qu'une écharpe de linge sur la soutane. Lahondès, p. 140.

(4) R. C. 11 décembre 1654.

Nouvelle ordonnance épiscopale, le 16 janvier 1655 (1). L'archidiacre, l'archiprêtre et l'aumônier sont envoyés à Toulouse pour « consulter aux pointz et articles de l'ordonnance de visite qui peuvent estre préjudiciables, prendre tous bons et solides avis de deux advocatz » (2). Le chapitre députe un chanoine (3) et le syndic des prébendiers auprès de Caulet, pour qu'il les autorise à demander au Pape la sécularisation des chanoines « suivant un arrest du conseil » (4) ; s'il refuse, on en dressera acte (5). Un mois plus tard, le 9 mars, on réitère la demande à l'évêché (6).

Un arrêt du conseil privé, du 23 mars 1655, à la requête de Caulet, constate que les chanoines désobéissent à celui du 12 février 1642, provoqué par Jean de Sponde ; qu'ils causent ainsi « un scandalle et désordre auquel il est nécessaire de remédier » ; que les ordonnances de visite des 15 et 16 décembre 1654 sont valables. Cet arrêt assigne les chanoines devant le conseil privé (7). Il fut signifié aux chanoines le 19 mai (8), et au métropolitain le 30 juin (9).

Le chapitre, de son côté, déclare, le 16 avril, qu'il ne peut s'assembler « à tout moment pour délibérer sur les affaires et procès » avec Caulet; ils désirent que tout aille « promptement » et délèguent, à cet effet, l'archidiacre ainsi que ceux qu'avait suspendus l'une des ordonnances de l'évêque, l'archiprêtre et l'aumônier (10). Caulet ne reste pas inactif. Voici une consultation envoyée de Paris et datée du 5 juin, qui se rapporte aux difficultés qu'il avait alors à Toulouse, par suite de l'appel comme d'abus qui avait été porté par ses adversaires devant le métropolitain, et à Paris, en raison de sa requête au conseil (11).

Sur ces entrefaites, le délai de six mois fixé par l'ordonnance de

(1) Nous n'en connaissons l'existence que parce qu'elle est déférée au métropolitain, Pierre de Marca, qui fut archevêque de Toulouse de 1652 à 1662.
(2) R. C. 8 janvier 1655.
(3) Bellouguet.
(4) Celui du 12 février 1642.
(5) R. C. 15 février 1655.
(6) A. E. Liasse XLI, n° 27 c.
(7) *Ibid.* Liasse XXV, n° 10, et liasse XLI, n° 27 e. Deux copies de l'arrêt.
(8) *Ibid.* Liasse XLI, n° 27 d.
(9) *Ibid.* Besoigne en parle aussi : II, p. 152.
(10) R. C. 16 avril 1655.
(11) A. E. Liasse XLIX, sans numéro.

l'Evêque va être atteint. Le chapitre y était sommé de loger ses chanoines (il n'y est point parlé des prébendiers qui étaient, nous l'avons dit, séculiers), dans une maison commune, « à peine d'excommunication qu'ils encourront *ipso facto* ». Les chanoines à l'unanimité déclarent que l'ordonnance va contre les privilèges, les coutumes et l'état du chapitre « qui est depuis 33o ans de vivre en la sorte et manière qu'il est à présent » (1). Ils vont faire intimer à Caulet l'appel que leur syndic a obtenu en cour métropolitaine de Toulouse au sujet de l'ordonnance. On l'assignera à quinzaine (2). Le 29 juin 1655, Caulet, qui était à Tarascon la veille, fait signifier à Calvet, le théologal, que l'appel ne peut être poursuivi devant le métropolitain ; que l'arrêt du conseil privé, daté du 23 mars et signifié seulement le 19 mai, « lie les mains à tous autres juges » ; qu'il ne se présentera donc pas devant le métropolitain. Il ajoute que, puisqu'il s'agit de régler leur vie, « la voye de fuite et de longueur ne peut estre que de mauvaise édification », et il proteste contre un tel « attemptat » (3). Le 10 juin, le juge métropolitain, un chanoine de Saint-Etienne de Toulouse, avait sur la requête du syndic du chapitre appaméen, assigné l'Evêque au quinzième jour (4).

Ces contestations n'empêchent pas les reconnaissances qui doivent se faire à nouveau « en ceste ville commune entre Monseigneur et le chapitre » (5) ; ce qui interrompt momentanément la querelle, c'est que la peste éclate à Pamiers, que le chapitre ne se réunit plus qu'accidentellement au Bois du Claux, aux Mijanes de Faurejean, à Varilhes, et que les délibérations régulières ne reprennent qu'en février 1656.

En octobre 1656, à l'unanimité, les chanoines se préoccupent du cas où Caulet, entraîné par le procès qu'il a intenté devant le conseil privé et ailleurs, ou qu'il pourrait intenter dans la suite « tant civilement que criminellement contre le corps en particulier des chanoines ou prébendiers, fairoit des instances ou civiles ou criminelles contre

---

(1) Sur Pamiers au xive siècle, voir Lahondès, I p. 114 et suivantes.
(2) R. C. 14 juin 1655.
(3) A. E. Liasse XLI n° 27 *a*.
(4) *Ibid.* Liasse XLI n° 27 *b*.
(5) R. C. 13 août 1655.

aucun dudit chapitre ». Ils décident que de telles instances seront poursuivies aux frais du Chapitre (1). C'est un véritable syndicat.

Voilà ce qu'apprend le registre capitulaire. D'autre part, un arrêt du Conseil privé, daté du 11 février de cette même année 1656, et dont le chapitre ne souffle mot (2), avait prescrit aux chanoines de vivre ensemble et sous l'autorité d'un prieur claustral (3). Provoqué par leur refus d'obéir à celui du 12 février 1642 que Jean de Sponde avait obtenu contre eux, il disait que, « jusques à ce que le noviciat soit estably en bonne forme dans leur Communaulté, le sieur à présent Evesque dudict Pamies pouvoit envoyer les novices, quy seroient reçus, faire leur novitiat dans telle maison refformée dudict ordre qu'il trouveroit bon ; en laquelle ils seroient tenus de se rendre un mois après la prise de l'habit pour y faire leur novitiat, et ensuite estre admis à la profession, s'ils en estoient trouvez capables, à peine de nullité » (4).

Ce qu'il y a de nouveau dans cet arrêt de 1656, c'est le noviciat. Celui de 1642, si nous en croyons une sorte de résumé que l'un des successeurs de Caulet (5) présente au Roi, avait dit que les parties pouvaient conjointement faire instance à Rome pour la sécularisation des chanoines, et ordonné qu'ils nommassent l'un d'eux comme prieur claustral.

Caulet va plus loin. Il saisit le temporel du chapitre. Chose curieuse ! il verra saisir le sien dans une vingtaine d'années, lors des querelles de la Régale, tous ses meubles, et jusqu'à des fagots, jusqu'aux herbes du jardin épiscopal, «avec une telle rigueur qu'on ne lui laissa pas même les choses nécessaires à la vie, qu'on ne refuse point aux criminels mêmes » (6).

En août 1656, Caulet fait appliquer l'arrêt du conseil privé du 11

---

(1) R. C. 27 octobre 1656.

(2) Par qui avait-il eté provoqué ? par l'Evèque ? Besoigne qui le cite, mais l'attribue par erreur à Janvier, indique un arrêt antérieur, de ce même mois de Janvier 1656, par lequel les Chanoines, ne s'étant pas présentés devant le conseil, avaient été contraints à la réforme sous peine d'être privés de leurs revenus (II p. 152).

(3) A. E. Liasse XLIV n° 20.

(4) Je cite d'après la minute d'une requête présentée par Carla au Conseil, à une date incertaine, postérieure du moins à 1659.

(5) Verthamon, évêque de Pamiers de 1693 à 1735.

(6) *Suite des mémoires pour servir à la vie de Pavillon.* 1733 p. 153. De même le ms. 730 de la Bibliothèque municipale de Toulouse indique les *hortuli domestici olera et colligata in fasces ligna* parmi tout ce que confisqua l'intendant de Montauban.

février. Le 23, il fait saisir « les sommes, grains, vins et autres choses » que des fermiers de Pamiers devaient à Maguelonne, ce que d'autres de Montaut devaient à Goullard ; le 26 ce qu'un fermier de Saurat devait à Maguelonne, ce que les fermiers du prieuré de Génat devaient au prieur et aux chanoines, « la part et portion de l'afferme de la paroisse d'Albiès soit en argent, soit en bled ou vin ou autrement appartenant aux dicts chanoines » dans ce village ; le 28 les revenus du bénéfice d'Ussat, de celui de Vals près de Varilhes, de celui de Ventenac appartenant au chapitre, ainsi que « toute l'entière part et portion de l'archidiaconat de Bonnac appartenant à messire J. F. de Mascaron, archidiacre et chanoine » ; le 3o enfin le revenu du péage de la ville de Pamiers qui appartenait au chapitre (1). Le tout est saisi par un huissier du Parlement de Toulouse, Albert.

Le 16 septembre 1656, Caulet fait signifier à F. de Robert, chanoine et syndic de la cathédrale, un acte de réquisition et protestation qu'il a fait contre lui et qui a été reçu la veille par un notaire de Tarascon (2). Caulet a appris que le syndic du chapitre, en son absence, l'a assigné, qu'on a fait plusieurs ratures sur l'exploit ; il proteste contre un tel procédé (3). Le 22 l'archidiacre et l'archiprêtre sont assignés « et adjournés à comparoir en personne au Conseil » (4). Ce nouvel arrêt ordonne l'exécution de celui du 11 février, et constate que ce qui se passe n'a lieu qu' « au grand danger de leur salut et scandalle du public surtout en une ville et pays environné d'hérétiques ».

Les chanoines regimbent. C'est alors qu'ils ont recours directement au Pape. Le document est curieux. Les registres capitulaires n'en ont pas gardé le souvenir. Les *Annales de Pamiers* de M. de Lahondès et les biographies de Caulet n'en disent rien ; je le crois inédit. Il peut édifier singulièrement, surtout si on le rapproche de ce que le biographe anonyme de l'Evêque rapporte au sujet des chanoines de Foix (5), sur l'état d'esprit des chanoines à cette époque.

(1) A. E. Liasse XLI n° 8 (verbal signé) et copie du même verbal, non numérotée. Pour la saisie du temporel de l'archidiacre de Goullard, faite le 23, voir aussi liasse XLIV n° 20.
(2) L'Evêque était de passage en cette ville, « en visite de ses conférances ».
(3) A. E. Liasse XLI n° 10. L'acte de Tarascon a la signature de Caulet.
(4) *Ibid*. Liasse LXI n° 5.
(5) Ms. 730 de la Bibliothèque de Toulouse, p. 16. Il y est dit que les anciens chanoines de Foix voulurent empoisonner les nouveaux que Caulet avait fait venir de la Congrégation de France, ceux qu'il avait d'abord appelés de Périgueux ayant été chassés. On se servit de l'arsenic : « *clam infuso in ollam arsenico cunctos sustulissent veteres canonici, nisi sumpto opportune antidoto pesti saevienti obviam itum esset* ».

En novembre 1656 (1), dix d'entre eux songent à écrire au pape Alexandre VII (2). Il manque sur le document la signature de l'aumônier (3) et celle de l'infirmier, qui probablement était mort (4), pour que les chanoines se trouvent au complet. Nous donnons ici une analyse de cette curieuse pièce (5). Si le pontificat d'Innocent X avait été sévère pour les Jansénistes, on sait que celui du nouveau pape devait l'être autant. La plainte ne dut pas être envoyée au pape, ou bien elle fut recopiée à nouveau : mais dans ce qui suit on ne voit pas que le Saint-Siège fasse la moindre allusion à un écrit qui n'aurait guère pu, étant donné sa violence, passer inaperçu. La pièce se trouvant dans les archives mêmes de l'Evêché, on peut se demander si elle n'a pas été prise aux chanoines par un ami de Caulet et remise à ce dernier qui se serait empressé de l'envoyer, non au Pape, mais dans les liasses de la bibliothèque épiscopale.

« A ce moment », disent-ils, « disparaissent tous les autres secours du Père commun de tous les fidèles ». Ils ajoutent, en un style assez recherché, que l'orage le plus redoutable est menaçant, que l'on court presque au naufrage, qu'il est le seul à pouvoir et commander aux flots et retenir les vents. Ils rappellent les effets de « la rage hérétique des Calvinistes»; depuis une centaine d'années tout a été détruit, maison claustrale, églises, mobiliers sacrés, la ville même « dont, au lendemain d'exils divers, nous n'habitons plus que le cadavre. » Les guerres des catholiques contre les hérétiques ont aggravé le mal du pays. Puis ç'a été le tour des fléaux qui ont ruiné « leurs maisonnettes », les campagnes presque annuelles de Louis XIII, l'occupation militaire tant que la Catalogne a appartenu au Roi de France. Enfin les dix « léopards » — comme eût dit Sponde — mettent le pape au courant de ce qui les passionne le plus vivement. Ils lui parlent du « très pressant évêque et seigneur de Pamiers, François » : à les entendre, il les accable de querelles quotidiennes, les réduit presque à la misère, veut les spolier même des revenus annuels, « et cela afin de

(1) Le jour précis est en blanc.
(2) Innocent X était mort au commencement de 1655. Alexandre VII fut pape jusqu'en 1667.
(3) F. Robert.
(4) D. Martin signe pour la dernière fois sur le registre le 30 juillet 1655 ; son successeur, F. Bony, ne fit pas sa profession et fut remplacé le 7 février 1657 par Laqueilhe-Carla.
(5) A. E. Liasse XVII, n° 9. Voir *Pièces Justificatives*, n° II.

nous obliger à en passer par ses volontés, après avoir triomphé, si faire se peut, de l'impossible : or nous affirmons que c'est à tort qu'il nous les dicte, et ceux qui s'y soumettraient, ne pourraient nullement y satisfaire étant donné la situation critique où nous vivons ». Où n'en est pas venue la colère de Caulet ! Ils ne sont qu'un objet de scandale, surtout aux yeux des hérétiques de la région. Les Jésuites se sont interposés entre l'évêque et son chapitre, « eux dont les vertus sont éminentes et le nom respecté dans ce pays ». Mais en vain : Caulet occupe les biens des chanoines « et en ce moment peut-être, lorsque Votre Sainteté lit notre supplique, il se fait à main armée une lutte séditieuse pour la perception des revenus ». Les dix chanoines prient Alexandre VII de se renseigner auprès de l'un des prélats du voisinage; par exemple, l'archevêque de Toulouse, les évêques de Lombez (1), de Rieux (2), de Mirepoix (3), de Montauban (4) leur paraissent avoir la science suffisante, non celui d'Alet, c'est-à-dire Pavillon, dont ils mentionnent les relations étroites avec Caulet et le caractère « suspect de jansénisme, si l'on en croit les gens éclairés ». Ainsi le Pape saura ce qui peut toucher de pitié en leur faveur, « ce qui échauffe la bile » contre leur évêque : qu'il s'en rapporte moins à eux qu'au témoignage des ouailles et au suffrage de la voix publique ! que « le malheureux chapitre de Pamiers » ne soit pas entraîné à sa ruine par un pasteur qui use de toute l'autorité « dont il jouit auprès des juges séculiers»! que le Pape soutienne ces chanoines « dont la plupart sont « d'un âge avancé ! qu'il contienne le premier élan d'un prélat furieux « qui, tandis que j'écris ceci, cherche nos personnes pour les jeter « en prison ! qu'il empêche des mains consacrées à Dieu de répan- « dre le sang, comme cela est à craindre ! que Sa Sainteté fasse « chasser d'auprès de l'évêque les jeunes ecclésiastiques, imbus de « la cruelle morale des Jansénistes, et qui convoitent les bénéfices « des anciens chanoines ! »

Voilà sur quels sentiments de colère se termine l'année 1656, et le

---

(1) Depuis la mort de Jean Daffis (16 nov. 1655), le siège de Lombez était vacant et le resta jusqu'en 1661.

(2) Jean-Louis de Bertier, qui abdiquera en 1657.

(3) Louis-Hercule de Lévis-Ventadour (1655-79).

(4) Pierre de Bertier (1652-74), d'abord coadjuteur d'Anne de Murviel, évêque de Montauban, depuis 1636.

document valait la peine d'être analysé. Ce qu'ils disent contre l'évêque d'Alet s'explique assez bien, si l'on remarque que, dans les documents aujourd'hui conservés aux Archives départementales de l'Ariège, se trouve un mémoire que « Monseigneur d'Alet est supplié de se faire lire et il fera iscrire sur un billet ce qu'il en pense devant Dieu » (1). Pavillon est mis au courant des désordres des chanoines réguliers de Pamiers, qui n'ont gardé, dit la consultation, « de l'ancienne regularité que trois choses : le port de la sotane blanche pandant leur reception qu'ils appeloient le novitiat, — la profession après, — et la piece d'un doigt de toille blanche qu'ils appellent rochet sur la sotane noire qu'ils portent depuis la profession ». Le mémoire fait allusion à l'arrêt du conseil de 1658, à l'arrivée de Louis XIV à Toulouse en 1659, aux mesures qu'il prit et dont nous allons parler et aux cinq années que fixait un concordat dont il va être question : la pièce peut se dater de 1664 ou 1665, et l'on voit que ce n'est pas la première fois que Caulet aura consulté (2) Pavillon, et cela à la grande colère des chanoines non-réformés. D'ailleurs Pavillon était depuis de longues années l'un des prélats les plus en vue. N'avait-il point porté plainte en 1655, aux Etats du Languedoc, contre deux receveurs des tailles qui étaient la terreur de son diocèse ? obtenu la condamnation de l'un à la mort, de l'autre au bannissement ? (3) Et n'allait-il pas exercer une grande influence sur le frère de Condé, le prince de Conti, gouverneur du Languedoc après la mort de Gaston d'Orléans ? le recevoir chaque année une quinzaine de jours dans sa petite ville d'Alet et le ramener aux études de théologie ? (4).

Comme Caulet, Pavillon avait trouvé son chapitre cathédral en grande discorde, lorsque Richelieu lui avait, sur la désignation de saint Vincent de Paul, donné en 1637 le siége d'Alet. « Il y avait au chœur », dit M. Roschach, « un parti romain et un parti narbonnais, chacun s'acharnant pour son rite, les uns chantant le bréviaire de

---

(1) A. E. Liasse XLIX, sans n°. On ne dit pas quel était l'auteur de ce mémoire à Pavillon. Pour plus de clarté, nous insistons sur ce fait qu'il concerne les chanoines de la cathédrale, mais qu'il appartient probablement à 1664 ou 1665.

(2) Je ne dis pas que Caulet soit *lui-même* l'auteur du mémoire : du moins il l'a directement inspiré, à ce qu'il semble.

(3) Roschach, *Etudes historiques sur la province du Languedoc*, p. 357 et suivantes.

(4) *Ibid.*, p. 395 et suivantes.

Narbonne tandis que les autres répondaient à l'usage de Rome. Nombre de chanoines s'adonnaient à la chasse et manquaient régulièrement l'office. L'évêque se trouva quelquefois seul dans sa stalle avec le semainier pour vis-à-vis. Quand il voulut faire la visite capitulaire, il se rencontra que dans le pays personne n'avait jamais entendu parler de cette formalité » (1). Nous n'avons pas à insister ici sur l'esprit d'austérité de Pavillon que le prince de Conti, dans le testament qu'il écrivit en 1664, recommandera de consulter sur les points de conscience qui regardaient l'exécution de ses dernières volontés (2) : tout ce que l'on sait de lui, explique la haine que les anciens chanoines de la cathédrale de Pamiers portaient à l'évêque d'Alet. Quant aux chanoines de cette époque, ce n'est point à Pamiers seulement qu'ils se livraient à des actes et à des pensées de violence. Rappelons la vive altercation et le soufflet qu'un chanoine de Toulouse avait donné en pleine cérémonie à un des maîtres des cérémonies nommés par le conseil de ville à l'occasion des solennités religieuses que l'on célébra en 1644 en l'honneur des reliques de saint Edmond (3). On connaît aussi certain siége que Pavillon, pour avoir puni les déportements d'un chanoine de son diocèse, dut subir (4). Le chapitre de Pamiers, étant donné la rudesse des mœurs d'alors, pouvait menacer de verser le sang.

Cependant il ne le verse pas et procède avec plus de douceur, mais avec une constante obstination. Du moins, si notre digression n'a pas été longue, il valait la peine d'insister sur le mal qu'ils disent de Pavillon, qui sera bientôt poursuivi devant le roi par la noblesse de son diocèse, dépeint comme un prélat despotique dans un cahier de plaintes envoyé au P. Annat (5), et finalement approuvé par l'archevêque de Paris et par le roi. Les sentiments belliqueux des chanoines ne nous font-ils pas remonter de plusieurs siècles en arrière, à l'époque où l'évêque Pilfort de Rabastens écrivait aux consuls de Pamiers

---

(1) Roschach, p. 407 d'après une vie de Pavillon qui se trouve imprimée dans la *suite des mémoires pour servir à la vie de M. d'Alet*, 1733, sans lieu d'impression, p. 227.

(2) *Ibid.* p. 445.

(3) *Ibid.* p. 200.

(4) *Ibid.* p. 413 et suivantes.

(5) Confesseur de Louis XIV, jésuite et adversaire des Jansénistes, c'est à lui qu'avait été due la condamnation en Sorbonne des deux propositions, qui piqua Pascal ; c'est à lui que sont adressées les deux dernières *Provinciales*, la XVII° et XVIII°.

et aux juges du comté de Foix qu'il n'osait quitter son palais épiscopal
du Mas, à cause des violences des chanoines de son église,qui avaient
assemblé des hommes d'armes pour l'attaquer (1) ?

La première partie de la lutte est finie. Caulet va commencer à
semer la division dans le camp ennemi : pour cela, il va y introduire,
petit à petit, des chanoines qui partageront sa manière de voir et qui
lui seront dévoués.

(1) Lahondès, I p. 157 ; *Histoire du Languedoc*, t. IV p. 846 ; *Gallia*, XIII col. 160.

CHAPITRE TROISIÈME.

Résistance des chanoines. — Ils demandent au pape à être sécularisés. — Élection du prieur Claustral : l'aumônier et l'archidiacre. — Les Réformés : Carla et Amilia. — Bulle du pape Alexandre VII. — Intervention de Louis XIV lors de son séjour à Toulouse. — Concordat de Marca et de ses co-arbitres. — Soumission des chanoines.

En 1657, le chapitre est ainsi composé : de Mascaron, archidiacre, de Goullard, archiprêtre, de Maguelonne, sacristain, de Nervèse, préchantre, Robert, aumônier, R. Martin, prieur de Rieucros, Rudelle, prieur d'Arvigna, Calvet, théologal, Bellouguet, Douvrier et J.-P. Durieu (celui-ci simple clerc), simples chanoines. Le premier des *réformés*, Carla, va entrer dans le chapitre et y recevoir l'infirmerie (1).

Le 7 mai, un ecclésiastique du diocèse de Saint-Papoul (2) vient

(1) En 1645 l'infirmier était Dominique Martin. Besoigne (II p. 152) nous apprend qu'il était « assez homme de bien », qu'il offrit à Caulet de résigner son bénéfice et lui demanda de l'autoriser à vivre dans sa maison épiscopale pour consacrer au bien la fin de sa vie. Caulet lui laissa son canonicat et l'infirmerie ; Martin mourut peu après et les résigna « à un jeune homme que l'Evêque lui indiqua ». — D'autre part les registres capitulaires nous disent que Bony, un simple clerc non profès, les résigne au pape et que Carla les reçoit alors par nomination épiscopale (R. C. 7 février 1657). L'incident noté par Besoigne valait la peine d'être rappelé.

(2) Jean Tempère, recteur de Soupex.

dire qu'il avait plu à Louis XIV, « à cause de son joyeux advènement à la couronne, lui octroyer des lettres patentes en date du 31 may 1650 par lesquelles la première chanoinie quy viendroit à vacquer dans l'Esglise cathédrale de Pamiers, luy est conférée ». Celle de Goullard avait été vacante sans résignation ; il la demande. Caulet répond qu'Amilia en est pourvu et qu'il en a vaqué une auparavant ; le chapitre demande copie des lettres ; le requérant prend tout cela pour un refus, dresse acte et se retire (1). Laissons cet épisode dont nous ne parlons que parce qu'un autre candidat (2) fera bientôt valoir un titre analogue.

Nous sommes en 1657. « Pour recommander à Dieu et le supplier de mener à bonne fin » l'affaire que le chapitre a avec Caulet, les chanoines disent une messe tous les jours (3). Puis ils cherchent un instant à en sortir « par la voye douce et amiable » et à transiger avec l'Evêque au sujet de tout ce qui est soumis au Conseil privé (4). Par acte notarié, ils autorisent tout accord et le choix de tels arbitres qu'il semblera utile, tous actes et compromis, toutes transactions (5). Deux mois plus tard, ces sentiments pacifiques ont disparu : le syndic est chargé de prendre fait et cause pour l'archidiacre et l'aumônier (6) « touchant les papiers que M. l'Evesque leur demande, attendu le chapitre s'en est chargé par acte du 3 juillet 1643, et on se deffendra contre ledit seigneur Evesque » (7). D'ailleurs il n'y a pas d'argent dans la bourse du chapitre, rien à envoyer à l'archidiacre qui poursuit à Paris le procès contre l'Evêque (8). Le chapitre est avisé par son procureur en parlement que le procès, « concernant la demande que Mgr fait de certains papiers, est prest à juger et qu'il est nécessaire d'y envoyer quelqu'un pour en solliciter » : on députe le sacristain (9). Deux des chanoines (10) se procurent un certificat de bonne vie et mœurs qu'ils font signer à divers habitants de Pamiers ;

(1) Archives de l'Etude de Me de Massabrac, notaire à Pamiers.
(2) Rainssant.
(3) R. C. 19 janvier 1657.
(4) *Ibid.* 23 mars 1657.
(5) *Ibid.* Copie de l'acte.
(6) Mascaron et Robert.
(7) *Ibid.* 11 mai 1657.
(8) *Ibid.* 22 juin 1657.
(9) *Ibid.* 24 août 1657.
(10) Robert, aumônier, et Rudelle, prieur d'Arvigna.

mais, dès que ceux-ci apprennent qu'il doit figurer dans le procès contre l'Evêque, ils l'annulent par devant notaire (1).

Un arrêt du conseil privé, du 11 septembre 1657, maintient ceux des 12 février 1642, 11 février et 22 septembre 1656 et déboute le chapitre de la cassation qu'il avait demandée. Si pour la juridiction et la supériorité il donne à nouveau gain de cause à l'Evêque, il décharge l'archidiacre Mascaron de l'assignation personnelle qui lui avait été faite, mais lui enjoint d'obéir (2). Quant au juge métropolitain, le 17 septembre 1657, il condamne l'archiprêtre Goullard et l'aumônier Robert qui en avaient appelé de l'ordonnance de Caulet ; le juge leur enjoint « et à autres de porter le respect qu'ils doivent au seigneur Evesque et ne plus commettre telles irrévérences à peine d'excommunication » (3).

A l'unanimité, aussitôt le chapitre envoie à Toulouse pour une consultation quatre chanoines (4), un prébendier et le secrétaire du chapitre : suivant la consulte qu'ils rapporteront, le chapitre délibérera. Un mois plus tard, à entendre les chanoines (5), Caulet a ôté la connaissance du procès au juge d'église et au parlement de Toulouse ; il l'a porté au Conseil privé pour que l'éloignement des lieux permette au Conseil de se prononcer contre les chanoines qui ne peuvent « subvenir à une si grande despense d'aller à la suite dudit conseil privé du Roy ». Caulet a saisi tous leurs revenus, et prétend les saisir de nouveau. Il a réduit chanoines et prébendiers « à une extrême pauvreté pour venir au desseing qu'il a par la substraction d'aliments ». Pour couper court à ces procès, ils vont suppléer le Saint-Siège de les séculariser « selon l'intention du Roy » : ce qui est une allusion à la manière dont ils voulaient interpréter l'arrêt de 1642. En attendant, ils vont nommer un prieur claustral, « soubz le bon plaisir de Sa Sainteté », et, sous la conduite de ce supérieur, vivre suivant leur règle « et l'intention de Sa Majesté ». Mais ils entendent bien n'approuver ni les ordonnances de Caulet ni les arrêts qu'il a obtenus « en ce qu'ils leur sont presjudiciables ». Encore l'archidiacre de Mascaron s'oppose-

(1) A. E. Liasse XLI sans numéro.
(2) *Ibid.* Liasse XXIV n° 6.
(3) *Ibid.* Liasse XLI n° 5 g.
(4) Dont l'archidiacre Mascaron et l'aumônier Robert.
(5) R. C. 30 novembre 1657.

t-il à la nomination d'un prieur claustral, bien qu'elle soit conforme à l'arrêt de 1642 ; il estime qu'elle est « contraire à la forme de leur vie et à sa dignité, quy est et a esté de tous temps recogneue la première après la pontificale dans le chapitre et par tout le diocèse » (1). Après avoir entendu la messe du Saint-Esprit, ils nomment leur aumônier, de Robert (2), que l'Evêché n'approuvera point (3).

En juillet 1657 est collationnée sur l'original — à la requête de qui ? de Caulet ? des chanoines ? rien ne nous le fait savoir — une copie du concordat passé le 19 décembre 1643 entre l'évêque d'Uzès (4) et l'abbé coadjuteur de l'abbaye de Sainte-Geneviève du Mont, supérieur général des chanoines réguliers de Saint-Augustin de la Congrégation de France (5), au sujet de la réforme du chapitre cathédral d'Uzès. Est-ce pour servir de préjugé à la réforme de celui de Pamiers ? Il n'est pas invraisemblable (6).

Caulet était à Paris, où il était logé « au séminaire Saint-Sulpice à Saint-Germain des Prés les Paris » (7). Le 12 janvier 1658, Robert a fait demander à l'Evêché de Pamiers la confirmation de son élection ; le 14 le chapitre a sommé l'Evêque, quoique absent, de le confirmer et de poursuivre avec lui l'affaire de la sécularisation. Caulet estime que ce sont là « deux artifices », que les chanoines savent d'ailleurs qu'il est à Paris et pouvaient ne pas s'adresser à l'Evêché de Pamiers où il n'est point en ce moment ; que l'arrêt du 11 septembre 1657 les a déboutés de toute sécularisation. Cet acte d'opposition, dressé à Paris le 30 janvier 1658, sera signifié à Robert et à Rudelle dès le 11 février (8). Disons en passant que c'est durant ce même séjour à Saint-Sulpice que Caulet adressa, en remplacement de Nervèse mort,

(1) R. C. 28 décembre 1657.
(2) *Ibid.* 2 janvier 1658.
(3) *Ibid.* 13 juillet 1658.
(4) Nicolas Grille, alors logé à Paris, au collège des Bernardins.
(5) Charles Faure.
(6) A. E. Liasse LV n° 5. Voir aussi un autre document analogue, n° 3.
(7) Durant les 35 ans de son épiscopat, Caulet n'alla *que deux fois* à Paris, dit Besoigne (II p. 188) : en 1675 il s'y rendra pour se plaindre au Roi des exactions du gouverneur du pays, le marquis de Foix. C'est durant ce premier séjour qu'il administra Marca, archevêque de Toulouse, gravement atteint d'une maladie dont il réchappa (Notice biographique de M. l'abbé Dubarat en tête de la réédition de l'*Histoire du Béarn*, p. CLVII).
(8) A. E. Liasse XLI, n° 5 d.

une lettre de chanoinie, datée du 16 janvier 1658, à Rainssant, personnage dont nous aurons à reparler plus longuement (1).

Les chanoines avaient insisté sur ce que l'élection de ce prieur claustral était purement provisoire, qu'ils attendaient du pape leur sécularisation « conformément à l'arrest du Conseil privé du 12 février 1642 » ; l'acte de cette élection avait été porté à Caulet qu'ils priaient de la confirmer « le tout soubz le bon plaisir de Sa Sainteté, en attendant qu'Elle soit informée des choses qui les nécessitent d'avoir recours au Saint-Siége » ; on tenait à rappeler que l'élection avait lieu seulement pour obéir aux ordres du Roi et du Conseil privé, « sans néangmoins approuver les ordonnances du Seigneur Evesque » (2). Quelques jours après, l'archidiacre, qui n'assistait point à l'élection du prieur claustral, dit que cette dignité n'existe pas dans l'église appaméenne « du moins depuis l'an 1499 que le Pape Alexandre VI transféra le siége épiscopal et chapitre du Mas Saint-Antonin en la présente ville et église du Mercadal » ; il ajoute que les chanoines ont toujours vécu dans des maisons particulières, comme des prêtres séculiers. L'arrêt de 1642, continue à peu près de Mascaron, autorise l'Evêque à demander la sécularisation du chapitre conjointement à celui-ci ; le chapitre est ruiné par les guerres, par les oppressions de l'Evêque, par ses procès au Conseil privé où il a « jusques à présent trouvé un support extraordinaire ». L'archidiacre propose de traiter avec MM. de Sainte-Geneviève, « les mettre et subroger en leur lieu et place soubz les conditions justes et raisonnables ». L'avis prévaut. L'archidiacre est chargé, ainsi que l'aumônier Robert et Rudelle, prieur d'Arvigna, à l'unanimité de s'entendre avec les Génovéfains (3).

La dignité d'archiprêtre de la cathédrale et de l'église paroissiale Saint-Michel de Montaut était vacante par la mort du titulaire (4). Un chanoine (5) la sollicite en vertu de lettres des vicaires-généraux de l'archevêque de Toulouse ; un autre (6) la demande en vertu de lettres

---

(1) Original signé (en latin) par Caulet dont il porte le sceau. A. E. Liasse LXI n° 3. — Ajoutons que le 11 décembre 1657 le grand conseil avait rendu un arrêt en faveur d'un autre personnage dont il sera question aussi plus loin, Amilia. *Ibid.* Liasse XXIV n° 7.

(2) R. C. 2 janvier 1658.

(3) *Ibid.* 18 janvier 1658.

(4) Goullard.

(5) Douvrier, simple chanoine.

(6) Martin, prieur de Ricucros.

du Pape, et c'est le premier qui l'emporte (1). Sur ces entrefaites,
Caulet dérange tous les arrangements des chanoines. Le 13 juillet
1658, le prieur claustral nommé en janvier reçoit un acte par lequel
l'évêque — « au lieu d'avoir fait ses réponses comme il pouvoit les
faire », — ne confirme pas l'élection (2). Caulet s'y oppose, parce que
les chanoines n'ont pas auparavant donné certaines règles pour l'établissement de cette vie commune, que divers arrêts du conseil et leur
constitution les obligent à mener (3). Pour lui, ils viennent de faire
semblant de se soumettre ; un supérieur a-t-il les moyens « de surveiller les déportements des religieux », s'ils ne sont sous le même
toit ? Est-il « prieur claustral sans cloître » ? Ils lui demandent de confirmer leur élu en attendant que le Saint-Siége les ait sécularisés ; mais
il tient l'acte pour « injurieux à son authorité et dignité, et d'ailleurs
captieux ». Caulet rappelle qu'ils ont été déboutés de leur prétention
de sécularisation par l'arrêt du 11 septembre 1657 ; il juge qu'ils déclarent « mal à propos » qu'ils attendent de Rome le changement de leur
état, et dit qu'ils ne peuvent y prétendre qu'avec sa propre permission
et qu'il la leur refuse ; enfin, comme ils se vantent d'avoir fait l'élection
pour obéir au Roi et sans approuver les ordonnances de leur Evêque,
Caulet estime que ces paroles sont « pleines de mespris et irrévérence »,
contraires à son « honneur et authorité ». Il leur enjoint de se réunir
à nouveau, d'établir la communauté, de procéder à une seconde
élection.

Le 2 août 1658, Caulet fait dresser par devant notaire un acte où il
dit qu'il vient d'apprendre que les prébendiers « et officiers du bas-
chœur du chapitre » ont sollicité la main-levée des saisies faites sur
eux, et bien qu'il n'ait jamais pratiqué la moindre saisie sur leur « part
et portion, les ayant au contraire formellement exceptés, mesmes dans
l'instance du conseil (4), comme n'estant point obligez à la régularité ».
Entendent-ils aujourd'hui « tenir la main aux fuites et subterfuges des
chanoines qui seuls sont obligez à la vie régulière et sur la portion

(1) R. C. 12 mars 1658. Mais pour peu de temps. Amilia va les évincer tous deux, par
jugement du Parlement de Toulouse, et en vertu de provisions du Saint-Siége.

(2) *Ibid.* 13 juillet 1658. Ici il n'y a qu'une simple indication du refus. — Copie de l'acte
dressé par devant notaire par un agent de l'évêque. A. E. Liasse XLI, nᵉ 5 c.

(3) A. E. Liasse XXVIII, nᵉ 2. Double copie de cette opposition que le registre capitulaire
n'indique que d'un mot.

(4) Celle sur laquelle était intervenu l'arrêt contradictoire du 11 septembre 1657.

desquels tant seulement tombe la saisie » ? (1) Dès le lendemain, le syndic des prébendiers répond que quelqu'un a usurpé sa qualité et fait l'instance de main-levée ; que l'évêque ne leur a rien saisi ; que l'affaire est désavouée par eux et qu'ils vont en poursuivre sans retard « l'anéantissement » (2). Caulet présente alors une requête au conseil ; lès chanoines « se sont advizés... par une pure industrie... au nom du scindicq des prébendiers », de soumettre une requête au même conseil ; il en demande l'annulation et se réserve de poursuivre en dommages et intérêts les auteurs de ce faux (3). Quel fut le résultat des démarches de l'évêque auprès du conseil ? Nous le verrons bientôt ; le 23 octobre 1658, le syndic du chapitre, que Caulet s'était promis de. poursuivre, proteste contre lui (4). A l'entendre, « le seigneur evesque a été attiré par un esprit passionné et inquiet, et s'attache à des invectives, mesdisances et suppositions contre les sieurs chanoines ». Si la communauté n'est pas établie, c'est qu'il n'y a point un supérieur. A qui la faute ? A l'évêque. L'élection qu'ils avaient faite était canonique ; dans l'acte épiscopal, les choses sont « inventées et supposées », et Caulet a eu tort de saisir une portion de leur temporel.

Une autre requête de l'évêque, non datée (5), proteste contre la manière dont les chanoines ont éludé l'arrêt du 11 septembre 1657, qui prescrivait l'exécution de celui du 12 février 1642 et de celui du 11 février 1656, et contre la façon dont ils ont voulu l'obliger à confirmer comme prieur claustral Robert, l'aumônier, qu'ils avaient élu le 2 janvier 1658, puis à leur indiquer un logis, enfin à solliciter avec eux leur sécularisation. Caulet demande qu'il leur soit prescrit de nommer, dans la quinzaine, un autre que Robert, qui n'a point « la doctrine et capacité nécessaire pour entendre les confessions desdicts chanoines, pour faire les exhortations nécessaires aux jours de chapitres et autres occasions », qui n'assiste « que très rarement au chœur et jamais aux matines », qui a été le chef de l'opposition depuis trois années, et que l'évêque a finalement suspendu par une ordonnance

(1) A. E. Liasse XLI, n° 22 b.
(2) *Ibid.* Liasse XLI, n° 22 c.
(3) *Ibid. d.* Simple minute des considérants de la requête de l'évêque au conseil.
(4) *Ibid.* Liasse XXVIII, n° 11. Le registre capitulaire n'en dit rien.
(5) Il y est dit : « Défendeur contre les chanoines demandeurs en requeste insérée en l'arrest du conseil du 15 juillet 1658 ». A. E. Liasse XLI, n° 5 b. Sur celui-ci, voir plus bas.

que le métropolitain avait, dit-il, confirmée (1). Ajoutons que, par arrêt du conseil privé en date du 15 juillet 1658, le Roi avait ordonné que la requête présentée par le syndic du chapitre au sujet de l'élection de Robert comme prieur claustral, fût communiquée à Caulet, et qu'il exposât « les causes de refus qu'il faisoit de la confirmer » (2). Le document non daté, que Caulet envoya et dont nous venons de parler, doit être sa réponse.

Le 22 octobre 1658, un arrêt du conseil privé déboutait le syndic de sa requête, tendant à ce que l'évêque fût obligé de confirmer le prieur élu ; il enjoignait aux chanoines de nommer, dans la quinzaine, un autre que Robert: sinon, Caulet instituerait tel des chanoines qu'il jugera bon (3). Son choix se serait assurément porté sur l'un des deux chanoines novices, récemment nommés par lui, et dont le rôle est dès lors trop important pour que nous ne nous arrêtions pas sur eux : Carla et Amilia (4).

François de Laqueilhe Carla, prêtre, bachelier en théologie de Toulouse, avait été pourvu par Caulet, le 7 février 1657, de la chanoinie et infirmerie laissée vacante par la résignation que le titulaire (5) en avait faite aux mains d'Alexandre VII. Carla avait été reçu le 7 (6). Le 21 juin 1658, il avait produit le certificat de son noviciat, délivré en avril par l'abbé de Sainte-Geneviève-du-Mont, à Paris; il demandait à faire sa profession (7), mais en vain. Las de supplier respectueusement le chapitre, il la fait le 7 juillet entre les mains de Caulet (8). Aussitôt, dès le 19, le chapitre déclare que « sa préthendue profession est nulle et faite contre les ordres»; il lui a enjoint de prendre l'habit de novice, de faire son noviciat dans l'église de Pamiers, de tenir sa place aux messes basses. L'archidiacre lui a « doucement » et à plusieurs reprises conseillé d'obéir. Carla a répondu par trois actes

---

(1) Ce n'est que le 11 mars 1659 qu'ils le remplaceront par l'archidiacre Mascaron, ainsi que nous le verrons plus loin.

(2) A. E. Liasse XLI, n° 3 b.

(3) *Ibid.* n° 2 a.

(4) Le biographe anonyme de Caulet y insiste naturellement. Ms. 730 de la Bibliothèque municipale de Toulouse, p. 19.

(5) Le clerc Bony : Caulet lui donne, le 8, une prébende à la cathédrale.

(6) R. C. 7 février 1657.

(7) *Ibid.* 21 juin 1658.

(8) Le chapitre dit que l'évêque, n'étant pas un régulier, ne peut admettre aucun régulier.

signifiés au chapitre, « mesprisant tout ce qui luy est dit ; telle désobéissance ne doibt estre tollerée ». On décide de lui ordonner de quitter
la place et l'habit de profès, de porter l'habit blanc et, s'il refuse, de le
priver des fruits de la chanoinie durant six mois. Peu après, on
insiste sur ce qu'il n'a pas profité « des admonitions et injonctions » ;
il objecte qu'il a fait plusieurs fois « l'office du chœur lorsqu'il s'y est
trouvé le plus antien » ; mais en l'absence d'un chanoine, l'office peut
être commencé soit par un novice, soit même par un prébendier ; il
continue, disent les chanoines *anciens*, « ses désobéissances et son
mespris ». On en appelle donc au juge métropolitain de Toulouse et
l'on renouvelle à Carla les sommations déjà faites (1).

Un arrêt du conseil privé, du 29 juillet 1658, maintenait, sur ces
entrefaites, Carla comme ayant fait son noviciat à l'abbaye de Sainte-
Geneviève ; il devait jouir de son canonicat, et défense était faite de
l'y troubler sous peine de 300 livres d'amende (2).

C'est alors que Mascaron et l'aumônier Robert entreprennent de
« commettre plusieurs contraventions et rébellions audict arrest (3),
avec viollences et escandale public » contre Carla, « en hayne de ce
qu'il a embrassé la vie régulière », dit un acte de celui-ci. On le tire de
la place qu'il occupait dans le chœur « es haultes chaires » ; on se
réunit, sans le prévenir, « clandestinement et à autres endroits et jours
qu'aux accoustumez ». Le 8 décembre, nouveau « scandale devant le
peuple assemblé pour entendre la messe matutinalle ». Mascaron commence l'office avant l'heure réglementaire, malgré les observations de
Carla. Celui-ci est obligé de se retirer à la sacristie ; Mascaron l'empêche de dire la messe, sous prétexte qu'il n'est pas encore profès.
Robert l'en empêche durant toute la semaine qui suit. Le 2 février
1659, c'est à Carla d'avoir fonction de semainier. « Pour plus insigne
injure », on lui laisse faire l'office de matines comme aux autres chanoines, mais on l'empêche de célébrer la grand'messe, ainsi qu'il
devait la dire, et l'on défend au garde de la sacristie de lui donner des
ornements. Carla dresse procès-verbal de tout cela et en appelle au

---

(1) R. C. 5 août 1658.
(2) A. E. Liasses XXVIII, n° 11, et LXI, n° 4.
(3) Celui du 29 juillet 1658.

conseil privé (1). Les 5 et 6 février, le juge ordinaire de Pamiers fait là-dessus une enquête secrète (2).

Le conseil, par arrêt du 27 mai 1659, défend au chapitre de troubler Carla, condamne les chanoines aux dépens du procès, 200 livres (3), et l'établit définitivement comme infirmier.

Le 25 juin, le chanoine Douvrier, au nom de ses collègues, déclare par devant notaire qu'ils n'acquiescent point à l'arrêt obtenu par Carla « par surprinse » (4). Le 18 juillet, cinq des chanoines (Rudelle, Robert, Bellouguet, Calvet et Maguelonne), allaient à la cathédrale pour tenir chapitre ; ils rencontrent Carla, qui s'y rendait aussi, s'en retournent et le laissent « sans entrer pour le troubler » (5). Le 14 août, Carla veut faire l'office comme semainier ; Douvrier et Robert s'y opposent ; Carla donne le signal ; Robert le donne en même temps de l'autre côté du chœur et « entonne sans dire le *Pater* » (6). Le 15, ils l'empêchent de célébrer la messe (7). Malgré les arrêts dont il est armé, c'est le 10 janvier 1660 seulement que Carla signe de nouveau sur le registre capitulaire, où il avait signé pour la première fois le 7 février 1657, jour de son installation (8). C'était le premier chanoine sur qui l'évêque comptait pour asseoir sa réforme ; Amilia fut le second (9).

Barthélemy Amilia (10), prêtre, bachelier en théologie, alors doyen de la collégiale du Camp, à Pamiers (11), avait été pourvu par Caulet, le

(1) Pièce non numérotée; c'est la minute de la requête de Carla au conseil privé. Il n'y a pas de date.

(2) Interrogatoires de Carla, du prébendier Bony, d'un vicaire de la cathédrale, d'un prêtre du diocèse de Rieux, d'un compagnon chirurgien de Pamiers, d'un marchand de la ville, d'un second prébendier, d'un prêtre du diocèse de Couserans, d'un sous-diacre. — A. E. Liasse LXI, n° 4.

(3) A. E. Liasse XLI, n° 3*g*, et liasse XXVIII, n° 11.

(4) *Ibid.* Liasse XLI, n° 3, *h*.

(5) *Ibid.*, *i*.

(6) *Ibid.*, *k*.

(7) *Ibid.*

(8) C'est donc par erreur que M. de Lahondès dit que Carla « entre *en 1662* dans le chapitre réformé de Pamiers ». Sur Carla, voir Besoigne, II, p. 153.

(9) Le biographe anonyme de Caulet, après avoir consacré quelques lignes à ces deux personnages, ne nomme pas les autres qui, dit-il, dans les différentes maisons des chanoines réguliers de Saint-Augustin se formèrent à la vie régulière.

(10) Sur ce personnage, voir abbé Couture, *Rev. de Gascogne*, avril 1877, p. 175, Lahondès, *Ann. de Pam.*, II p. 294, abbé Duclos, *Hist. des Ariég.*, I p. 542, abbé Doumenjou et Félix Pasquier, *Bull. de la Soc. Ariég.*, III, 1890, p. 149.

(11) Il avait été reçu le 31 octobre 1656, en vertu des Bulles obtenues à Rome.

26 avril 1657, de la chanoinie laissée vacante par la mort de l'archiprêtre (1). Dès le 4 mai, il en avait pris « la réalle, actuelle et corporelle possession » ; il ne restait plus qu'à le recevoir ; il avait été reçu (2). Un arrêt du grand conseil, du 11 décembre 1657, avait été rendu en sa faveur (3). Le 7 septembre 1658, il avait demandé à devenir archiprêtre à la place du titulaire, qui désirait cesser de l'être (4); il le deviendra le 7 février 1659, « soubz ceste protestation qu'il n'est nommé qu'en conséquance de la provision du Saint-Père » (5); encore avait-il dû plaider devant le Parlement de Toulouse contre deux chanoines qui lui disputaient l'archiprêtré (6).

Ni Carla, ni Amilia n'avaient pris part à l'élection de l'aumônier F. de Robert comme prieur claustral, n'étant pas « encore capitulaires pour n'estre profès » (7).

En octobre 1658, lorsque le syndic du chapitre fait la protestation dont nous avons parlé (8), Carla venait d'être maintenu chanoine, mais par un arrêt du conseil privé, et au prix de quelle lutte ! Quant à Amilia, il n'était pas encore archiprêtre, non plus que Carla, infirmier. Selon le syndic de ce chapitre, où ils avaient tant de mal à entrer et à prendre leur rang, les deux chanoines dont il s'agit sont des schismatiques. La compagnie, à laquelle ils commencent à appartenir, ne peut s'imaginer que ces deux protégés de l'évêque puissent « vivre dans la parfaite régularité et communauté, puisqu'ils n'ont aucun supérieur légitime ». A entendre les doléances du syndic, Carla et Amilia ont commis « un schisme » : le mot est prononcé. Ils ont eu tort de se séparer de leur corps, au moins sans en donner « cognoissance » ; d'ailleurs, rien d'étrange à ce qu'ils fassent l'impossible contre le chapitre, « puisqu'ils ont esté tousiours les créatures dudit seigneur evesque et ses domestiques et estipandiers » (9). Mais le

---

(1) Goullard.
(2) R. C. 4 mai 1657.
(3) A. E Liasse XXIV, n° 7.
(4) R. C. 7 septembre 1658.
(5) *Ibid,* 7 février 1659.
(6) Douvrier, nommé archiprêtre par le chapitre le 12 mars 1658, et Martin : voir plus haut.
(7) R. C. 2 janvier 1658.
(8) A. E. Liasse XXVII, n° 11.
(9) *Ibid.* Liasse XXVIII, n° 11. — En octobre 1658, nous trouvons les évêques de Carcassonne et d'Alet occupés à examiner les différends entre l'évêque de Pamiers et le chapitre. Ils ont ouvert une conférence à ce sujet. L'archidiacre, le sacristain, l'aumônier et le théologal y sont députés. — R. C., 25 octobre 1658. — Il n'avait pas encore été question de cette commission.

22 octobre 1658, l'arrêt du conseil privé, dont nous avons déjà parlé plus haut, déclarait ne pas s'arrêter à l'élection du 2 janvier ; il déboutait le syndic de sa requête, fixait à quinzaine après le communiqué de l'acte la date d'une nouvelle élection, déclarait inéligible le chanoine précédemment élu (1) ; il disait que, si les chanoines résistaient, l'évêque, en vertu de l'arrêt du 11 septembre 1657, nommerait un prieur claustral à son gré et ajoutait qu'à celui-là il faudrait obéir « sous peine de saisie du temporel » (2). Ainsi cet arrêt de 1658 maintenait celui de 1643, déjà confirmé par celui de 1656.

Le 11 mars 1659, après avoir entendu la messe du Saint-Esprit, ils élisent comme prieur claustral leur archidiacre (3), conformément à l'avis de l'aumônier, qu'ils avaient élu en janvier comme prieur, Robert. Celui-ci, parlant de Mascaron, le fait valoir comme chanoine profès depuis cinquante ans, comme ancien vicaire-général et official des deux évêques Henri et Jean de Sponde, prédécesseurs de Caulet. Nous verrons plus loin que Mascaron sera réélu par les *anciens* de 1660 à 1667, mais que sa nomination sera l'objet d'une protestation de la part des *réformés*, et que les *anciens*, depuis 1668, porteront à sa place l'aumônier, — non plus Robert, que l'arrêt du conseil privé du 22 octobre 1658 avait déclaré inéligible, — mais Rudelle.

Ajoutons qu'à cette élection de l'archidiacre comme prieur claustral ne prennent part que les neuf *anciens*. Ni Amilia, reçu archiprêtre depuis le 7 février, ni Carla ne s'y associent.

Le 24 avril, le syndic du chapitre se plaint au Parlement de ce que Caulet n'a pas confirmé Mascaron, « ce quy est un subterfuge » aux yeux des chanoines, et prie la cour d'ordonner au nouvel élu d'exercer sa charge (4). Défaut est donné contre l'évêque le 7 mai ; il est assigné le 9 au quinzième jour (5), et condamné le 5 juin, par défaut, à confirmer Mascaron, et assigné le 7 au quinzième jour (6). D'autre part, voici une « inquisition secrète » faite par le juge ordinaire de Pamiers (7)

---

(1) De Robert.

(2) A. E. Liasse XXVIII, n° 11.—Voir plus haut, d'après liasse XLI, n° 2 a.—Le registre du chapitre cathédral n'en parle que le 7 mars 1659, lorsque l'arrêt a été signifié par l'évêque au chapitre le 28 février.

(3) De Mascaron.

(4) A. E. Liasse XLI, n° 3 b.

(5) *Ibid.*, c.

(6) *Ibid.*, d.

(7) En tant que juge à la châtellenie royale de Roquefixade.

à la requête d'un habitant des Pujols (marquisat de Mirepoix), **contre** le chanoine Durieu et un des prébendiers de la cathédrale, accusés **de** lui avoir enlevé différentes choses en son absence (1). Le 6 juin 1659, un arrêt du conseil privé casse un jugement du Parlement de Toulouse, défend aux chanoines de troubler l'évêque dans la possession et jouissance de la moitié à lui adjugée des terres appelées *Mijanes* (2), et confirme une fois de plus l'arrêt du 12 février 1642.

Le 10 juin 1659 un autre ordonne aux fermiers du chapitre « de vuider la main jusques a concurrance de deux mil livres » en faveur de Caulet (3). Il s'agissait d'exécuter l'arrêt du 11 septembre 1657, et d'y amener les fermiers des « droits décimaux » d'Ussat, Albies, Arvigna, des Issarts, de Carlaret, Vals, Justiniac, des Pujols. Pour les frais, le roi permet à l'évêque de faire saisir depuis 1658 sur chaque chanoine qui possédera un prieuré 400 livres par an, sur chacun de ceux qui n'auront que leur chanoinie 200, jusqu'à ce qu'ils aient obéi aux arrêts (4).

Le 21 juin 1659, les chanoines font un acte de sommation au syndic des consuls de Pamiers, afin qu'il leur fasse donner un logement convenable par les consuls, syndics et habitants de la ville (5). Ils demandent « des maisons contigues, comodes et capables de les loger en corps et communauté, eux s'estans résolus d'au plus tost se mettre et loger en commun suivant ce qui a esté ordonné... en attendant qu'ils puissent obtenir du Saint-Siége leur sécularisation ». Ils parlent des dettes qu'ils ont dû contracter « à l'effet des réparations de leurs mettairies », notamment à cause « des procès contre eux poursuivis et qui se poursuivent encore... quy ont ruyné et ruynent tout à fait le chapitre ». Le lendemain même, les consuls de Pamiers se réunirent à la maison de ville (6). A la majorité des voix, on rejeta cette demande : « s'ils prétendent se loger en comunauté, qu'ils aillent au Mas-Saint-Antonin, mais en ville ils n'ont jamais eu de logements en commun ni de cloître ».

---

(1) A. E. Liasse XLI, n° 3 *e*.
(2) *Ibid*. Liasse XLV, n° 133.
(3) *Ibid*. Liasse XXVIII, n° 7.
(4) Le 15 août l'arrêt est signifié aux chanoines.
(5) A. E. Liasse XXXI, n° 30.
(6) *Ibid*. n° 31.

Les chanoines avaient déjà adressé une première requête à Caulet ; ils lui en soumettent une troisième au sujet de ce logement (1). Il a offert, disent-ils, ce qui est nécessaire et il est obligé de le leur fournir selon l'arrêt du conseil privé du 11 septembre 1657. Les consuls n'ont pas voulu le leur donner. Va-t-il prétexter qu'ils désobéissent aux arrêts du conseil, saisir encore leurs revenus, « rendre le chapitre tout à fait misérable, et, faute d'aliments » interrompre le service divin ? Bref, ils lui demandent de leur bailler sa maison épiscopale pour qu'ils s'y logent en communauté, de la rendre commode et logeable : faute de quoi, ils protesteraient « de l'indue vexation et du retardement de la bastisse de la cathédrale » (2).

Les deux « créatures, domestiques et estipandiers de l'Evesque », — comme le syndic du chapitre nommait en octobre 1658 Carla et Amilia, — n'ont pas encore la paix. Les *anciens* ne perdent pas une occasion de leur être désagréables. Amilia demande à faire sa profession (3) ; il a bien fait son noviciat et on décide de le recevoir (4). D'autre part un arrêt du Conseil privé, du 8 août 1659, le décharge presque aussitôt après de l'assignation dont il avait été l'objet, lui ordonne de se pourvoir devant le chapitre pour être admis à faire ses vœux et sa profession, et l'autorise, si le chapitre refuse, à les faire entre les mains de l'évêque (5). L'arrêt constate que les *anciens* chanoines n'ont pas eu « esgard à son aage », qu'ils lui portent « hayne pour avoir embrassé la vie régulière que lesdits du chappitre ne veulent observer ». Le 21 août, Caulet fait un acte par devant notaire, où il presse à nouveau l'exécution des arrêts, rappelle qu'il a offert aux chanoines une partie de sa maison et les somme d'en vérifier l'état (6).

Le 28 juin précédent, un arrêt du Conseil privé avait déchargé l'Evêque de l'assignation que le syndic des chanoines lui avait donnée par devant le parlement de Toulouse ; le roi défendait à celui-ci de

---

(1) R. C. 4 juillet 1659.
(2) *Ibid.*
(3) R. C. 4 juillet 1659.
(4) *Ibid.* 11 juillet 1659. Le syndic du chapitre adressa à ce sujet une protestation au Parlement de Toulouse : A. E. Liasse XLI, n° 3 *l.*
(5) A. E. Liasse XLI n° 3 *m* et liasse XXVIII n° 8. Cet arrêt est cité dans le concordat de Marca, ainsi que celui du 27 mai de cette même année.
(6) A. E. Liasse XLI n° 23. Signé de Caulet.

connaître de l'affaire et au chapitre de se pourvoir ailleurs (1). Néanmoins le 19 août, un arrêt du Parlement de Toulouse, rendu à la requête du syndic du chapitre, avait donné gain de cause aux chanoines contre l'Evêque (2) ; le 5 septembre, un autre arrêt du même Parlement, sur le déclinatoire proposé par Caulet, avait dit aux parties de se retirer « où et par devant qu'il appartiendra », maintenu la saisie de deux mille livres faite sur les biens des chanoines et baillé à leur syndic la main-levée du surplus (3). Le 27 septembre, un second arrêt du Conseil privé décharge de l'assignation et Caulet et les deux chanoines *réformés*, Carla et Amilia (4) ; gain de cause est cette fois restitué et à l'Evêque même et à ses deux protégés. Le 21 octobre, sur la requête des chanoines *anciens*, le Roi évoque en son conseil les procès portés jusque-là au parlement de Toulouse ; les chanoines se plaignaient que l'Evêque voulût, sous prétexte de réforme, s'approprier leurs biens (5). A les entendre, l'abbaye étant devenue un évêché en 1296 et l'abbé un évêque, les chanoines ont pensé qu'ils étaient sécularisés du moment que leur chef, régulier jusque-là, était séculier. D'où leur manière de vivre, bien qu'ils n'eussent pas, ce qu'ils avouent, « de bulles formulées pour eux » et pour leur sécularisation. Ils parlent des moyens respectueux dont ils ont usé avec Caulet ; il a refusé de confirmer celui d'entre eux qu'ils avaient élu pour prieur ; ils en ont nommé un second sans recourir au métropolitain ; Mascaron était « d'une qualité si considérable que luy mesme mériteroit bien d'estre evesque, ayant esté chanoine profès près de cinquante ans, estant grand archidiacre, ayant esté quatre fois grand vicaire sous trois evesques ». Caulet ne l'a pas confirmé non plus ; il a mis « leurs deniers en ses coffres », imposé un « joug insupportable », amené le chapitre à emprunter pour les constructions trois cent mille livres à sa propre sœur, refusé d'admettre la compétence du Parlement de Toulouse qu'ils considéraient comme « le juge naturel » de ces questions. Louis XIV les évoque donc en son conseil le 21 octobre 1659.

---

(1) A. E. Liasse XXVIII n° 5 et liasse XLI n° 3 *f*. Néanmoins le parlement se permet de donner défaut contre Caulet le 1ᵉʳ août suivant : A. E. liasse XLI n° 3 *n*.

(2) *Ibid*. Liasse XXVIII n° 14. La requête du syndic était du 21 juillet : *ibid.*, liasse XLI n° 3 *c*.

(3) *Ibid*. Liasse XLI n° 14.

(4) *Ibid*. Liasse XXVIII n° 6.

(5) *Ibid*. Liasse XLI n° 12 et n° 3 *d*. Deux copies.

D'autre part, le 29, par devant notaire, Caulet fait faire aux chanoines un acte qui témoigne, quoi qu'ils aient pu dire, des sentiments les plus conciliants (1). Il les requiert de délibérer en plein chapitre sur l'exécution des arrêts du conseil qui touchent la réforme ; il se plaint de ce qu'ils agissent « par complot » et avec peu de bonne volonté ; il leur offre la plus grande partie de la maison épiscopale, une entrée spéciale, une séparation suffisante de leurs appartements et des siens ; vingt chambres, salle, jardin, tous les offices nécessaires seront à leur disposition ; il se réduira à deux chambres et à une salle, « tant il désire de les voir vivre régulièrement » !

Le 10 novembre, des experts nommés, les uns par Caulet, les autres par le chapitre, vérifient l'état des parties de la maison épiscopale qui sont données par l'Evêque aux chanoines : inutile d'entrer dans le détail de cet inventaire (2). Le biographe anonyme de Caulet dit que l'installation de ces douze chanoines dans un évêché, provisoire lui-même, causa le plus grand dérangement au prélat et aux gens de sa maison (3). Mais il n'y avait pas d'autre moyen de leur ôter tout prétexte de continuer à vivre chacun chez soi.

Que pensent de cette querelle le Roi et le Pape ? Aujourd'hui elle est en bonne voie. Sur douze advervaires que l'Evêque avait devant lui au début, deux sont déjà remplacés par des hommes sûrs, partisans de cette réforme que Caulet veut imposer et que les *anciens* entendent écarter. Ce qui délimite la deuxième partie de la lutte dont nous essayons de raconter l'histoire, c'est l'intervention du Pape et celle du Roi.

Alexandre VII, par une bulle du 6 des kalendes de mai 1659 (4), — dont le Conseil ordonna en juillet 1661 l'enregistrement et l'exécution (5), — s'était occupé de la réforme des chanoines. C'est sur cette bulle d'Alexandre VII que s'appuiera Caulet, le jour où (6) il voudra

---

(1) *Ibid.* Liasse XLI n° 29. Sont présents dans la « boutique » du notaire les chanoines Robert, Martin, Durieu et Calvet. — Autre copie, liasse XLI n° 17 *a* : la pièce porte l'approbation de Caulet, datée du 11 novembre et signée par lui.

(2) A. E. Liasse XLI, n° 17 *b*.

(3) Ms. 730 de la Bibl. munic. de Toulouse. p. 18. « *Non sine notabili Cauleti totiusque episcopalis familiae incommodo* ».

(4) Une simple copie, collationnée sur l'original, est aux Archives départementales de l'Ariège. A. E. Liasse XXV, n° 11. Voir nos *Pièces justificatives*, n° III.

(5) *Ibid.* Copie de l'arrêt.

(6) Lettre de Caulet au roi (28 janvier 1678). Lahondès, p. 215.

prouver que la Régale ne devait pas être établie dans son église, que ses chanoines étaient réguliers dans leur première origine, et que la communauté de biens, la pauvreté et une étroite réforme y avaient été rétablies par des lettres-patentes du 6 janvier 1660 à la suite de la lettre pontificale (1).

Caulet lui a rappelé l'histoire de l'église appaméenne et de ses chanoines : aujourd'hui ils n'ont plus que le nom de réguliers, le noviciat n'est plus pratiqué malgré le décret du Concile de Trente, il s'en suit des scandales « qui aiguisent la langue méchante des hérétiques calvinistes » de la région. Grâce à Dieu, Caulet a déjà ramené au bien le quart des chanoines prébendés. Il faudrait qu'un remède opportun imposât silence aux méchants. En conséquence, le Pape absout Caulet de toutes sentences, censures et peines d'excommunication, suspension et interdit. Alexandre VII termine en défendant aux hommes « de déchirer cette page de notre absolution, de notre statut etc... » (2).

Cette bulle d'Alexandre VII, dont Caulet s'armera plus tard contre le roi, fut l'objet d'un arrêt du Conseil, provoqué par l'évêque, et qui ordonna l'enregistrement ainsi que l'exécution des volontés du Saint-Père (1er octobre 1660 et 30 juillet 1661) (3). Les chanoines réfractaires l'appelleront néanmoins « la prétendue bulle » jusqu'au jour de la complète soumission (4). Les chanoines *réformés* l'invoqueront à leur tour contre Louis XIV lors des querelles de la régale (5).

Après l'intervention du Pape dans la lutte, celle du Roi.

Le 29 novembre 1659, Louis XIV, qui ne connaît peut-être pas encore la bulle d'Alexandre VII, fait envoyer « à Monsieur l'Evesque de Pamiers, conseiller en mes conseils », une lettre de cachet pour l'accommodement de ses différends avec son chapitre (6). C'est de

(1) Ces lettres patentes sont indiquées d'un mot dans l'arrêt du Conseil du 30 juillet 1661, dont il va être parlé. A. E. Liasse XXV, n° 11.

(2) Besoigne signale ce qui lui semble le plus important dans cette bulle d'Alexandre VII. C'est que Caulet pouvait « recevoir six religieux surnuméraires qui seroient comme expectans pour remplacer les chanoines capitulans à mesure qu'ils viendroient à **mourir** » (II p. 180). C'est encore que les religieux qui seraient dans la suite pourvus de canonicats de la cathédrale, devraient faire un noviciat dans une maison où la discipline fût observée (*Ibid.* p. 154).

(3) La copie en est jointe à celle de la bulle d'Alexandre VII. Liasse XXV, n° 11.

(4) R. C. 26 janvier 1663 et 22 décembre : il n'est pas inutile d'ajouter que les **réformés** *(Amilia, Carla)*, approuvent la bulle et ne signent qu'en mentionnant leur approbation.

(5) R. C. 22 juin et 2 août 1677.

(6) A. E. Liasse XXIV, n° 5. Voir nos *Pièces justificatives*, n° IV.

Toulouse qu'il l'adresse, durant un séjour qu'il y fait (1). « Il importe pour le bien de l'église qu'ils soient réglez au plus tost par une voye d'accommodeman a l'amiable... Dans trois jours après avoir receu cette lettre, vous aurez à venir ou députter quelque personne de votre part en ma ville de Tholoze, chargé de tous les actes nécessaires... Désirant que les choses se terminen pendant mon séjour icy et me promettant que vous accomplirez » ce qui est nécessaire. Déjà, le 3 novembre Louis XIV avait adressé à Caulet une première lettre de cachet. L'Evêque avait par ordonnance du 4 octobre convoqué le clergé de son diocèse en synode à Tarascon : le syndic du chapitre cathédral avait interjeté appel comme d'abus et prétendu qu'il avait « des inhibitions par des lettres de relief d'appel de tenir ladite assemblée sinodale ». Le Roi estime que les appels comme d'abus n'ont point « effect suspensif en matière de discipline ecclésiastique et correction des mœurs qui faict le sujet de ces sinodes ». Il écrit de Toulouse à Caulet et lui dit de tenir synode à Tarascon au jour qu'il a fixé (2).

Le 12 décembre 1659 un arrêt du conseil privé (3) défend au chapitre, à la requête de l'évêque, « de se pourvoir par opposition contre l'arrest de forclusion du 10 juin » de la même année, sauf aux chanoines, si bon leur semble, à se pourvoir contre lui « dans les six mois par restitution ». Le Roi déclarait ne pas s'arrêter à l'arrêt du 21 octobre 1659.

Si nous avons risqué de produire quelque confusion par l'énumération même des décisions nombreuses que provoque la lutte, on conviendra du moins qu'elles en prouvent l'acharnement. Nous aurions voulu dégager rapidement l'esprit de ces textes qui se succèdent et démontrent combien la réforme passionnait les esprits. C'est ici le lieu d'insister tout particulièrement sur une mesure à laquelle prend la plus grande part un des hommes les plus considérables de l'Eglise d'alors : Pierre de Marca, archevêque de Toulouse. Il allait moins

---

(1) Il y était arrivé le 14 octobre, venant de Bordeaux, lorsqu'il parcourait avec sa mère la Guyenne, le Languedoc et la Provence afin d'en terminer la pacification. Le 22 novembre Mazarin le rejoignit à Toulouse. Ils en repartirent le 28 décembre. Le roi y revient le 20 avril 1660, allant s'unir à Marie-Thérèse.

(2) A. E. Liasse de papiers inscrits comme inutiles au xviii° s. Original sans numéro.

(3) *Ibid.* Liasse XXVIII, n° 3.

de trois ans plus tard remplacer le cardinal de Retz à l'archevêché de
Paris dont le vieux frondeur se démet à la fin de 1661, et mourir
presque aussitôt, le jour même de l'arrivée de ses bulles, coïncidence
où les Jansénistes, dont Marca s'était montré l'un des plus ardents
adversaires, verront comme une vengeance du Ciel. J'insiste sur ce
concordat de Marca, parce qu'il est presque inconnu (1) et que le
dernier biographe du célèbre auteur de l'*Histoire du Béarn*, M. l'abbé
Dubarat, dans l'étude si détaillée et si documentée qu'il a consacrée à
ce personnage, n'en a rien dit.

L'archevêque de Toulouse, les évêques de Comminges (2) et de
Montpellier (3), l'aumônier ordinaire du roi (4), choisis par Louis XIV
comme arbitres, réglèrent les différends entre Caulet et les *anciens*
chanoines de sa cathédrale. Nous avons un extrait de leurs décisions
prises le 30 décembre 1659 (5). Ils rappellent les arrêts du conseil des
12 février 1642, 11 février 1656, 11 septembre 1657, 15 et 29 juillet
et 22 octobre 1658, 27 mai et 8 août 1659. Ils ont entendu Caulet,
l'archidiacre de Mascaron et le théologal de Calvet, l'infirmier Carla
qui agissait aussi au nom du P. Amilia. Les arbitres demandent que
les arrêts du conseil soient exécutés. L'évêque logera les chanoines
dans la maison épiscopale durant cinq années, au bout desquelles le
chapitre se pourvoira d'un autre domicile. Ils y entreront au bout de
huit jours, feront préparer « leurs meubles communs pour la cuisine,
et reffectoire, et autres necessités generales » aux frais du chapitre et

(1) M. de Lahondès n'en dit qu'un mot en passant. Le biographe anonyme de Caulet
écrit qu'il calma les différends que soulevait la question du vœu de pauvreté, si peu observé
par les chanoines d'alors (Ms. 730 de la Bibl. de Toulouse, p. 18). Au contraire Besoigne
insiste sur la composition de cette commission que le Roi nomma, dit-il, sur la demande
des « Discoles » ; il analyse le règlement (II p. 154).

(2) Gilbert de Choiseul, évêque de Comminges depuis 1644, et connu par l'amitié qu'il
eut pour Bossuet : en 1670 il deviendra évêque de Tournai.

(3) François du Bosquet, d'abord évêque de Lodève (1650-1657), avait écrit, entre autres
ouvrages, un livre sur l'histoire ecclésiastique de l'ancienne France, qui a été avant le
Gallia le premier ouvrage scientifique de ce genre : il était évêque de Montpellier depuis
1657.

(4) Jean de Forcoal. Le biographe anonyme de Caulet parle à tort de *plusieurs abbés*
qui se seraient joints aux archevêques et aux évêques.

(5) Les archives départementales en ont l'original, avec les signatures de Marca, de
Choiseul, de Bousquet, de Forcoal, de Caulet, de Mascaron, de Calvet et de Carla. A. E.
Liasse XXVII double, n° 34) ; — trois copies manuscrites (Liasses XXV, n° 14, XXVIII n° 15,
XLI n° 7 *h* ; — deux copies imprimées (liasses XXIV, n° 4, XXXVIII n° 17). Voir aussi
Lahondès, p. 141.

leurs meubles privés pour leurs chambres à leurs propres frais. Ils se
soumettront à des réglements fixes : prier Dieu le matin, faire une
lecture spirituelle « dans quelque bon livre » et leurs dévotions dans
dans l'oratoire commun, manger ensemble « avec lectures durant toute
la table ayant chacun sa portion separee », dîner à 10 1/2, souper à
6 etc..... Ils ne laisseront pas de femmes entrer chez eux, ne leur parleront qu'à l'église ou à la porte, ne joueront à aucun jeu de hasard,
pourront se livrer « à d'honnêtes exercices » à condition de s'en retirer
avant la nuit. Les portes seront alors fermées, et les clefs rendues au
prieur claustral. Il est spécifié que les chanoines laisseront Carla et
Amilia libres d'observer leurs constitutions ; qu'ils éliront un prieur
claustral dans la huitaine. Leurs menus seront « honnestes : 8 onces
de viande de boucherie à chaque repas, et une entrée, un quart de
volaille le dimanche et le jeudi, du dessert, du pain et du vin fort bons,
et les jours maigres et de jeune, une portion de poisson honneste et
un autre plat outre le dessert ». Chacun d'eux versera 200 livres par
an dans la bourse commune (1), et 100 pour les serviteurs particuliers,
s'ils en ont : encore faut-il que ceux-ci ne soient « vains ni discoles »,
qu'ils tiennent la maison propre, fréquentent les sacrements. Jusqu'à
ce que le noviciat soit établi « en bonne forme conformément aux
arrêts des 11 février 1656 et 11 septembre 1657 », les novices feront
leur noviciat, dans une maison réformée, désignée par Caulet.

Cette sentence et ce concordat de Marca et de ses co-arbitres ne fut
pas confirmée par la bulle d'Alexandre VII, puisque celle-ci est anté-
rieure ; mais le Pape donna pleins pouvoirs à l'évêque pour établir sa
réforme. Quant à Caulet, étant à Toulouse et ce même jour où les
arbitres avaient donné leur avis (30 décembre 1659), il répond sans
retard à une requête des chanoines *anciens*. Ils n'ont point eu le
dessein de s'obliger à une rigoureuse observance de pauvreté, plusieurs
sont « avancez en aage et mal sains », ils ont besoin de veiller à leurs
« nécessitez et commoditez particulières ». Caulet leur permet de jouir
de leurs revenus à condition qu'ils contribuent aux dépenses communes du chapitre et ne fassent aucune acquisition personnelle. Cette
concession n'est faite d'ailleurs qu'aux *anciens* chanoines (2).

(1) 250 (Lahondès), 260 (Besoigne).
(2) A. E. Liasse XVII double n° 34. Pièce signée de Caulet.

La seconde phase de la lutte est terminée. En janvier 1660 il faut obéir. Le 8, neuf chanoines, les *anciens*, présents en vertu d'une convocation faite la veille, prennent connaissance de ce concordat qu'il leur fallait ratifier et accepter dans la huitaine (1). L'archidiacre et le théologal le leur communiquent, ainsi que les articles qu'ils ont signés avec l'Evêque. A l'unanimité tout est ratifié (2). Le 10, après avoir entendu la messe du Saint-Esprit, ils nomment à la majorité des voix comme prieur claustral l'archidiacre de Mascaron (3). Disons tout de suite que ce dernier fut réélu chaque année jusqu'en 1667 (4). En 1667 l'affaire finira par se compliquer assez gravement. Trois des *réformés* diront qu'elle ne les regarde point, « parce qu'ils ont fait leur prieur claustral et que M. l'archidiacre ne l'est pas », un autre ajoutera que Mascaron n'a jamais été confirmé par l'Evêque et que son élection a toujours été nulle. Mais ils refuseront de signer cette opinion, quand les *anciens* le leur auront demandé (5). Nous ajoutons que l'aumônier sera nommé alors prieur claustral par les *anciens*, et non plus l'archidiacre (6), et réélu en 1668 (7). Mais n'anticipons pas outre mesure. Pour terminer ce qui regarde l'archidiacre de Mascaron, une consultation (8 nous apprend que Caulet le confirma dans ce nouveau titre pour la première fois, mais qu'il jugea ensuite qu'il s'acquittait fort mal de sa charge, et qu'il lui refusa en 1661 une seconde confirmation. « Il est vrai qu'on n'en voit point de moins malpropre » pour les fonctions de prieur claustral : mais il couche en ville, il va aux champs sans permission, il n'a pas de portier, il ne fait pas coucher les domestiques dans la maison épiscopale.

Pour résumer cette seconde partie de la lutte, dans laquelle les

(1) R. C. 8 janvier 1660. Extrait, A. E. Liasse XLI, n° 7 *g*.

(2, Il y avait *neuf* chanoines présents. Le préchantre est signalé au registre comme absent de Pamiers : c'était, je crois, un certain de Faurie qui résigna peu après sa chanoinie. — Le prieur de Rieucros fait voix pour Amilia ; quant à Carla, qui deux jours après assiste à l'assemblée où l'archidiacre est nommé prieur claustral, il n'est pas même question de lui.

(3, R. C. 10 janvier 1660.

(4, *Ibid.* 23 novembre 1661, (pas d'élection en 1662, à ce qu'il semble), 21 avril 1663, 23 avril 1664, 15 mai 1665, 11 mai 1666.

(5) *Ibid.* 13 mai 1667.

(6) *Ibid.* 11 mai 1667.

(7) *Ibid.* 18 juin et 22 août 1668.

(8) A. E. Liasse XLIX sans n°.

chanoines, moins heureux que durant la première, ne résistent pas victorieusement et perdent légèrement pied, notons ce qu'est, au commencement de 1660, le progrès de l'esprit nouveau : Amilia est archiprêtre, Carla infirmier, au prix de quelles chicanes, nous l'avons montré. Reste à leur joindre d'autres partisans de la réforme.

CHAPITRE QUATRIÈME.

LE CHAPITRE PARTAGÉ EN DEUX CAMPS ÉGAUX
(1660-SEPTEMBRE 1667).

Les chanoines dans la maison de l'Evêque. — Lutte des Anciens *et des* Réformés. *— Rainssant, Cerle, Carrère, Clary, Duteilh. — Les voix des deux partis deviennent égales.*

En 1660, le chapitre est ainsi composé : de Mascaron archidiacre, *Amilia* (un *réformé*) archiprêtre, de Maguelonne sacristain, *Carla* (un *réformé* aussi) infirmier, Robert aumônier, Martin prieur de Rieucros, Rudelle prieur d'Arvigna, Calvet théologal, Bellouguet, Douvrier, J. P. Durieu, et de Faurie simples chanoines. Il n'y a point de préchantre au début de l'année.

Au lendemain du concordat de Marca, la paix se rétablit momentanément. Toutefois à la fin de juin 1660 nous retrouvons un indice de dissentiments. Un chanoine, qui n'était que clerc (1), a obtenu du parlement de Toulouse un arrêt portant qu'il serait reçu au chapitre pour y avoir voix délibérative tout comme les autres, à la date du 16. Cet arrêt, il n'a pas voulu le faire intimer, mais il prie qu'on l'exécute. Carla (2) s'y oppose. D'après lui l'usage immémorial du chapitre, la pratique universelle de l'Eglise, la décision des conciles et notamment

(1) J. P. Durieu.
(2) Amilia n'assiste pas à la réunion. Un des chanoines (Martin, prieur de Rieucros) est le seul qui se rattache à l'opinion de Carla. Amilia était alors occupé « à la montaigne, faisant la mission depuis le 5 juin ». (R. C. 2 juillet 1660).

de celui de Trente, tout exige qu'un chanoine soit dans les ordres préalablement : le requérant, qui est un simple clerc, a beau être le syndic du chapitre, il a surpris « la religion de la cour ». Son opposition reste vaine : les *anciens* reçoivent le chanoine clerc (1).

Le 21 juillet 1660, le prince de Conti, gouverneur du Languedoc (2), étant à Paris, lit une requête de Caulet qui le prie d'enjoindre à ses « lieutenans, officiers et gardes, de tenir, mesme prester main forte pour l'exécution » des arrêts obtenus contre le chapitre. L'Evêque rappelle ceux du 12 février 1642, du 11 février 1656, du 11 septembre 1657, du 15 juillet 1658 ; s'il a recours au gouverneur du Languedoc, c'est que les chanoines ont « leurs principales dixmes dans la terre de Mirepoix, laquelle est située dans le gouvernement de Votre Altesse ». Conti ordonne au capitaine de ses gardes d'envoyer le nombre de cavaliers que l'on demandera pour tenir la main à l'exécution des arrêts (3).

Trois mois plus tard, le chapitre parle d'exécuter les articles qu'il a passés avec l'Evêque. Pour la date du 20 octobre 1660, les chanoines se résignent bien à se loger en communauté dans la maison de l'Evêque. Les chambres seront choisies « par les *anciens* chanoines profès par rang d'antiquité », disent ceux-ci : Amilia signe le procès-verbal, mais proteste contre un tel choix des chambres en faveur des *anciens* (4). En mars 1661 (5), deux actes sont faits par un écuyer qui agit au nom de l'Evêque, l'un le 11 à Calvet, le second le 15 à Maguelonne, Durieu et Calvet : il s'agit de l'état de la partie de la maison épiscopale qui a été donnée au chapitre pour y vivre depuis novembre 1660. Rien de particulier à y relever (6). Le 18, les chanoines n'ayant pas voulu donner acte de l'installation où ils étaient depuis novembre 1660, le juge ordinaire de Pamiers, sur la requête de l'écuyer dont il a été question, va

---

(1) R. C. 25 juin 1660.

(2) Il avait été nommé successeur de Gaston d'Orléans par lettres patentes datées d'Aix et du 26 février 1660.

(3) A. E. Liasse XLI, n° 13. Pièce signée : *Armand de Bourbon*.

(4) R. C. 17 septembre 1660. Carla n'assiste pas à la réunion.

(5) A. E. Liasse I, n° 18. En 1661 Caulet fait copier, par l'intermédiaire de son official, le chanoine Carla, au trésor du roi à Pau, « un extrait d'inventaire de production baillé pour le Roy de Navarre par-devant le Parlement de Toulouse au procès qu'il y avoit pendant contre l'Evesque de Pamiès et le scindic de l'esglise cathédrale sur la prétention qu'avoit ledit syndic d'estre conseigneur en tierce partie dudit Pamiès ».

(6) A. E. liasse XLI n° 15 ou 19 (le chiffre est surchargé).

constater *de visu* si la partie de l'évêché, où ils sont, est en bon état : il n'y trouve que Mascaron, Amilia et Durieu, et le portier dit que les autres sont sortis (1). Deux *réformés* entrent donc dans la maison épiscopale avec les *anciens* et vivent « en paix, mais non sans peine, car les autres cherchoient à les chagriner autant qu'ils pouvoient. Pendant les cinq ans que la maison canoniale fut à bâtir, il mourut quatre des *anciens*... La réunion des uns et des autres ne pouvoit pas subsister » (2).

Lorsqu'on renomme le prieur claustral en novembre 1661, Rainssant proteste contre la présence de Durieu au chapitre et contre la liberté d'opiner laissée à un simple clerc qui n'est pas *in sacris* (3). Même divergence d'avis, le jour où le théologal, Calvet, est maintenu dans sa charge à la majorité des voix, par les *anciens* (4). Le même jour, Durieu fait savoir que Caulet lui a marqué son désir de retirer certains papiers qui avaient été mis de côté après le décès de l'évêque de Sponde (5), « à raison de quoi il y a eu procès et arrêts au parlement de Toulouse » ; l'Evêque entend aussi procéder à de nouvelles reconnaissances qui sont en commun entre lui et le chapitre. On décide de prendre jour avec Caulet « pour entrer dans les archives du chapitre et vérifier les actes quy peuvent servir » (6). En juillet 1662, un chanoine, l'aumônier (7), dit que « despuis qu'il a pleu à Dieu le soulager de ses incommodittéz et infirmittés corporelles quy ont esté très grandes, il a suplié et requis qu'on luy voulust donner logement parmi lesdits sieurs, afin qu'il puisse satisfaire aux debvoirs de ses obligations, et qu'on le déchargeast de l'intendance de la bastisse de la cathédrale ». Impossible de le loger ; tout l'appartement donné aux chanoines est rempli, et la plupart sont à l'étroit. Quant à la cathédrale, nul ne sau-

---

(1) A. E. même liasse n° 7 *f* et n° 11 *a* et *b*. Trois copies.

(2) Besoigne II p. 155 et 178.

(3) R. C. 23 novembre 1661. Amilia archiprêtre, Rainssant préchantre, Carla infirmier assistent à la réunion. Rainssant ne signe qu'en protestant contre l'arrêt du parlement de Toulouse qu'invoquait Durieu ; Amilia, qu'en maintenant les oppositions déjà faites ; Carla ne signe même pas.

(4) *Ibid.* 30 décembre 1661. Amilia, Carla, Rainssant signent en désapprouvant cette nomination « comme contraire aux canons. »

(5) Henri ou Jean ? on ne le dit pas.

(6) R. C. 30 décembre 1661.

(7) F. de Robert.

rait mieux en surveiller les progrès : « sa maison aboutit presque sur le travailh » (1).

Lorsqu'on renomme le prieur claustral en avril 1663 (2), aucune protestation n'est faite par les trois *réformés* contre la présence et la voix de Durieu (3). « Le prieuré de Génat portant le nom d'aumosnerie aud. chapitre » est vacant par la mort du titulaire (4) ; comme il est « subject à l'option du plus ancien profès », l'un des chanoines (5) s'assure que deux plus anciens que lui (6) n'y prétendent point ; on le lui donne et son prieuré d'Arvigna passe à l'un de ses collègues (7). Quant au canonicat vacant, Caulet le donne à un certain Carrère ; les *anciens* le reçoivent comme chanoine « sans approbation de la préthendue bulle esnoncée dans ce titre », attendu qu'elle est « subreptice » à leurs yeux (8).

En 1664 on renomme le prieur claustral, sans incidents (9). De même en 1665 (10) et 1666 (11). Le 19 mai 1666, Caulet fait savoir à Douvrier, syndic du chapitre, que depuis la Toussaint passée est expiré le délai des cinq ans durant lesquels l'Evêque devait loger les chanoines et ceux-ci se construire une maison claustrale : il leur signifie d'en avoir une à bref délai, ne voulant pas continuer à les loger chez lui (12). Le 27 octobre 1664 les *réformés* avaient acheté une maison pour la somme de 3000 livres (13) d'après le mémoire soumis à l'évêque d'Alet, dont nous avons parlé plus haut et dit qu'il peut se dater de 1665. C'est l'époque où, comme le porte cette consultation, « les

(1) R. C. 28 juillet 1662.
(2) Mascaron parle du titre d'approbation à lui expédié par l'Evêque le 8 avril 1662. R. C. 6 avril 1663.
(3) R. C. 21 avril 1663. Amilia archiprêtre, Rainssant sacristain, Carla infirmier assistent à la réunion.
(4) F. de Robert.
(5) De Rudelle, prieur d'Arvigna.
(6) Mascaron et Martin.
(7) Douvrier. R. C. 20 décembre 1663.
(8) R. C. 22 décembre 1663. Amilia et Cerle n'y assistent point ; Rainssant et Carla signent « sans réserve aucune ».
(9) R. C. 23 avril 1664. Amilia n'assiste pas à la réunion ; mais Rainssant et Carla y sont.
(10) *Ibid.*, 15 mai 1665. Amilia, Rainssant, Cerle et Carla y assistent.
(11) *Ibid.*, 11 mai 1666. Amilia, Rainssant, Cerle, Carla, Carrère y assistent.
(12) A. E. Liasse XLI, n° 7 e.
(13) *Ibid.* Liasse LVIII, sans numéro.

réformés sont *cinq* et vivent establis separés, quoy que dans les mesmes refectoires et portions et observent parfaitement les vœux de la regle de saint Augustin ».

Le 26 septembre 1666, Caulet, sur la requête de son promoteur, et conformément à l'ordonnance de Jean de Spondé, enjoint que tous les revenus de la mense capitulaire soient partagés en trois et ainsi affectés 1° aux « charges », 2° à la nourriture des chanoines et prébendiers « selon la cote ordinaire », 3° à l'acquit des dettes « légitimes ». En outre il veut que les *anciens* délèguent l'un d'eux et les *réformés* de même, pour que cela soit fait « fidèlement ». Enfin il défend aux prébendiers de s'absenter du chœur, veut qu'il s'en trouve au moins les deux tiers aux offices, menace de les suspendre de leurs bénéfices et même de les remplacer (1). Le promoteur avait constaté un dimanche l'absence de *tous* les prébendiers, la présence de *très-peu* de chanoines, « le public scandalizé, et ce par complot et sous prétexte des saisies du temporel à la requeste d'un créancier du chapitre » (2). Caulet écrit au Parlement de Toulouse et le prie de prescrire l'exécution de sa récente ordonnance (3).

Nous sommes à la fin de septembre 1666. Arrêtons-nous pour voir quelle est la composition du chapitre, quels éléments nouveaux s'y sont mêlés, dans quelle proportion se trouvent les deux partis qui luttent, l'un, encore le plus nombreux, contre Caulet, l'autre pour les idées de l'Evêché. De Mascaron est toujours archidiacre ; *Amilia* archiprêtre, *Rainssant* sacristain, *Cerle* préchantre, *Carla* infirmier, tous quatre protégés de Caulet ; Rudelle est aumônier, R. Martin prieur de Rieucros, Douvrier prieur d'Arvigna, Calvet théologal, Bellouguet et Durieu simples chanoines ; *Carrère* est aussi simple chanoine, ancien aumônier de l'Evêque et son protégé.

Il n'est pas inutile d'insister sur les nouveaux venus, Rainssant, Cerle, Carrère.

Charles Rainssant était prêtre, chanoine régulier profès du monastère de Saint-Victor à Paris. Le 16 janvier 1658, tandis que Caulet était à Saint-Sulpice, il avait adressé une lettre de chanoinie à ce per-

<hr>

(1) A. E. Liasse XLI n° 28 *a*. Pièce signée par Caulet.
(2) D'Auterive, conseiller au Parlement de Toulouse.
(3) A. E. *l. c.*, *b*.

sonnage, alors résidant à Saint-Victor de Paris (1). Le 18 juin 1661, de Pamiers, il lui avait adressé une seconde lettre dont nous n'avons que la copie (2). Le 1er juillet, Rainssant, ainsi nommé par l'Evêque, s'était présenté au chapitre avec ses provisions de la Cour de Rome et le titre de Caulet portant provision d'un canonicat devenu vacant (3) ; Carla et Amilia avaient été d'avis de le recevoir ; on avait différé, sous prétexte qu'il y avait beaucoup d'absents (4). Le 5, il se présente à nouveau ; Amilia insiste sur sa vertu et son savoir, dit que ce serait une injustice de ne pas l'admettre, déclare que « l'opposition qu'on fait, vient de la haine qu'on tesmoingne avoir pour la régularité », conseille de ne pas exposer le chapitre « aux frais immenses d'un procès inévitable » et de payer plutôt les dettes dont il est « chargé et accablé » ; de même Carla estime qu'on ne peut refuser Rainssant. En revanche les *anciens* l'écartent (5). Malgré l'opposition d'Amilia et de Carla, ils envoient deux d'entre eux (6) à Toulouse pour consulter un avocat et un banquier au sujet de l'affaire de Rainssant et des difficultés qu'elle soulève (7). Les députés reviennent ; les arbitres conseillent de recevoir Rainssant selon le titre de l'Evêque et les provisions de la cour de Rome ; Amilia et Carla y insistent comme on pouvait s'y attendre ; les autres s'y décident enfin (8). Voilà un troisième *réformé* que Caulet a réussi à introduire dans le chapitre.

Le 21 novembre 1661, Rainssant qui depuis quatre mois prenait part aux réunions du chapitre, dit que Caulet l'a pourvu de la dignité et office de préchantre, Carla y ayant renoncé en sa faveur : on l'installe comme préchantre (9). — En 1663, le 5 janvier, Rainssant, qui a

(1) A. E. Liasse LXI sans n°. C'est l'original, qui porte la signature de Caulet et son cachet.

(2) R. C. 15 juillet 1661. Transcription de cette seconde lettre.

(3) Par la mort du chanoine de Nervèse, préchantre : Germain de Faurie qui en avait été pourvu, n'était pas profès et avait résigné ; Antoine de Faurie avait ensuite résigné de même.

(4) R. C. 1er juillet 1661.

(5) *Ibid.* 5 juillet 1661.

(6) Douvrier et Durieu.

(7) R. C. 8 juillet 1661.

(8) *Ibid.* 15 juillet 1661.

(9) *Ibid.* 21 novembre 1661. Elle était demeurée vacante par la mort de Nervèse. Carla, qui avait le 5e rang, pouvait prétendre à passer au 1er. Caulet avait nommé Rainssant, par une lettre écrite à Ax le 22 octobre.

le 4ᵉ rang, demande le 3ᵉ devenu vacant par la mort du sacristain (1) :
il agit en vertu de lettres patentes de Louis XIV qui, à l'occasion de
son joyeux avènement à la couronne, lui avait accordé expressément
la première chanoinie du chapitre appaméen qui se trouvait disponi-
ble (2). Le chapitre lui donne ce canonicat (3), et Caulet presque
aussitôt, la dignité de sacristain (4).

Après Rainssant, Jean Cerle. Celui-ci prêtre du diocèse de Rodez,
gradué en théologie, se présente le 21 août 1663 au chapitre avec ses
provisions de la cour de Rome et la nomination de Caulet pour la
chanoinie et la dignité de préchantre que Rainssant avait laissées vacantes le jour où il était devenu sacristain (5). On le reçoit ; les *anciens*,
en inscrivant qu'ils n'approuvent pas « la préthendue bulle » ; les *réformés* (6), en mentionnant qu'ils se conforment à celle-ci et protestent
contre ce que les autres en disent. C'est le quatrième *réformé* que
Caulet a su faire entrer dans le chapitre. Cerle avait été à Taras-
con-sur-Ariége vicaire du frère de l'Evêque. Il est reçu à la profession le jour de la Saint-Luc, en 1664 (7), après avoir terminé son
noviciat à Chancelade. Ce sera l'un des plus obstinés adversaires de
la Régale.

Quant à Michel Carrère, le dernier élu des trois nouveaux *réformés* qui étaient entrés au chapitre, c'était un ancien aumônier de l'E-
vêque : il était prêtre, bachelier en théologie, recteur de Notre-Dame
de Sabart au moment de sa nomination. Il est reçu à la profession le
16 mai 1665, quand il a terminé son noviciat (8).

Passons au récit d'une de ces élections de chanoines. Il montrera,
ce nous semble, à quel degré d'acharnement était arrivée la lutte des
anciens et des *réformés* dans le chapitre cathédral de Pamiers.

A la fin de septembre 1666, un des chanoines, Raymond Bellou-

<hr>

(1) De Maguelonne, mort le 4 janvier 1663.

(2) Lettres datées du 15 janvier 1658, signifiées dès le 19 février 1658 à l'aumônier de
Caulet (M. Carrère) et le 20 mai 1658 aux syndics du chapitre (Robert et Rudelle). Elles
étaient adressées à l'Evêque, au Doyen, aux chanoines et au chapitre : copie en est au
registre capitulaire.

(3) R. C. 5 janvier 1663.

(4) *Ibid.* 15 (le titre est du 5).

(5) *Ibid.* 21 août 1663.

(6) Amilia et Carla : quant à Rainssant, il signe simplement.

(7) R. C. 17 octobre 1664.

(8) *Ibid.* 15 mai 1665.

guet, est mort. Le 1er octobre 1666 les onze chanoines survivants (1)
se réunissent pour le remplacement du défunt : c'est leur tour d'y
pourvoir. L'archidiacre de Mascaron propose Jean Robert, jadis chanoine profès en l'église abbatiale de Foix (2) ; l'archiprêtre Amilia ne
veut pas de ce prêtre « sortant d'une maison qui a eu besoin de réfforme a laquelle il n'a voulu se soubmettre » et il propose Clary, chanoine régulier de la réforme et maitre des novices de l'abbaye de
Chancelade. Robert a 6 voix, Clary 5 ; mais les chanoines *réformés*
protestent et jugent que l'un des *anciens* (3) n'a pas le droit de
voter (4). Ils soumettent, le jour même, à l'Evêque leur protestation,
disant que la voix en question est « caduque et nulle » et a été donnée
contrairement au concile de Trente : Caulet décide que les voix sont
également partagées et nomme Clary (5). Les réformés en avisent
celui-ci par une lettre en latin (6). Le 17 Clary fut installé (7). Le
18, malgré l'opposition des anciens qui ne signèrent pas, il fut mis à la
pointe (8). Le 23 décembre, un arrêt du conseil privé, sur la requête
des *réformés*, défend à Robert de troubler Clary ; il dit que Robert
est un « esprit discole et séditieux, incapable de régularité, jouissant
des pensions d'un revenu considérable qu'il a establies sur une cure,
un canonicat et un prieuré et qui par cette raison n'a pu estre reçu en
la réforme de Foix » ; il ajoute que l'intendant du Languedoc, Tubeuf,
fera venir les parties et donnera son avis (9).

Que se passe-t-il dans le chapitre ? Sur la requête de Robert, les
anciens avaient ordonné au prébendier qui tenait alors le livre de la
pointe, de l'y inscrire, le 15 octobre (10). Le 1er décembre, Robert fait

(1) De Mascaron, archidiacre ; *Amilia*, archiprêtre (r.) ; *Rainssant*, sacristain (r.) ;
Cerle, préchantre (r.) ; *Carla*, infirmier (r.) ; de Rudelle, aumônier ; Martin, prieur de
Rieucros ; Douvrier, prieur d'Arvigna ; de Calvet, théologal ; Durieu ; *Carrère* (r.).

(2) Sur ce chanoine de Foix, voir p. 18 et 19.

(3) C'est toujours Durieu, simple clerc, non encore promu aux ordres. Les cinq réformés
signent, mais mentionnent leur opposition. Le 23 novembre 1666, les chanoines d'Alet dé-
cidaient que ceux d'entre eux qui n'étaient point dans les ordres, n'avaient à leurs assemblées capitulaires ni voix délibérative, ni droit de siéger. (A. E. Liasse LVIII sans numéro).

(4) A. E. Liasse XXVIII n° 10. Voir aussi la délibération au registre. 1er octobre 1666.

(5) Mêmes liasse et numéro. La pièce est signée de Caulet. Autre exemplaire, écrit de la
main d'Amilia et visé par Caulet : *Ibid.* liasse LXI n° 13.

(6) *Ibid.* Liasse XXVIII n° 10.

(7) *Ibid.*

(8) *Ibid.*

(9) *Ibid.* Liasse XXVIII n° 10.

(10) *Ibid.* Liasse XLI n° 20 *b.*

par devant notaire un acte contre Caulet, lui reproche de l'avoir assigné devant la chambre des requêtes et accusé d'empêcher l'établissement de la réforme, reprend l'exposé des querelles qu'ils avaient eues à Foix, offre d'embrasser toute réforme qui sera établie par le Pape et acceptée par le prieur claustral, l'archidiacre et la plupart des chanoines. « Si la vielhesse de 82 ans l'empesche de l'embrasser, il cèdera sa chanoinie de même qu'il cèdera celle qu'il possédoit au chapitre Saint-Voluzien pour témoigner son zèle ». Il se plaint de la présente assignation : c'est une suite des vexations que Caulet lui avait infligées « en sa vie et en son honneur et en ses petits bénéfices, despuis 32 ans, lorsqu'il estoit abbé de Foix » (1). Le rival de Clary se plaint d'être menacé d'un deuxième « enlèvement de sa personne autant cruel que le précédent », de suspension, « du foudre d'excommunication ». Il réclame de nouveau le surplis, l'aumusse et le bonnet carré qu'il portait le jour où des soldats l'ont enlevé dans l'église de Foix, pendant la messe conventuelle, sur l'ordre de Caulet (2). Le 14 décembre, le Parlement de Toulouse ordonne l'exécution de la sentence provisionnelle que Robert avait obtenue devant le sénéchal de Pamiers à l'encontre de Rainssant et de Clary ; défense est faite de troubler l'élu des *anciens* dans son canonicat à peine de 1000 livres d'amende (3). Robert vient à la réunion du 29 décembre 1666 ; il y donne son avis ; quatre des chanoines réformés (4) s'y opposent et disent qu'il n'a aucun droit de se présenter au chapitre, ne possède pas voix délibérative, n'a pas été reçu chanoine ; Robert réplique qu'il l'a été « en vertu d'un arrêt de la cour de parlement de Tholose », et signe au registre (5). Carla, l'infirmier, comme procureur de Clary, présente les provisions obtenues par celui-ci en cour de Rome et visées par Caulet le 20 mars : il prend en son nom possession du canonicat (6). Il ne reparait plus ensuite. Le 26 mai, Robert fait acte d'opposition aux arrêts du Conseil que Clary avait obtenus. Le 6 juin celui-ci proteste, dit que, s'il a été sept mois absent, c'est avec le congé

(1) Ceci nous reporte en 16*4, précisément l'année où Caulet, alors abbé de Foix, vint dans cette ville. Voir p. 17.
(2) A. E. Liasse XLI n° 25 *b*. L'acte est signifié à Robert le 1 décembre.
(3) *Ibid.*, n° 25 *c*.
(4) Amilia était absent.
(5) R. C. 29 décembre 1666.
(6) A. E. Liasse XLI, n° 20 *a*.

de l'Evêque et du chapitre et pour « des causes légitimes et cogneues » d'eux. Le 7 juin, Robert, qui est à Saint-Jean-de-Verges, fait un acte où il insiste de nouveau sur cette longue absence de son rival (1). Quant à Clary, il vient à la réunion du 31 mai 1667 ; l'archidiacre déclare qu'il ne souffrira point qu'il opine, « attendu qu'il ne conste pas qu'il soit de l'ordre et constitutions de ce chapitre ny qu'il ayt dispense de Sa Sainteté pour passer en ce chapitre comme mesme il paroist en son habit et pour plusieurs autres raisons » ; au contraire, l'archiprêtre dit que Clary est légitimement pourvu ; les anciens et les nouveaux se rangent naturellement à l'avis de leur chef respectif ; Clary signe au registre (2). Il revient à d'autres assemblées capitulaires (3), jusque vers la fin de novembre 1667.

D'autre part l'intendant Tubeuf étudie l'affaire que l'arrêt du conseil privé du 23 décembre 1666 lui a soumise. Ses audiences ont lieu en divers endroits : à Nimes le 15 février 1667, à Toulouse les 17 et 22 mars ainsi que le 4 avril, à Castres le 13 de ce dernier mois. Le procès-verbal est envoyé à Paris (4). Un arrêt du conseil privé, du 29 mars, avait maintenu Clary provisoirement à l'exclusion de Robert, conformément à une requête des chanoines réformés qui disaient que la réforme avait été introduite en conséquence de huit arrêts obtenus par Sponde, Caulet, Marca et autres personnages : Clary y était dépeint comme un homme d'une grande probité, et dans l'arrêt du Conseil, il était ordonné de mettre à exécution celui du 23 décembre 1666 et défendu à Robert de troubler Clary (5).

Nous avons assez longuement insisté sur les péripéties de l'élection à laquelle avait donné lieu la mort du chanoine Bellouguet. Les hostilités entre *anciens* et *réformés* sont allumées de plus belle. Il nous reste à en indiquer les principaux détails qui peuvent compléter ce que nous venons de faire connaitre.

Le 5 mars 1667, un arrêt du conseil privé ordonne aux chanoines réformés de vivre séparément, sur la requête présentée par Barthélemy

---

(1) A. E. Liasse XLI, n° 25 *a*.

(2) R. C. 31 mai 1667.

(3) *Ibid.*, 10 juin, 8 et 15 juillet, 5, 19 et 27 août, 16 et 30 septembre, 3, 4, 11, 18 et 22 novembre.

(4) A. E. Liasse XXVIII n° 10, avec la signature de l'intendant Tubeuf.

(5) *Ibid.*, Liasse LXI n° 11.

Amilia, archiprêtre, et les autres chanoines *réformés* (1). Caulet rend aussitôt une ordonnance en ce sens : les réformés invoquent ces deux mesures, le jour où les anciens parlent d'élire leur prieur claustral.

Le 29 mars 1667, un autre assigne le chanoine Douvrier et défend au parlement de Toulouse de connaître du différend entre Caulet et lui, et cela à la requête de l'évêque (2). Le chanoine était malade et avait « besoing de prendre l'air » ; mais le promoteur avait averti l'évêque qu'il voulait sortir de la communauté sans sa permission. Caulet demande, conformément à son ordonnance du 17 octobre 1666, une attestation des médecins ; dès qu'il l'a reçue, il autorise le chanoine à aller à Mirepoix et de là à Toulouse d'où il était originaire. Douvrier sortit de la communauté, « se retira dans une maison particulière de ladite ville où demeurent de jeunes filles, où il arresta mesme après avoir esté par la ville en visitte mesme dans ladite communauté et retournant coucher à ladite maison. Pour prévenir le scandale que ce désordre pouvoit causer », le 2 février Caulet le somma de rentrer dans la communauté « avec deffences de descoucher à peine suspense *ipso facto* ».

Le chanoine signifia à l'évêque un arrêt du parlement de Toulouse disant qu'il pouvait, « en conséquence de la permission qu'il dit avoir obtenue de son prieur claustral », sortir de la maison claustrale ; en outre il avertit Caulet qu'il appelait comme d'abus de son ordonnance. Mais la permission avait été donnée par Mascaron, « soy disant prieur claustral » dont Caulet avait refusé de confirmer l'élection ; Mascaron adhérait à l'appel comme d'abus. L'évêque soutenait que ce dernier était « très mal fondé », et l'arrêt du parlement autorisant les sorties du chanoine, « nullement soutenable ». Le roi déclara que les ordonnances de l'évêque devaient être exécutées.

Le 5 mai 1667, les six (3) *réformés* demandent à Caulet de faire exécuter l'arrêt du 5 mars. Ils ont acheté des maisons au Mercadal, vis-à-vis la cathédrale, pour y vivre « selon leurs vœux et constitutions », et le prient d'en apprécier la disposition. L'Evêque s'y rend,

---

(1) Amilia, Rainssant, Cerle, Carla et Carrère. — A. E. Liasse XXIV n° 356 ; autres exemplaires, liasse LXI n° 15, et liasse XLI n° 7 *d*.

(2) A. E. Liasse XXVIII n° 4.

(3) Voir plus haut : Clary se joint aux cinq que nous avons nommés.

dresse un état des lieux (1). Le 13, dans le local qu'ils ont destiné pour tenir leur chapitre, les *réformés* nomment un prieur claustral « différent de celuy des *anciens* » : Rainssant est élu et aussitôt approuvé par Caulet (2).

D'autre part, l'élection de celui des *anciens*, depuis quelques années si calme, donne lieu à de vifs incidents. L'archidiacre de Mascaron, nommé depuis 1660, n'est plus choisi par les *anciens ; les réformés* disent que cette affaire ne les regarde point, qu'ils ont fait leur prieur claustral, que l'archidiacre ne l'était pas pour eux, qu'il n'a même pas le droit de se démettre de sa prétendue charge, que Caulet ne l'a pas confirmé (3). L'aumônier, de Rudelle, est élu par les *anciens* (4).

En août, nouvelle querelle. Rainssant a résigné à Rome et son canonicat et sa dignité de sacristain (5). Caulet a donné celle-ci à Carrère, un *réformé,* qui y a été reçu sans difficultés (6), et le Pape Clément IX (7) a pourvu du canonicat un certain Pierre Duteilh à qui l'Evêque a accordé son visa (8). Comme pour Clary, en mai, l'archidiacre dit que Duteilh n'est point « de mesme habit et constitution que ce chapitre » et que ses provisions obtenues en cour de Rome sont « subreptices » ; au contraire l'archiprêtre estime qu'il doit être reçu ; l'archidiacre ne veut pas que Clary donne son avis ; l'archiprêtre riposte que Durieu ne doit pas émettre le sien ; comme pour Clary en mai, les *anciens* et les *réformés* se rangent à l'avis de leur chef respectif. Duteilh est écarté par les *six* voix des *réformés* (9) et n'a que les *cinq* des *anciens* (10). Le préchantre Cerle, un de ceux-ci, juge

(1) A noter une basse-cour, une grande cuisine, un cellier à contenir seize pipes de vin, un autre à en renfermer environ trente, une autre basse-cour etc...

(2) A. E. Liasse XLI n° 7 *b* et *c.* Requête des *réformés* à l'Evêque ; visa de celui-ci, et état des lieux dressé par lui ; procès-verbal d'élection.

(3) Amilia, absent ; Rainssant, Cerle, Carla, Carrère, refusent de signer leur opinion ; Carrère proteste contre la voix de Durieu. R. C. 13 mai 1667.

(4) R. C. 14 mai.

(5) *Ibid.*, 15 juillet 1667. C'est à la réunion du 10 juin que figure Rainssant pour la dernière fois.

(6) *Ibid.*, 27 août 1667. Le visa est de la veille : nous avons une seconde copie de cet acte de Caulet, prise le 18 octobre 1667 (A. E. liasse XLI, n° 24 *b*), et l'original même, signé de Caulet et muni de son cachet (*Ibid.*, n° 4).

(7) Successeur d'Alexandre VII, Clément IX Rospigliosi ne fut pape que jusqu'en 1669.

(8) Deux copies de sa résignation (A. E. Liasse XLI, n° 24 *c* et n° 4), collationnées le 18 octobre 1667. Besoigne dit que Rainssant retourna alors à Saint-Victor : II p. 240.

(9) Y compris Durieu.

(10) Y compris Clary.

que la voix de Durieu est nulle, prie Caulet de départager les suffrages : l'Evêque nomme Duteilh, que les *réformés* reçoivent aussitôt comme chanoine. Il signe au registre (1).

Cette dernière élection est fort importante : elle égalise les voix dans le chapitre. Jusqu'ici les anciens l'emportaient et leur influence était d'autant plus grande que l'archidiacre est toujours de Mascaron ; ils comptent aussi l'aumônier (de Rudelle), le prieur de Rieucros (Martin), celui d'Arvigna (Douvrier), le théologal (de Calvet). Les réformés avaient réussi à occuper les dignités les plus hautes, à l'exclusion de la première : ils ont l'archiprêtre (Amilia), le sacristain (Carrère), le préchantre (Cerle), l'infirmier (Carla). Parmi les simples chanoines, Durieu, qui n'est que clerc, est de la faction hostile à la réforme ; Clary et Duteilh, du parti qui soutient l'Evêque. Les voix sont égales en septembre 1667. Reste à accroître le nombre de celles des *réformés*, à chaque occasion qui s'offrira. A la fin de la seconde période de la lutte que nous cherchons à raconter, en 1660, les *réformés* ne disposaient *que de deux* voix dans le chapitre ; à la fin de la troisième période, grâce à l'élection de Duteilh, ils ont dorénavant *autant de voix* que leurs adversaires ; on peut juger du progrès qu'avait fait en moins de sept années l'esprit nouveau, celui de l'Evêque. Maintenant Caulet a autour de lui autant d'amis que d'ennemis, lorsqu'il préside ces chanoines dont l'allégorique distribution, à droite et à gauche du trône épiscopal et de l'autel, doit rappeler l'ordre des Vieillards de l'Apocalypse (2).

---

(1) R. C. 27 août 1667. Ses deux témoins qui signent avec le notaire et le prébendier sont Dorat et Charlas, dont nous parlerons plus loin. Douvrier, syndic du chapitre, proteste par devant notaire, au nom des *anciens*, contre ce qu'ils appellent « attamptat et entreprinse », le 31 août (A. E. Liasse XLI n° 1 et n° 21 a) : cet acte est signifié le 2 septembre à Duteilh, le 7 à Caulet, le 16 à l'évêque et aux *réformés* par les soins de l'infatigable Douvrier (ibid., n° 1).

(2) Pour cet ordre, observé du moins dans la cathédrale telle qu'elle fut ensuite reconstruite, voir d'autres églises, la primatiale de Lyon, les cathédrales de Bordeaux, Reims, Blois, Mende, etc..., la basilique de Saint-Denis.

CHAPITRE CINQUIÈME.

*Suite des difficultés soulevées par le remplacement d'un chanoine :
Robert, Clary, Clarac, Charlas. — Les anciens perdent leur
influence. — Beyria, Rech. — Les réformés ont la majorité d'une
voix. — Bref du pape Clément IX.*

En septembre 1667 le chapitre est ainsi composé : de Mascaron
archidiacre, *Amilia (réformé)* archiprêtre, *Carrère (réformé)* sacristain, *Cerle (réformé)* préchantre, *Carla (réformé)* infirmier, Rudelle
aumônier, Martin prieur de Rieucros, Douvrier prieur d'Arvigna,
Calvet théologal, *Clary (réformé)*, Durieu et *Dutheil (réformé)* simples chanoines.

Clary figure aux réunions capitulaires pour la dernière fois le
22 novembre 1667 ; son rival Robert, le candidat des *anciens*, n'y avait
plus reparu depuis le 29 décembre 1666. Que s'est-il passé alors ?
nous l'ignorons. Du moins un arrêt du conseil privé, du 9 novembre
1667, ordonne à Jacques Clarac (1), prêtre du diocèse, désigné par ce
même arrêt et par le renoncement volontaire de Robert, pour le canonicat dont jouissait Robert, de faire ses vœux dans une maison

(1) Comment avait-il était nommé ? n'y avait-il pas eu des protestations en cette cir-
constance ? Un document apprend que c'est en faveur de ce Clarac que Robert avait renoncé
au canonicat et que les réformés, désireux de maintenir Clary, avaient protesté contre son
choix (A. E. Liasse LXI nº 11).

réformée, s'il veut être reçu au chapitre et substitué à Clary (1). Ce
dernier était-il mort ? avait-il résigné sa chanoinie ? nous ne le savons
pas. Le 16 décembre les réformés constatent « son absence » et char-
gent Cerle de faire une vérification qui lui avait été d'abord confiée (2).
Le 24 février 1668, Caulet signifie à Clarac de se présenter dans deux
mois et d'apprendre de lui où il doit se retirer (3). Le 28 avril, il l'y
invite pour la deuxième fois (4). Le 21 mars un arrêt du grand conseil
lui avait ordonné d'y entrer dans trois mois (5) ; le 14 août un second
le lui enjoignait à nouveau, sous peine de voir le bénéfice déclaré vacant (6). Sur ses entrefaites, Clarac avait reçu de Clément IX un bref
qui lui permettait de prendre possession de son canonicat : daté
du 17 février 1668, le bref fut signifié le 4 mai à Caulet par un huissier en la cour présidiale et sénéchaussée de Pamiers, à la réquisition
de Jean-Antoine de Clarac, procureur fondé pour Jacques de Clarac,
lequel avait élu domicile chez Bertrand de Tersac, avocat en ladite
cour présidiale (7). Le 24 mai 1669, Antoine Charlas, chanoine du
chapitre collégial du Camp, pourvu par le Pape (8) du canonicat que
« l'absence » de Clarac laissait vacant et nommé par l'Evêque (9), est
reçu chanoine par le chapitre (10). Enfin le 28 septembre 1669, trois
ans après la mort du chanoine Bellouguet qui avait causé toute cette
histoire, un arrêt du conseil assignera les parties et maintiendra
provisoirement Antoine Charlas (11). Ce dernier arrêt constatera à
nouveau que Robert avait été « tout à fait opposé à la réfforme », que
Clary avait été « d'une vertu cognue », que Clarac avait été assez
habile pour surprendre un bref du Pape et chercher à éviter le noviciat.
— Pour compléter cette histoire, que l'on jette les yeux sur une pièce

(1) A. E. Liasse LXI n° 14.
(2) R. C. 16 décembre 1667.
(3) A. E. Liasse LXI n° 14. La pièce est signée de Caulet.
(4) *Ibid*. Signé de Caulet.
(5) *Ibid*.
(6) *Ibid*.
(7) A. E. Liasse LXIII n° 38. Transcription d'une copie, collationnée par un notaire du
palais apostolique, du bref dont il s'agit et assignation de l'huissier avec la signature des
témoins qui y ont assisté à la porte du palais épiscopal.
(8) Calendes de décembre 1668.
(9) 5 mars 1669.
(10) R C. 24 mai 1669.
(11) A. E. Liasse LXI n° 14.

non datée (1), qui contient «les contredits aux réponses des anciens chanoines, que baille devant vous, Nosseigneurs les commissaires députez par le Ròy, Messire de Caulet ». L'évêque dit que « leurs grands discours ne sont que pour jetter de la poudre aux yeux de la justice ». Il rappelle aux religieux que la robe même qu'ils portent ne leur appartient pas en propre, même s'ils deviennent abbés ou évêques. « La règle d'une religion ne s'esmoule pas à la fantaisie des particuliers qui la professent ;... une ignorance crasse seroit une espèce de létargie... » Il finit en leur citant l'exemple des religieux de Saint-Jean-de-Jérusalem. Que l'on consulte encore une autre pièce non datée (2), où sont « les avertissements et productions que mettent et baillent » devant Tubeuf, l'intendant du Languedoc, Amilia, Rainssant, Cerle, Carla et Carrère contre Robert. Ce document constate la lutte de dix années soutenue par Caulet « pour arrester les scandalles que donnoit la vie libre et séculière des chanoines » ; il dit que plusieurs vivaient depuis longtemps « avec des femmes jeunes et non parentes, dans des maisons séparées parmi les séculiers », quelques-uns d'une manière « scandaleuse », nul selon leurs vœux et leur règle. Robert, l'élu des anciens chanoines, est dépeint comme « âgé de quatre-vingt-deux ans, décrépit, n'entendant point de latin ni le chant, quy a esté praticien toute sa vie, quy s'est opposé il y a vingt-deux ans à la réforme de Foix et s'est réservé le prieuré de S. Jean de Verges sans avoir fait de noviciat ». Que l'on se reporte enfin à une supplique non datée, adressée « au roy et à nos seigneurs de son conseil » par Amilia, Rainssant, Carla, Cerle, Carrère et Clary (3). On parle du désordre des guerres qui a introduit dans le chapitre « la licence et le libertinage », de Louis XIII « qui faisoit travailler à la refforme des anciens ordres de St. Benoist, de St. Augustin et de St. Bernard en conséquence des bulles d'Urbain VIII », des efforts de Sponde et de Caulet, de Robert « aagé de 86 années, ennemy de la régularité », de Clarac à qui Robert a résigné la chanoinie. De même une autre supplique de cinq *réformés* (Amilia, Rainssant, Carrère, Carla et Cerle) charge Clarac (4) : il n'a point de *forma dignum* de l'évêque, il n'a point « esté receu ny *fra-*

---

(1) A. E. Liasse XXVIII n° 13. Elle est du moins postérieure à 1659.
(2) *Ibid.* Liasse LXI n° 6. Elle est du moins postérieure au 1ᵉʳ octobre 1666.
(3) *Ibid.* Liasse LXI n° 7.
(4) *Ibid.* Liasse LXI n° 11.

trem ny fait de noviciat dans une maison refformée », il est l'élu de chanoines qui sortent sans la permission de leur prétendu prieur claustral, qui découchaient jusqu'au jour où Caulet leur a sous peines canoniques défendu de coucher en ville, qui vivent dans leur maison « comme dans une auberge, ce qui a fait que les réformez sen sont retirez par une ordonnance du Seig. Evesque ». Ce document rappelle aussi le grand âge de Robert, l'impossibilité où il est de faire son noviciat : *senex psittacus negligit ferulam*, il a une grande avidité pour les biens de ce monde, et il est si hostile à toute réforme « que, sen éstant pris à un commissaire du parlement de Toulouse, il fut décretté et ensuitte emprisonné ». Il existe un factum imprimé, adressé par Robert aux membres du Parlement de Toulouse, au sujet de cette arrestation (1). Il avait été saisi par des soldats, dans l'église de Foix, pendant l'office, arraché de sa chaire de chanoine, enfermé 59 jours dans l'Evêché, privé de la communion, mis en liberté, poursuivi à nouveau par le juge-mage de Foix, obligé de se réfugier à Toulouse « où la justice a lieu » et d'abandonner les fruits de son prieuré. Le 26 août 1659 Caulet avait été assigné devant le Parlement. Le 2 novembre 1663 Robert avait fait à l'évêque ainsi qu'aux « refformés de Ste Geneviève occupans le chapitre S. Voluzien de Foix une prière, déclaration, offre et protestation » (2). Il y rappelait « les cruels tourments à luy faicts dans son extrême vieillesse », la démolition d'un de ses bâtiments ordonnée par Caulet qui a jeté « dans la rivière les matériaux lors estimés à trois cens livres ». Le 29 juillet 1665 (3) le parlement avait condamné le syndic des réformés au profit de Robert. Voici encore un acte fait par devant notaire, par le chanoine sacristain au chapitre abbatial de Foix, prieur de Montgauzy (4) et par Robert contre l'abbé de Foix, M. de Pouzols, parce que le 7 août 1649 il s'était fait recevoir « avec les solempnitez accoutumées par le Prieur claustral et quelques chanoines » (5) en leur

---

(1) A. E. Liasse LXI sans numéro.
(2) Mêmes liasse et numéro.
(3) *Ibid.*
(4) Amardeilh. Voir p. 18 et suivantes.
(5) Il réclama alors son bonnet carré, son surplis, son aumusse, son manteau long, deux matelas, un traversin, une paillasse, une contrepointe, une pièce de tapisserie de Bergame, des linceuls. A. E. Liasse LXXXVI sans numéro. Tout cela lui avait été gardé par les soldats du château de Foix où il avait été d'abord enfermé.

absence : il y est parlé des « informations, récriminations et décret
de prinse de corps ordonné contre eux à la poursuite de M. de Caulet,
Evesque de Pamiez, qui les vexe », ainsi que de « l'assassinat commis
par deux domestiques dudit sieur Evesque, le poignard à la main, le
19 mai 1648, sur ledit Robert lors prieur claustral, assassiné au pied
du maistre-autel dans ladite Eglise de Foix » (1). Et de fait, le 19 mai
1648, à la requête du syndic des chanoines réguliers de l'ordre de
St. Augustin, un mandat d'arrêt (2) avait été décerné contre Robert,
chanoine et prieur claustral de Saint-Volusien de Foix, plusieurs
chanoines et l'agent de l'abbé : ils devaient être conduits à la conciergerie du Palais de Toulouse (3). Le 14 décembre 1658, le vicaire-
général et official (4) avait requis l'arrestation de Robert : il fallait le
mener aux prisons épiscopales de Pamiers (5). Le 7 février 1659, le
Parlement de Toulouse, sur la requête de Caulet, avait ordonné de
faire sortir Robert des prisons épiscopales et de le mener à la Conciergerie (6). Le 4 avril 1659, à la requête de l'Evêque, le Conseil privé
déchargeait ce dernier et le greffier de son officialité de l'assignation
qui leur avait été donnée, et défendait au Parlement de connaitre de cette
affaire (7). Tel est le personnage que les *anciens* avaient voulu introduire en septembre 1666 dans le chapitre cathédral : s'il était « tout à
fait opposé à la réforme », comme le dira l'arrêt du conseil du 28 septembre 1669, si Caulet avait de sérieux motifs de l'écarter, on peut en
juger. Quant à Antoine Charlas, dont nous avons dit qu'il reçoit le
24 mai 1669 la chanoinie de Clary et de Clarac, c'était le précepteur
des enfants du frère de l'Evêque, le président de Caulet.

En 1667 les chanoines *réformés* présentent une requête pour la
liquidation des dettes contractées par les *anciens* chanoines (8). Ils la

(1) A. E. Liasse XLI sans numéro.
(2) François d'Olivier, sieur de Villefranche, conseiller du Roi au Parlement de Toulouse
et commissaire exécuteur des arrêts du Conseil « à ce député », avait signé la pièce à Foix
même : c'est lui qui procéda à l'établissement des religieux *réformés* à cette date.
(3) A. E. Liasse XLI sans numéro.
(4) Pierre-Yves de la Roche.
(5) A. E. Liasse XLI sans numéro : la pièce porte le cachet de Caulet. C'est de Violet,
juge-mage de Foix, qui agissait alors à la place de F. d'Olivier.
(6) *Ibid*. Il y est qualifié de prieur de Saint-Jean-de-Verges.
(7) *Ibid*.
(8) A. E. Liasse XXXI n° 14.

soumettent, par les soins de leur syndic (1), à Montauban, à l'intendant de Guyenne (2), commis, par l'arrêt du conseil du 13 octobre 1666 (3), à cet effet. Le 17 octobre 1667, après examen des pièces, il ordonne au chapitre de payer 7400 livres au sieur Dautherive (4) et et 2000 au sieur de Caulet (5) ; quant aux 1300 dues au bailli de Mazères, aux 2000 dues « au collège des Pères Jésuittes de Pamiers », à d'autres encore dont le total monte à plus de 14000 livres, il veut, avant de faire droit « aux fins du syndic des refformés », que les divers créanciers produisent leurs pièces justificatives à son subdélégué, le lieutenant particulier au siége présidial de Condom. D'ailleurs « attendeu la dissipation des reveneux du chapitre faitte par lesd. chanoines *antiens,* justiffiée au procès », il ordonne que ces revenus soient administrés par les *réformés* : chaque année, il sera pris 5400 livres en argent ou espèce pour entretenir les chanoines et prébendiers, 300 à chacun des fermiers, 150 à chacun des autres. Le surplus servira à amortir les deux dettes, dont la somme va à 9400 livres, que le chapitre a envers les sieurs Dauterive et de Caulet. Le 19 octobre le syndic des chanoines réformés emporte un extrait de cette ordonnance ; le 22 elle est signifiée au trésorier du chapitre, et le 23 aux chanoines anciens. Dès le 3 novembre ceux-ci protestent et font opposition (6). A la réunion du 3, qui se tient à la cathédrale « et lieu ordinaire du chapitre », nous ne trouvons que les six *réformés* (7). L'un d'eux, en qualité de sacristain, syndic et cellerier (8) « nommé par lesdits refformés de ladite esglise pour l'administration des revenus du chapitre conformément à l'ordonnance du seigneur Intendant » dit que, pour exécuter cet acte signifié aux *anciens,* il les a requis la veille de venir à l'assemblée capitulaire « pour voir faire la distribution ». Le matin encore il les a convoqués « pour donner de quoy subsister à ceux qui font le service ». Les *réformés* distribuent ainsi à chaque chanoine

(1) Carla.
(2) Claude Pellot seigneur de Port-David et Sandars.
(3) Copie en est jointe.
(4) Voir plus haut, p. 23 et 72.
(5) C'était le trésorier-général de Toulouse : il avait prêté cette somme au chapitre pour la construction de la cathédrale. En décembre 1670, il la réclame encore.
(6) Tous les documents sont gardés. A. E. Liasse XXXI n° 11.
(7) R. C. 3 novembre 1667.
(8) Carrére.

« qui aura gaigné l'année entière suivant la vérification qui sera faite sur la pointe », 24 setiers de blé, 24 de seigle, 12 d'avoine, à compte sur les 100 écus dont parlait l'ordonnance, et moitié aux prébendiers ; le vin est vérifié aussi ; ordre est donné que les grains soient vendus au marché public de Pamiers selon le prix du jour, et le vin à 13 livres la pipe ; la volaille des métairies, les oies, les pourceaux, les œufs seront distribués proportionnellement. On vérifie la pointe de l'année précédente ; aucun des *anciens* ne vient à la réunion ; les *réformés* constatent que les affaires du chapitre sont en grand désordre (1). C'est le 13 juin 1668 seulement que nous voyons la plupart des *anciens* reparaitre à l'assemblée capitulaire où ils ne s'étaient plus montrés depuis le 22 novembre 1667 (2). L'élection du prieur claustral, à laquelle ne prennent part que ces derniers, a lieu ainsi sans le moindre incident : l'aumônier, de Rudelle, est nommé (3). Il est renommé, nous ne savons pour quelle raison, deux mois après par eux (4).

Duteilh, le dernier nommé des *réformés*, résigne sa chanoinie : Jean-François Beyria, prêtre du diocèse de Lombez, en est pourvu par Caulet. Comme pour Clary et Duteilh en 1667, l'archidiacre dit que Beyria ne peut être reçu, que ses provisions sont « subreptices » ; au contraire l'archiprêtre estime qu'il doit être reçu ; sur les quatre *anciens*, un se rallie aux trois nouveaux (5) ; Beyria est reçu (6).

Le 22 février 1668 un arrêt du conseil privé assigne les chanoines anciens, maintient dans la place canonicale un dont ils ne voulaient pas (7), et leur défend de l'y troubler à peine de 1500 livres d'amende (8). Et cela à la requête d'Amilia et autres chanoines réformés. « Ne pouvant destruire la refforme, ils en conservent du moins le désir et le dessein et dans cet esprit ne laissent passer aucune occasion de la traverser et faire de la peine ».

Le 6 septembre 1668 un des chanoines *anciens* (9) se présente au

---

(1) R. C. 18 novembre 1667.
(2) *Ibid.* 13 juin 1668. Mascaron, de Rudelle, Martin, Douvrier, Calvet.
(3) *Ibid.* 18 juin 1668. Durieu y vient.
(4) *Ibid.* 22 août 1668.
(5) Martin, prieur de Rieucros.
(6) R. C. 27 septembre 1668. Deux des *six anciens* sont absents, Rudelle et Durieu ; un des *quatre nouveaux*, Carla, est absent ; Clarac n'a pas voix.
(7) C'est Duteilh.
(8) A. E. Liasse XXVIII n° 9.
(9) Douvrier.

palais épiscopal, y remet à Caulet une lettre « du préfet de la Sacrée Congrégation (1) », et assigne l'évêque à Rome dans un délai de trois mois. Caulet prend « avec respect et vénération » la lettre datée du 20 avril, dit qu'il y répondra et qu'elle n'est point dans les formes canoniques, n'accepte aucune assignation en vertu d'arrêts antérieurs du conseil, somme les anciens chanoines de lui dire ce que contenait leur supplique à la Congrégation (2). Le 19 novembre, nouvel acte passé par devant notaire, par le chapitre contre l'évêque (3).

Le 26 novembre, nouveau conflit entre les *anciens* (4) et les *réformés* (5) au sujet des charges de granatier et de trésorier : les *réformés* ont obéi à une ordonnance de l'Evêque et à un arrêt du conseil, les autres contestent et inscrivent leur protestation, malgré l'opposition de leurs adversaires (6).

Le 10 octobre 1668, Caulet, par acte notarié, rappelle à Mascaron, Martin, Rudelle, Douvrier, Calvet et Durieu que l'arrêt du conseil privé en vertu duquel ils sont entrés dans sa maison, les autorisait à y vivre cinq ans, mais à bâtir un cloître dans l'intervalle, à acheter ou louer des maisons contiguës où ils pussent vivre en communauté ; que le délai est expiré depuis environ trois ans ; qu'ils n'ont pas tenu, « ainsin que ont fait les réformés », compte de ses avertissements. Il les somme maintenant de vider les lieux, pour « l'incommodité que cela cauze » ; qu'ils aillent se loger, s'ils veulent, dans une maison qui est à louer près de l'Eglise ; d'ailleurs il agira contre eux « pour les réparations du logement qu'ils ont jouy dans la maison épiscopale durant huit ans » (7). Nous savons d'autre part que Caulet avait acheté plusieurs maisons devant la cathédrale que l'on relevait alors, qu'il les avait fait disposer d'une manière convenable pour une communauté, « en partie à ses dépens, en partie aux frais des chanoines *réformés*, et qu'alors il pria les *anciens* de chercher une maison ailleurs pour y

---

(1) Quelle *congrégation*? et comment sa lettre était-elle venue à Pamiers ? ceci n'est pas clair.

(2) A. E. Liasse LXI n° 10.

(3) *Ibid*.

(4) Ils sont cinq : Durieu est absent.

(5) Ils sont trois : Carla est absent, Clarac et Beyria n'ont pas été reçus.

(6) R. C. 26 novembre 1668.

(7) A. E. Liasse XLI n° 7 a.

vivre en communauté : « il fallut encore faire parler la cour pour les obliger de déloger, et deux arrêts du conseil privé furent rendus (1) ».

Le 4 décembre 1668, le premier casse l'assignation que les chanoines non réformés avaient fait donner en cour de Rome à Caulet (2). Il rappelle la règle des chanoines de Saint Augustin, leurs trois vœux d'obéissance, chasteté et pauvreté, leur devoir d'écouter leur évêque et leur prieur claustral. « Neantmoins, par l'injure des temps et les troubles de l'haeresie de Calvin qui a fait de grands maux en ce pays », la discipline s'est relâchée ; les chanoines habitent séparément, dans des maisons séculières, « en continuel danger de violer leurs vœux ». De Sponde n'y a rien pu. Son successeur, dès son arrivée, a trouvé les religieux « dans cet estat deplorable », essayé durant dix années « toutes les voyes de douceur imaginables » ; ensuite il s'est cru obligé de leur enjoindre de se loger ensemble, sous peine d'encourir les censures indiquées dans son ordonnance de visite de 1654 « sy juste et sy canonique ». C'est alors que les chanoines ont fait appel comme d'abus au parlement de Toulouse, appel simple au métropolitain (3), « et une troisième instance aux requestes du palais ». Ils prenaient ainsi « la voye de la chicanne », trainaient en longueur : Caulet s'est adressé au conseil ; les chanoines perdirent leur cause « et chicannerent » encore : le 5 décembre 1659 la cour se déclara incompétente, et le roi, étant à Toulouse, s'occupa de l'affaire. Ils n'ont pas cessé d'agir *ad duritiam cordis*, bien que le pape Alexandre VII eût approuvé la réforme de Caulet par une bulle « expresse ». Néanmoins cinq ou six chanoines anciens résistent encore et, n'osant plus s'adresser au conseil, ont porté l'affaire à Rome : leur requête est pleine « de suppositions ou de redites, de choses jugées », et ils ont fait assigner leur évêque « contre la bonne foy, la loye, les droits et les ordres du royaume ». Caulet demande l'exécution des arrêts. En réponse, Louis XIV casse et annule l'assignation des chanoines faite le 6 septembre 1668, interdit aux notaires de faire à l'avenir de pareils actes à peine d'interdiction de leur charge, défend aux chanoines de faire des poursuites ailleurs

---

(1) Besoigne II, p. 178 et suivantes.
(2) A. E. Liasse XXVIII n° I.
(3) D'Anglure de Bourlemont, archevêque de Toulouse nommé en 1662 et préconisé en 1664 ; il va mourir le 25 novembre 1669.

qu'au conseil sous peine de mille livres d'amende. Voilà les chanoines séparés en deux classes sous les ordres de l'Evêque (1).

Au commencement de janvier 1669 Douvrier, l'un des *anciens,* meurt (2). Caulet donne sa chanoinie à Bernard Rech, prêtre du diocèse de Rodez, bachelier en théologie ; celui-ci se présente pour être reçu ; les trois *réformés* présents (Amilia, Carrère, Cerle) sont d'avis de le recevoir, les deux *anciens* présents (de Rudelle et de Calvet), d'une opinion contraire, sous prétexte qu'ils ne sont pas assurés du décès de leur confrère. Rech est reçu (3). Le prieuré d'Arvigna, devenu ainsi vacant, est demandé par Calvet ; Rudelle et Martin, qui y avaient droit comme plus anciens profès, y avaient volontairement renoncé (4). Le 18 janvier, Caulet écrit à Rech et lui rappelle que l'expérience et la doctrine de Saint Augustin exigent des religieux un bon noviciat, et, conformément à la bulle du 26 avril 1658, lui indique « une maison réguliere la plus commode et la moins eloignee » pour s'y livrer. Dans celle où logent alors les chanoines, pas de lieu convenable. Il désigne la maison de Cassan : « l'esprit et la sainteté de Saint Augustin y eclattent depuis longtemps avec une egale edification pour le public et bénédiction » pour les novices. Il termine en souhaitant « la couronne d'une beatitude eternelle » (6). On sait que le noviciat ne fut établi à Pamiers qu'en 1673, par le père Amilia, au lendemain des *ordonnances synodales* de Caulet et à la veille de la mort de ce religieux grâce à qui la régularité, la piété, l'esprit de charité et d'étude refleurissent, ainsi qu'on l'a dit (7), dans la maison réformée. D'autre part l'un des biographes de Caulet dit que *les sept réformés,* ayant pris possession de leur nouvelle demeure, cessèrent de porter, comme les *anciens,* la soutane noire avec la bande de toile blanche en écharpe et prirent la soutane blanche avec le rochet et un petit rabat « à babines fort courtes et différent de celui des anciens qui n'étoit qu'un collet

---

(1) Besoigne, p. 179.
(2) Il était prieur d'Arvigna.
(3) R. C. 14 janvier 1669.
(4) *Ibid.* 15 janvier 1669.
(6) A. E. Liasse XXVIII n° 9. Pièce signée de Caulet. Ce novice et un autre (J. François Beyria) firent leur profession le 4 février 1670 après leur noviciat dans la maison réformée. Caulet assista à cette cérémonie et bénit le rochet dont ils se vêtirent.
(7) Lahondès, p. 142, d'après Besoigne. II p. 182.

plat » (1). Nous apprenons par le même témoignage que Caulet dressa pour ces sept *réformés* des constitutions d'après celles que saint François de Sales avait faites pour des chanoines réguliers de l'abbaye de Silz dans le diocèse de Genève : elles furent suivies de 1667 à 1680 (2).

Le 24 janvier 1669, un arrêt du conseil privé ordonne aux *anciens* chanoines de sortir des quartiers de la maison épiscopale que Caulet leur avait donnés en 1660, de se loger dans une ou plusieurs maisons contigües pour vivre en communauté dans l'observance de leur règle, à peine d'y être contraints par saisie du temporel (3). Cet arrêt est signifié le 16 février aux *anciens* qui protestent le 23 par devant notaire et invitent les consuls de Pamiers à leur donner « une ou deux maisons contigues capables pour les logemens de *cinq* chanoines et de leurs valets communs, et pour contenir le vin et autres denrées avec les meubles nécessaires, offrant d'en payer le louage raisonnable et modéré » ; le tout à la requête de l'archidiacre Mascaron (4).

Il ne nous reste plus qu'à nous arrêter sur une nouvelle intervention du Saint-Siège dans ces affaires si embrouillées.

Le Pape Clément IX, par un bref du 25 janvier 1669, nomme l'Archevêque de Toulouse (5), les évêques de Saint-Papoul (6) et de Mirepoix (7), ou à défaut d'eux leurs officiaux, pour s'occuper des différends entre Caulet et le chapitre (8). A remarquer que Pavillon n'est pas choisi par le Pape pour entrer dans cette commission (9). Montpezat, alors évêque de Saint-Papoul, sera un des ennemis de Caulet. Quant à Lévis-Ventadour, ancien novice dans la compagnie de Jésus, il resta fidèle à ses anciens maitres et à leurs doctrines : le diocèse de Mirepoix, placé entre celui de Pamiers et celui d'Alet, ne partageait pas les idées de ses voisins. Dès 1661, Lévis avait communiqué à son chapitre cathédral et à son clergé la lettre du Roi deman-

<hr>

(1) Besoigne, II p. 179.
(2) *Ibid.*
(3) A. E. Liasse XXIV n° 356.
(4) *Ibid.* Liasse LVIII sans n°.
(5) De Bourlemont.
(6) Joseph de Montpezat de Carbon, qui devient archevêque de Toulouse en 1674.
(7) Louis-Hercule de Lévis-Ventadour.
(8) A. E. Liasse XVII n° 7. Voir nos *Pièces justificatives* n° IV.
(9) Clement IX, par décret du 9 avril 1668, avait ordonné de brûler le rituel d'Alet, cher à l'évêque Pavillon.

dant que les Cinq Propositions fussent réprouvées (1) ; d'ailleurs il n'était pas moins sévère que Caulet pour les prébendiers et les chanoines, leur interdisait tout jeu hormis le billard, « et seulement portes closes et sans mélange de séculiers », les obligeait ainsi que tous prêtres à ôter leurs longues perruques pour dire la messe, défendait que la tonsure fût simulée avec une calotte de toile ou même de papier (2).

Le pape rappelle que les chanoines et l'archidiacre de l'église appaméenne, ou du moins la plupart d'entre eux, ont revendiqué des droits reconnus par ses prédécesseurs ; que l'évêque a voulu les abolir, introduire de nouveaux usages et, contrairement à un acte de Jean XXII (3), empêcher les chanoines de participer à l'administration de son église et cela contrairement aux dispositions prises par le Concile de Trente. Clément IX pense que Caulet l'a fait parce qu'ils s'opposent à ses innovations, que tout cela nuit au culte et cause du scandale, et qu'ils ne demandent qu'à jouir de ce qu'ils ont eu jusque-là. Ainsi la bulle *Ad exsequendum* d'Alexandre VII avait donné raison à l'évêque ; le bref *Exponi* de Clément IX n'est pas contradictoire et ne demande point à être concilié avec la bulle. Le pape y accuse réception aux chanoines de l'appel qu'ils ont porté devant lui ; il ne blâme point Caulet, mais institue une commission d'enquête ; en attendant, et pour calmer sans doute les esprits, il suspend l'effet des peines ecclésiastiques que les plaignants ont pu encourir (4).

Au début de cette quatrième période de la lutte, les voix étaient égales : maintenant l'équilibre est rompu et la majorité déplacée au profit des *réformés*. Les *anciens* sont mis, non plus seulement en échec et à la ration, mais en minorité ; Caulet a vaincu et il ne reste plus qu'à poursuivre ce succès et à en user. Quelques jours avant que le Pape ne signe le bref dont nous avons parlé, la nomination de Rech par l'Evêque et sa réception a donné l'avantage numérique aux *réfor-*

---

(1) J. de Lahondès, analyse des registres capitulaires de Mirepoix, *Semaine catholique du diocèse de Pamiers*, 3 février 1893.

(2) *Ibid.*

(3) Jacques d'Euse, qui fut le second pape d'Avignon (1316-31), érigea Toulouse en archevêché et créa les diocèses de Mirepoix et de Rieux.

(4) Quelle fut l'attitude de Caulet et des chanoines au lendemain de ce bref de Clément IX ? C'est ce qu'on verra au chapitre suivant.

més qui sont maintenant *sept contre cinq*. A la fin de la troisième période, la nomination de Duteilh avait établi l'équilibre ; à la fin de la quatrième, celle de Rech le détruit. Reste à augmenter cette majorité. Avant de finir ce chapitre, signalons aussi l'obligation où les chanoines *réformés* avaient été de faire leur noviciat dans les différentes maisons des chanoines de Saint Augustin : maintenant qu'ils ont la majorité, ils vont pouvoir organiser le noviciat à Pamiers même, surtout avec un maître comme Caulet (1).

(1) Manuscrit 730 de la Bibliothèque municipale de Toulouse, page 19.

CHAPITRE SIXIÈME.

LA RÉFORME ÉTABLIE ; LA QUERELLE DE LA RÉGALE ;
LES PERSÉCUTIONS.

*Conflit avec le nouveau chapitre. — Nouvelle commission : l'Evéque
de Cahors, le prieur des Chartreux de Toulouse, l'intendant de
Guyenne. — Les personnages du chapitre : Charlas, Dupuy, Gibert,
Coudol, Lasserre, Turcy, Casmon, Bartholomé, Gabarret, d'Astorg
d'Aubarède, Dorat, Rousse, Thouin. — Commencement des difficultés avec le Roi. — La mort de l'Evéque et le sort de ses principaux
protégés.*

En février 1669 le chapitre est ainsi composé : de Mascaron, archidiacre, *Amilia*, archiprétre, *Carrère*, sacristain, *Cerle*, préchantre,
Carla, infirmier, Rudelle, aumônier, Martin, prieur de Rieucros,
Calvet, prieur d'Arvigna et théologal à la fois, Durieu, *Beyria*, *Rech*,
simples chanoines : le douzième canonicat est celui de Bellouguet,
dont la succession si difficile ne va être réglée définitivement que dans
le cours de cette année.

Clarac étant toujours absent, Charlas obtint en cour de Rome des
provisions que Caulet visa, et il fut reçu chanoine par les trois *réformés* (Amilia, Carrère, Cerle) qui se trouvèrent à l'assemblée du 24
mai 1669 (1). Le parti de ceux-ci resta ainsi composé de *sept*. Le 8
octobre 1669, les *anciens* renomment leur prieur claustral, l'aumônier

(1) R. C. 21-mai 1669.

Rudelle (1). Le 4 février 1670, Beyria et Rech sont admis à la profession (2) ; le 25 mars, le premier est reçu à la dignité de sacristain à laquelle le titulaire, Carrère, vient de renoncer (3).

Le 25 février 1670, Caulet visite le chapitre cathédral. Il fait savoir que, « puisque aiant renvoyé dans sa dernière vizite les deux chappitres par devant l'official de Tholose pour régler leurs différands parce qu'il avoit alhors dans sa maison des chanoines des deux chapitres, néangmoings, quoi qu'il y ait dix ou doutze ans despuis ceste ordonnance, ils ne se sont pas pourvus, ledit seigneur Evesque, attendu les scandalles qui en sont arrivés et qui en peuvent arriver, est résolu de décider lesdits différands et pour cela de faire assigner par devers lui les deux chapitres à moings qu'ils ne députent quelques uns de leur corps pour exposer leurs droits ». Le chapitre collégial du Camp envoie deux des chanoines, Charlas et Palarin, sur la proposition du doyen Dorat (4). De son côté, Mascaron fait par devant notaire un acte où sont nommés Amilia, Carrère et Carla ; il se plaint de ce que certains membres du chapitre ont cessé « au mespris de leurs provisions *habitum portare solitum* » ; il insinue que l'autorité du Pape est diminuée (5).

Le 3 juillet 1670, à Pamiers, dans l'église du Camp (6), en présence du chapitre cathédral, Caulet, qui a visité sa cathédrale, rend une ordonnance qui regarde la vie commune des *anciens* chanoines (7). Il recommande d'observer les trois vœux solennels. Il déclare que « la propriété (individuelle) est directement opposée à veu de pauvreté et à un des points capitaux de la règle de Saint Augustin, ainsi qu'à ce que dit le pape Innocent III cité dans le droit *extra. de stat. monachali cum ad monasterium* » (8). Caulet défend de recevoir comme prébendier

(1) R. C. 8 octobre 1669. Les autres n'y prennent pas part.

(2) *Ibid.* 4 février 1670.

(3) *Ibid.* 25 mars 1670.

(4) Registre des délibérations du chapitre collégial du Camp de 1660 à 1672. 26 février 1670.

(5) Minutes du notaire Gardebosc (archives de l'étude de M⁰ de Massabrac à Pamiers).

(6) Pourquoi au Camp ? nous l'ignorons. Constatons simplement le fait.

(7) A. E. Liasse XXVII double, n°⁰ 19 et 31 (celle-ci est signée de Caulet). Voir aussi Besoigne, II p. 180.

(8) Sur les sentiments de réaction qui se font jour de toutes parts à cette époque contre l'envahissement de la propriété foncière par les corporations religieuses et contre les biens de mainmorte, voir Roschach, *Etud. hist. sur le Languedoc*, p. 492 et suiv.

un simple clerc(1). Il interdit à ses chanoines de rien posséder en propre ; il ordonne à cinq d'entre eux, qu'il désigne par leurs noms (2), de mettre en commun dans trois mois les revenus de leurs canonicats à peine soit de suspense soit de l'interdit de l'église ; il somme l'archidiacre, « qui tient au chapitre Les Mijanes d'Antunac ditte las Barraquetes moyennant cinquante livres de rente », de les remettre entre les mains du chapitre. — Le chapitre se réunit le 11 juillet (3). L'archidiacre dit que dans l'ordonnance signifiée à l'archiprêtre (4) et à l'aumônier (5), « plusieurs choses et articles renversent entierement le droit et privilèges du chapp. et les ordres establis et consantis ». A la pluralité des voix on décide le 11 juillet de prier Caulet de la rétracter. L'Evêque répond qu'il verra ce qu'il a à faire. « C'est une response vague et quy ne donnait aucune resollution », et l'on se propose de l'assigner devant le métropolitain de Toulouse (6). Le 22 juillet, le secrétaire étant absent, on fait rédiger la délibération par un autre : « Sy on plaide contre led. seigneur evesque, on y est prié par la rigueur desd. ordonnances et par le debvoir de leur conscience ». Dans ces circonstances que font les *réformés ?* L'archiprêtre Amilia s'oppose : « la délibération blesse la sincérité » ; le sacristain Beyria acquiesce à l'ordonnance épiscopale ; le précenteur Cerle désire une remontrance parce que Caulet « dans les chefz de son ordonnance donne la préséance au doyen du chapitre du Camp » ; l'infirmier Carla est de l'avis d'Amilia. Trois *anciens* sont de l'opinion de l'archidiacre (7) ; deux *réformés* (8) demandent d'humbles remontrances mais qui ne touchent pas à la soumission due à Caulet. On lui fera donc « de tres humbles remontrances » (9). Dans les premiers jours d'août, les non-réformés en appellent au métropolitain et l'évêque est assigné

---

(1) Minute. A. E. Liasse XLI sans numéro.

(2) Dont l'archidiacre Mascaron.

(3) R. C. 22 août 1670, date de la réunion où est indiqué ce qui s'est passé dans celle du 11 juillet.

(4) Amilia.

(5) De Rudelle.

(6) Pierre de Bonzy avait été nommé par le Roi archevêque de Toulouse le 8 décembre 1669 ; il ne reçut ses bulles qu'en 1672, prit possession de son siège par procureur le 17 janvier, reçut le chapeau de cardinal le 22 février, et n'entra à Toulouse que le 9 août.

(7) Rudelle aumônier, Martin prieur de Rieucros, Calvet théologal et prieur d'Arvigna.

(8) Carrère et Rech.

(9) R. C. 22 août 1670.

le 14 (1). Nous avons la copie des doléances présentées par les chanoines *anciens* au juge métropolitain de Toulouse contre l'ordonnance épiscopale « du 3ᵉ juillet dernier », sans nul doute celle dont nous parlons. Ils déplorent que ceux d'entre eux qui sont prêtres, se voient menacés de l'excommunication *ipso facto*, et les clercs, de l'interdit. Suit une longue discussion au sujet de la propriété, des intentions qu'a eues ou non le concile de Trente, et l'on prie le juge métropolitain de déclarer que l'ordonnance est mal faite et de leur faire restituer leurs revenus (2). Une requête du promoteur au juge métropolitain de Toulouse, datée du 21 janvier 1671, et dirigée contre Mascaron et contre un acte que celui-ci lui avait signifié, dira qu'il ne sait plus « sur quel pied se tenir pour se mettre à couvert du défaut de respect qu'il rend à un Evesque » (3).

Un arrêt du conseil d'état, du 15 novembre 1670, nomme l'évêque de Cahors, le prieur de la chartreuse de Toulouse et l'intendant de Guyenne à Montauban (4) pour donner leur avis sur les différends de l'évêque et du chapitre (5). Aussitôt Caulet leur demande d'assigner ses adversaires « dans un brief dellay » : l'évêque de Cahors, le 12 mars 1671, les convoque pour le 1ᵉʳ juin.

Un arrêt du conseil privé, du 3 février 1671, décharge Caulet de l'assignation que les *anciens* chanoines lui avaient fait donner devant le métropolitain de Toulouse au sujet de la réforme (6) ; « au mépris de de l'arrest du conseil d'Estat du 15 novembre dernier », ils poursuivaient le jugement ; sur sa demande, Caulet est déchargé de l'assignation qui lui avait été donnée par devant l'official de Toulouse, défense est faite aux chanoines *non réformés* de se pourvoir sur l'appel ailleurs que devant les trois commissaires dont nous venons de parler, enfin l'ordonnance de visite du 3 juillet 1670 est provisoirement confirmée par Louis XIV. Des *réformés*, dont nous avons signalé l'attitude si indépendante vis-à-vis de l'Evêque, il n'est pas question.

L'Evêché fait saisir « les grains » du chapitre cathédral pour les

---

(1) C'est ce que dit un texte (Liasse XXIV n° 316) dont nous parlons quelques lignes plus bas. Le registre capitulaire n'apprend rien à ce sujet.
(2) A. E. Liasse XLI n° 9.
(3) *Ibid.* Liasse LXVIII n° 6.
(4) De Séré.
(5) A. E. Liasse XXIV n° 3. Pièce signée Le Tellier.
(6) *Ibid.* Liasse XXIV n° 316 ; Besoigne, II p. 181.

réparations des églises des Pujols, de Verniolle, de Ventenac, du Bousquet, des Issards, d'Arvigna, jusqu'à la concurrence de 1.000 livres (1), à la date du 27 février 1671 ; il le somme de nommer des experts et des entrepreneurs le 2 avril (2) ; il finit par renvoyer devant l'official l'affaire qui traine en longueur (3).

Le 17 mai 1671, Caulet témoigne le désir « de sortir à lamiable et par la voye de conférance des differans quy sont entre luy et le corps du chappitre,de faire une conférance en ceste ville de Pamiès,et,sy tous les points ne pouvoient pas estre terminés, qu'on iroit à Tholose pour conférer avec des advocatz » (4). Le chapitre délègue trois de ses membres (5) à cette délibération, signée de quatre *anciens* chanoines (6) et de deux *réformés* (7), quatre des *réformés* s'opposent. Le sacristain « la désavoue en tous ses chefs » et estime que le député des uns et celui des autres suffisent sans que l'on aille consulter des avocats toulousains ; de même l'infirmier (8). Un autre ne se souvient pas, lorsqu'il faut signer, qu'on ait donné pleins pouvoirs à ceux qui iraient à Toulouse (9). L'archiprêtre (10) dit que la prétendue délibération est fabriquée et proteste ; elle n'a été tenue que « dans des maisons particulières où l'on a escript ce que l'on a voulu », on multiplie inutilement les frais, on ne favorise que « l'intérest de quelques particuliers quy sont bien aises de profliter de ceste occasion et (ce quy est encore injurieux à Dieu et eschandaleux au publiq) ceste deputation surnumerere de tant de chanoines a la fois deserteroit entierement le chœur qui dans le temps mesme présant se trouve fort vuide a la reserve de deux ou trois chanoines et quelques prébendiers, ce quy est un subjet de murmure et mauvaise edification ». Quant aux prébendiers, ils se réunissent le 26 et s'en remettent au théologal, Calvet, un ancien (11). Le 26 juin le théologal est rentré de Cahors. L'affaire a été envoyée à

(1) Liasse de papiers inutiles. S. de Caulet.
(2) *Ibid.* Autre pièce.
(3) *Ibid.* Autre pièce. 9 avril 1671.
(4) R. C. 17 mai 1671.
(5) Carla et Carrère, *réformés*, Calvet, *ancien*.
(6) Mascaron, Rudelle, Martin et Calvet.
(7) Cerle et Carrère.
(8) Beyria et Carla, 25 mai.
(9) Rech.
(10) Amilia.
(11) R. C. 26 mai 1671.

Paris : c'est là qu'il faut choisir un avocat. Quatre *anciens* et deux *réformés* à la majorité des voix s'y décident (1). Amilia distingue leur intérêt particulier et la cause commune du chapitre, estime que ce sont de vaines dépenses, demande que l'on s'entende avec Caulet : « on est obstiné à la plaidoierie, on n'a affaire de traicter de paix et de concert avec luy comme devroient agir des enfans au regard de leur pere ». Le sacristain (2) et l'infirmier (3) sont de cet avis, un autre aussi (4) mais avec quelques réserves (5). Dans cet intervalle l'assemblée des Etats du pays de Foix avait voté 8000 livres à l'évêque et à son chapitre pour la construction de la cathédrale et du palais épiscopal, moyennant le renoncement à ce qu'ils pouvaient demander aux diocésains en vertu des arrêts antérieurs ; et cela avec un remboursement par cinquième en cinq années (6). Le 11 septembre, le Parlement de Toulouse rend un arrêt contre l'archidiacre de Mascaron au profit de Caulet et de son promoteur (7).

Carrère a résigné sa chanoinie ; Caulet la donne à Claude Dupuy, prêtre, chanoine régulier et profès de Chancelade, qui se présente et est reçu (8). Guillaume Lasserre, prêtre du diocèse d'Auch, chanoine régulier (9), a résigné son canonicat qu'il avait reçu nous ne savons dans quelles circonstances ; Caulet le donne à Pierre Gibert, prêtre, chanoine régulier et profès de Chancelade qui se présente et est reçu (10). Ces nominations ne changent pas les forces respectives des deux partis : comme en 1669 les *anciens* sont *au plus cinq* (11).

Un arrêt du conseil d'état, rendu le 23 mars 1672 en faveur de Caulet, du prieur claustral et des chanoines *réformés* contre les

---

(1) Mascaron, Rudelle, Martin, Calvet, *anciens*, Cerle, Carrère, *réformés*.
(2) Beyria.
(3) Carla.
(4) Rech.
(5) R. C. 26 juin 1671.
(6) *Ibid.* 22 avril 1671.
(7) A. E. Liasse LXVIII, n° 1.
(8) R. C. 17 février 1672. Opposition de Calvet, le seul *ancien* qui y assiste.
(9) Il n'a pas été question de lui jusqu'à présent : je n'ai trouvé aucune indication du canonicat dont la vacance avait provoqué son choix, et je me borne à constater le fait.
(10) R. C. 18 février 1672. Même opposition du même *ancien*. On lit aussi : *Gisbert* et *Gilbert*.
(11) Mascaron, Rudelle, Martin, Calvet, Durieu.

anciens (1), rappelle que le roi avait chargé l'évêque de Cahors et le prieur de la Chartreuse de Toulouse de s'entendre avec l'intendant de Montauban pour tout arranger. Le roi veut que l'ordonnance de Caulet, faite lors de sa visite de la cathédrale le 3 juillet 1670, soit exécutée ; que les *anciens* chanoines mettent en commun dans trois mois les revenus de leurs canonicats, sous les peines portées par l'ordonnance ; qu'ils donnent à l'évêque, et à ses dépens, copie des actes qui « sont dans leurs archives et dans leur clocher » conformément à l'arrêt de 1642 ; qu'il soit établi à leurs frais un noviciat ; que les offices d'aumônier et d'infirmier et les deux prieurés de Rieucros et d'Arvigna « soient et demeurent optatifs en la manière accoutumée jusques a ce qu'il n'y aye plus de chanoines *anciens*, auquel temps ledit S. Evêque les pourra réunir à la mense capitulaire ». Enfin au sujet de certaines demandes de Caulet à l'encontre du chapitre, notamment « pour le remploy des frais de la musique qui a cessé », Louis XIV met les parties hors de cause (2).

Dès lors le registre du chapitre cathédral mentionne la présence de Caulet à la plupart des réunions capitulaires qui se tiennent depuis avril (3) jusqu'au synode d'hiver où il publia ses *Ordonnances*. Le registre indique que l'évêque vient « assister au chapitre, oppiner, recueillir les suffrages et présider à icelluy, conformément à l'arrest du Conseil d'Estat du 23 mars 1672 par luy obtenu » ; que les chanoines y acquiescent ainsi qu'à son ordonnance du 3 juillet 1670, sauf à ce qui concerne les doyen et chapitre de l'église du Camp (4). Enfin ceux qui ne savent pas encore le plain-chant, vont l'apprendre ; tous les jours ils se réuniront pour l'étudier (5). On demande aux Jésuites de payer les lods (6) qu'ils doivent au chapitre pour une maison qu'ils

---

(1) A. E. Liasse XXIV, n° 2 ; liasse XXVIII, n°⁵ 18 et 16. Trois copies. — Cet arrêt confirmait ainsi celui du 11 septembre 1657. Cf. Besoigne, qui expose les articles de ce réglement définitif (II p. 181).

(2) Les non-réformés sont donc réduits définitivement par l'autorité royale : c'est au moment où celle-ci donne la victoire à Caulet, qu'il va à son tour s'insurger contre elle.

(3) Ainsi les 22 et 29 avril, 6 mai, 3 et 17 juin, 1ᵉʳ juillet, 19 août, 4 novembre 1672. Les délibérations de ces jours-là sont signées par lui.

(4) L'arrêt n'en parlait pas, mais il a été dit dans la discussion que Caulet donnait la préséance au doyen du chapitre du Camp.

(5) R. C. 22 avril 1672. Ne sont présents que des *réformés* : Beyria, Cerle, Carla, Rech, Dupuy et Gibert.

(6) *Lods* : c'étaient, en droit féodal, des redevances que le vassal payait au seigneur pour lui faire agréer l'aliénation d'un fonds qui était dans sa mouvance. Les *lods et ventes* sont devenus aujoud'hui les *droits de mutation*.

ont acquise ; on supprime aussi toute distribution à un prébendier qui est allé à Toulouse à l'insu du chapitre (1). On s'occupe des Carmélites (2). On remarque que plusieurs chanoines et prébendiers « ne sont pas bien asseurez du plain chant dont néantmoings ils se peuvent rendre capables » : un prébendier le leur apprendra pour 8 livres par mois (3).

Nous pourrions arrêter ici l'examen des registres du chapitre cathédral. Alors disparait l'un des meilleurs collaborateurs de Caulet, « le bon Dieu ayant appelé à soy le Révérand père Barthélemy Amilhat sy devant chanoine et archipbre, seconde dignité de la dite Eglise, la nuit de Saint Michel », en 1673 (4). Amilia, l'un des premiers qui avaient accepté la réforme, avait souvent défendu les idées de son évêque et combattu celles des anciens chanoines. Nous l'avons montré notamment à l'œuvre (5), quand il s'opposait à la confusion des intérêts communs du chapitre et du bénéfice privé des collègues réfractaires (26 juin 1671). Ajoutons qu'il avait été le second prieur claustral des réformés et le fondateur du noviciat établi à Pamiers même en 1673 (6).

En janvier 1673, Gibert, un des *réformés,* avait résigné entre les mains du chapitre son canonicat ; Carla fait remarquer aux autres *réformés* que, « parce qu'il est question de faire une collation, il n'y a aucun des *anciens,* qu'il serait bon de les faire appeler » ; Rech dit qu'il les a convoqués, mais qu'ils ont tous prétexté une infirmité ; on nomme chanoine Jean Coudol, clerc du diocèse de Cahors (7). Dupuy résigne son canonicat. Caulet le donne à Guillaume Lasserre, prêtre du diocèse d'Auch et prébendier au chapitre abbatial de Saint-Volusien de Foix, qui est agréé par les réformés (8). Coudol et Lasserre sont reçus le 14 (9). — A la fin de septembre, ainsi que nous

(1) R. C. 29 avril 1672.
(2) *Ibid.* 27 juin et 1" juillet 1672.
(3) *Ibid.* 4 novembre. C'est à cette réunion qu'il est question du synode convoqué par Caulet pour le 8, et le chapitre y députe son infirmier ; synode de 1672 où l'évêque publia les *Ordonnances* dont nous avons parlé.
(4) *Ibid.* 12 octobre 1673.
(5) Voir pages 55 et suivantes.
(6) Besoigne, II p. 182.
(7) R. C. 4 janvier 1673. M. de Lahondès l'appelle Condal, Besoigne Condol.
(8) *Ibid.* 13 janvier 1673.
(9) *Ibid.* 14 janvier 1673.

l'avons dit, meurt l'archiprêtre Amilia : le chapitre le remplace comme chanoine par Turcy, prêtre du diocèse de Toulouse (1).

Jusque-là les *anciens* étaient restés dans le même nombre que précédemment. Calvet, théologal et prieur d'Arvigna, meurt ; Mascaron, Rudelle et Martin, les plus anciens profès, ne prétendent point au prieuré vacant ; J. P. Durieu le demande et y est nommé par le chapitre (2). — Carla résigne l'infirmerie et le prieuré de Saint-Jean-de-Falga et Bénagues, à Rome, en faveur de Rech ; celui-ci fait approuver ses provisions par Caulet, les présente au chapitre, est reçu à la dignité dont il s'agit (3). Carla est nommé archiprêtre par Caulet et reçu (4). Coudol a fini son noviciat et fait sa profession (5). Lasserre résigne son canonicat à Rome : Caulet le donne à Joseph Casmon, prêtre du diocèse de Condom, curé de Ferrières, qui est reçu (6). Notons qu'à cette époque une des délibérations nous apprend que le prieur claustral était Beyria, le sacristain (7).

Le 5 juin 1674, à Pamiers, Caulet rendra encore une ordonnance relative à plusieurs points de la constitution des chanoines (8). Il aura visité les 15 mars, 11 avril et 2 juin de cette même année leur maison. Il aura trouvé que le réglement de décembre 1659 « ne s'observe quasi plus en aucuns chefs par la négligence des chanoines, surtout à l'égard des domestiques, d'où sont nés plusieurs scandales ». Il veut qu'ils nomment l'un d'entre eux pour surveiller les domestiques, « chargeant sa conscience devant Dieu de n'en point recevoir ni souffrir aucun qui soit quereleux, sujets au vin, impudiques, blasphémateurs, sujets à quelqu'autre vice scandaleux et contraire à l'édification que doit donner une maison régulière ». Dorénavant les

---

(1) R. C. 2 octobre 1673.

(2) *Ibid.* 19 octobre 1673. Les *anciens* ne sont plus que quatre.

(3) *Ibid.* 23 janvier 1674.

(4) *Ibid.* 24 janvier 1674. « Archiprêtre de la ville de Pamiers et de Montaut ».

(5) *Ibid.* 28 janvier 1674. Besoigne dit que ce fut le premier novice de la réforme établie par Caulet et que celui-ci lui avait donné l'habit régulier (II p. 254).

(6) *Ibid.* 22 juin 1674.

(7) *Ibid.* 27 août 1674.

(8) A. E. Liasse XXVII double, n° 14. Il semblerait en résulter que les *réformés*, aussi bien que les *anciens*, négligeaient au moins en partie l'observation de la règle. La réforme n'avait-elle donc amené aucun résultat ? Constatons le fait. Peut-être Caulet rend-il une ordonnance *générale*, pour ne pas blesser en *particulier* les derniers *anciens* dont le rôle était dès lors si peu de chose, et pour mettre en garde les *réformés* contre tout laisser-aller que de nouveaux venus auraient introduit ensuite.

domestiques feront la prière, le soir avec la communauté, le matin dans la chambre de leur surveillant, entendront la messe tous les jours, se confesseront tous les mois, communieront selon l'avis de leur directeur, assisteront « partout aux grandes messes, vespres et doctrines les festes et dimanches ». Ces gens s'abstiendront des jeux de hasard, tels que « cartes, dais » ; ils recevront chacun un petit catéchisme ou autre livre de dévotion ; s'ils sont incorrigibles, la communauté les renverra ; si elle ne les congédie pas, l'évêque devra être averti. Caulet recommande à ses chanoines (1) la lecture spirituelle durant les repas ; la porte de leur maison sera toujours fermée ; il y aura une clochette ; on fermera toutes les portes dès qu'il fera nuit ; la clef sera remise au supérieur ; on continuera à ne parler jamais à des femmes qu'au seuil de la maison ou dans l'église ; et autres prescriptions semblables. Les chanoines sont invités « à faire à l'avenir leurs comptes avec une grande fidélité et sincérité de peur de tomber dans le vice de propriété » (2). Les *ordonnances* de 1672 avaient prescrit tout cela : celle-ci prouve que, même dans le feu de la lutte qu'il soutint depuis 1673 contre la Régale, Caulet ne négligea rien de ce qu'il jugeait utile pour le bien de son diocèse. Il ne faut pas croire que ce soit la mesure dont s'entretiennent, en présence de l'Evêque, quatre des *réformés* (3) en septembre 1674 (4).

Cette fois on rappela que, deux ans auparavant, Caulet et le chapitre avaient convenu d'arrêter un réglement « afin d'éviter tout subject de différand et procès » 1º sur les limites des bénéfices limitrophes de ceux de l'Evêque, 2º sur certaines dîmes de certaines vignes, 3º sur l'exercice de la justice à frais communs, 4º sur les acquisitions quittes de lods et autres droits, 5º sur la réunion de deux paroisses à Arvigna, 6º sur l'établissement de cinq vicaires perpétuels à Verniolle, Ventenac, Saurat, Saint-Jean-du-Falga et aux Pujols.

---

(1) Besoigne loue la conduite édifiante des réformés. Il nous apprend que leurs chambres étaient d'une grande simplicité ; qu'elles avaient un petit lit garni pauvrement, une chaise, un chandelier, un prie-Dieu, quelques images de piété, de bons livres (l'Ecriture, les Pères, l'Histoire ecclésiastique, les actes de l'Eglise de Milan par saint Charles Borromée) ; que les chanoines réformés balayaient leur maison, lavaient leur vaisselle, travaillaient à leur jardin ; que l'Evêque finit par vivre avec eux et que chaque vendredi il tenait le chapitre dit « des Coulpes » (II p. 183 et suivantes).

(2) Signature et cachet de Caulet.

(3) Carla, Beyria, Cerle, Rech.

(4) R. C. 25 septembre 1674.

Turcy résigne son canonicat : le chapitre nomme Bertrand Bartholomé, prêtre du diocèse de Toulouse (1). François Gabarret, clerc du diocèse de Rieux, a fini son noviciat, se présente comme chanoine et est reçu (2). Casmon meurt en octobre : le chapitre donne son canonicat au chanoine Cerle, préchantre « et gradué en Sainte théologie, le mois d'octobre étant un mois de faveur affecté aux gradués, et Cerle estant de la qualité » (3). Rech est nommé théologal par Caulet (4). Cerle renonce à ce canonicat qu'il avait reçu par surcroit : Caulet le donne à François Gabarret, clerc du diocèse de Rieux, chanoine régulier et profès de la cathédrale, qui est reçu (5). Bartholomé est reçu (6). Rech, pourvu de deux prébendes canonicales, en résigne une au chapitre ; on y nomme Jean-Michel d'Astorc d'Aubarède, sous-diacre du diocèse de Tarbes (7), qui est reçu presque aussitôt (8).

Le parti des *anciens*, déjà réduit à quatre personnes, est gravement frappé par la mort de l'archidiacre de Mascaron : Henri Dinematin Dorat, l'archiprêtre d'Ax, le remplace comme chanoine sur la nomination de Caulet (9). Si nous en croyons le biographe anonyme de l'Evêque, la mort de Mascaron permit au confesseur de Louis XIV de tendre un piège à Caulet, où celui-ci tomba. Il était allé à Paris, pour soutenir les plaintes dont le marquis de Foix, gouverneur du pays, était l'objet (10). Le P. de la Chaise lui dit alors que le Roi venait de pourvoir en Régale de l'archidiaconé devenu vacant, mais que, si Caulet le voulait, il serait donné à un prêtre de son choix. Il aurait d'abord accepté, puis, afin de soustraire son église au droit de la Régale, refusé ;

---

(1) R. C. 1ᵉʳ octobre 1671. Il avait été l'économe, puis le curé de Sabart.

(2) *Ibid.* 9 décembre 1674. Il n'avait pas encore été question de lui.

(3) *Ibid.* 31 décembre 1674. Le titre dit que cela résultait du Concordat de Léon X et de François 1ᵉʳ.

(4) *Ibid.* 8 février 1675.

(5) *Ibid.* 22 mars 1675.

(6) *Ibid.* 18 avril 1675.

(7) *Ibid.*

(8) *Ibid.* 20 avril 1675. Un de ses parents, Bernard d'Astorc seigneur d'Aubarède, fut en 1679 gouverneur de la ville et château de Salins en Franche-Comté, brigadier-général d'infanterie. *(Inventaire sommaire des Archives départementales de l'Ariège*, Série B, t. I p. 128). Il était d'une grande famille : l'un de ses frères était gouverneur de Ré, l'autre lieutenant du roi à Blaye.

(9) R. C. 4 mai 1675.

(10) Voir Mémoires de Foucault et mon article dans le *Bull. de la Soc. Ariég. des Sc. Lett. et Arts*, t. IV n° 12, 1894.

le P. de la Chaise aurait crié très haut que le Prélat ne tenait pas ses promesses (1) : et ce qui s'en suivit, nous n'avons pas à le raconter ici. Nous ne devons que constater que dans cette célèbre querelle périt la réforme imposée par Caulet à son chapitre (2).

Revenons à ce dernier et à ses vicissitudes. En janvier 1676, c'est Carla qui est le prieur claustral (3) ; Caulet était rentré de Paris à la fin de 1675, après être passé à la Trappe et à Garaison ; ayant consulté Pavillon et ses chanoines de Pamiers, il était résolu à résister à la Régale ; le 30 mai 1675, l'Evêque d'Alet avait donné le signal de la lutte dans son diocèse ; le 20 avril 1677, Caulet (4) le donna dans le sien ; le 8 décembre de cette même année, Pavillon mourut, assisté par Caulet qui prononça son oraison funèbre. Il lui restait, ainsi qu'à son chapitre, à supporter le poids de la lutte contre Louis XIV. Un des chanoines *anciens* meurt, Rudelle, aumônier et prieur de Saint-Pierre de Genat : J.-P. Durieu le remplace dans ces dignités et résigne son prieuré d'Arvigna (5). Rech, théologal, a résigné l'infirmerie et le prieuré de Saint-Jean-de-Falga et Bénagues ; le chapitre les donne à Bartholomé (6).

Voici à la date du 27 avril 1676 la composition du chapitre : Carla archiprêtre, Rech sacristain, Cerle préchantre, Durieu aumônier et cellerier, Martin prieur de Rieucros, tous chanoines réguliers et profès ; Coudol, Gabarret, Bartholomé infirmier, d'Astorc-d'Aubarède, Dorat ne peuvent délibérer comme « n'estant encore que novices (7) ou n'estant pas dans les ordres sacrés (8) » ; les deux dernières places

---

(1) Ms. 730 de la Bibl. mun. de Toulouse, p. 41.

(2) « Bossuet et d'autres évêques ne pensaient pas que l'affaire de la Régale fût de nature à exiger l'inflexible résistance que l'Evêque de Pamiers avait cru devoir montrer, ni cette profusion de censures et d'excommunications qui avait jeté le trouble dans son diocèse, et dévoué au malheur et à l'exil presque tout son clergé. » Cardinal de Bausset, *Vie de Bossuet*, liv. VI, chap. 8 d'après la collection des procès-verbaux du clergé, t. V p. 362.

(3) R. C. 24 janvier 1676.

(4) Déjà malade, en mai 1676 il est obligé d'aller « prendre l'air » chez sa sœur, au château de Lavelanet. Besoigne II p. 197 et suiv. — En juillet 1680, il ira voir son neveu Guillaume, président au Parlement de Toulouse (sur ce personnage, Mém. de Foucault, p. 53 et 57, et *Invent. somm. des Arch. de la Hte.-Garonne*, Série B, t. III, 1888, p. 104, reg. B. 1026), pour affaires personnelles, et n'aura que le temps de se faire transporter à Pamiers pour y mourir le 7 août.

(5) R. C. 28 février 1676.

(6) *Ibid.* 28 février 1676.

(7) Bartholomé et d'Aubarède ; probablement aussi Dorat.

(8) Coudol est clerc du diocèse de Cahors et Gabarret, clerc du diocèse de Rieux.

sont vacantes « par le décès des deux derniers morts », l'archidiacre et Beyria, autrefois sacristain. Caulet finit par dire qu'il est important de pourvoir à ce dernier canonicat « vacant despuis longtemps » : le chapitre y porte François Rousse, prêtre du diocèse (1), qui est reçu (2). Bartholomé et d'Aubarède font leur profession (3). Rudelle, un des *anciens*, était mort : Caulet le remplace par Mathieu Thouin, prêtre du diocèse de Toulouse, qui est reçu (4). Il ne reste plus de tous les *anciens* que Durieu.

Caulet a donc vaincu. La réforme est imposée. Les trois vœux sont enfin observés par les chanoines d'élite dont l'Evêque a su s'entourer. Plus rien de cette avidité à la propriété individuelle, de cette vie relâchée et souvent licencieuse, de cette insoumission, de ce costume réduit à une bandelette de lin, qui avaient marqué les *anciens* et fait d'eux, selon la parole de Henri de Sponde, « douze léopards ». Les léopards ont disparu : à leur place, nous voyons maintenant, de l'avis même de ceux qui leur sont hostiles, « des anges » (5). Mais en ce moment même où cette réforme, approuvée par l'Eglise et par l'Etat, triomphait enfin, une autre querelle prenait d'inquiétantes proportions et allait tout ruiner : celle de la Régale (6). Le 22 juin 1677, Carla va à son confessionnal ; on lui remet à la porte de la cathédrale un brevet du roi, daté du 18 janvier, en faveur d'un prêtre du diocèse de Comminges nommé archidiacre « et pourveu par S. M. en Régalle d'icelluy archidiaconné » (7). Le chapitre se réunit. On déclare qu'il n'est

(1) R. C. 11 septembre 1676.
(2) *Ibid* 16 septembre 1676.
(3) *Ibid*. 16 mai 1677. Entre les mains de Caulet lui-même.
(4) *Ibid*. 21 mai 1677. D'Aubarède est porté comme prieur d'Arvigna, et le 22 juin comme archidiacre : à ce titre il est inscrit, non plus au premier rang, mais au deuxième après Carla archiprètre et prieur claustral.
(5) Le biographe anonyme de Caulet dit que ses adversaires mêmes disaient que le nouveau chapitre était composé d'*anges: « ipsi etiam adversarii novos canonicos in canendis Deo laudibus angelos appellabant* ». Ms. 730 de la bibliothèque municipale de Toulouse, p. 20.
(6) Foucault, nommé intendant de la généralité de Montauban, était arrivé dans cette ville le 20 mai 1674 ; Caulet était venu l'y saluer en juin ; les difficultés n'éclatent guère qu'en novembre 1677 (Mémoires de Foucault, p. 28 et 44). C'est alors, selon le joli mot de Sainte-Beuve (*Port-Royal*, t. V. p. 153), que Caulet « tient bon toujours et soutient un siège à extinction contre tout l'arsenal gallican et parlementaire de Louis XIV ».
(7) Pierre Paucet, dont parlent les Mémoires de Foucault. M. de Lahondès écrit par erreur Poncet.

et n'a jamais été « lié ny dépendant d'aucune congrégation, mais tous-jours soubz la juridiction de l'Evesque sans autre supérieur ». Les chanoines ajoutent que le pape Alexandre VII, « par bulle expresse authorisée par Lettres patentes de S. M., ordonne que les bénéfices de la cathédrale ne seront conférés qu'à des personnes qui ayent fait profession dans ladite esglise après un novitiat » ; — que l'Evêque a défendu de recevoir aucuns pourvus en Régale, à peine de suspense *ipso facto* contre tous ceux qui auraient appuyé ou favorisé une telle collation d'un bénéfice ; — que le droit de Régale n'a jamais existé dans leur église et que, pour le reconnaître, il leur faudrait désobéir au Concile général de Lyon « dans le chapitre qui commence : *Generali constitutione,* au Concile de Trente sess. XXII chapitre onze *de reformatione* », et s'exposer à tous les anathèmes, si leur Eglise était privée de ses droits (1). Carla transmet la réponse au procureur du pourvu en Régale.

Le prieuré d'Arvigna, un instant donné à d'Aubarède (2) et résigné par lui, est donné à Coudol qui est reçu à ce titre (3). Nouvelle inter-vention de la Régale dans les affaires du chapitre. Un prêtre du dio-cèse de Toulouse (4), pourvu en Régale de l'infirmerie et du prieuré de Saint-Jean-du-Falga, est également refusé par les chanoines (5). L'huissier de la chambre du clergé de Toulouse et le promoteur du diocèse de Toulouse intiment à Carla, à la porte de l'église, le juge-ment rendu par l'archevêque (6) sur la requête du prêtre pourvu en Régale de l'archidiaconé, et qui casse et annule l'ordonnance donnée par Caulet en avril 1677 sur le fait de la Régale. Le chapitre répond que le jugement de l'archevêque a été rendu « sans ouyr et mesme sans appeler les parties », persiste dans son refus, et se propose de soumettre la question à l'Evêque qui va rentrer à Pamiers le soir même « et par arrest du Conseil doit estre appelé dans toutes les assemblées capitulaires » (7).

---

(1) R. C. 22 juin 1677.
(2) Il est nommé prieur à la réunion du 21 mai.
(3) R. C. 3 juillet.
(4) François Charreton de Laterrière.
(5) R. C. 2 août.
(6) Joseph de Montpezat de Carbon, qui avait remplacé le cardinal de Bonzy nommé à Narbonne.
(7) R. C. 10 septembre 1677.

La dernière réunion, dont le procès-verbal soit gardé, se tient le 8 février 1678 : y assistent l'Evêque, Carla, archiprêtre et prieur claustral, d'Aubarède, archidiacre, Rech, sacristain, Cerle, préchantre, Bartholomé, infirmier, Coudol et Gabarret (1). Absents par conséquent : Thouin, Charlas, Dorat, Rousse, Durieu (2). En mars 1678, Foucault, intendant de la généralité de Montauban, en vertu de l'arrêt du Conseil du 27 novembre 1677, fait saisir tous les revenus de l'Evêché qui étaient « dans le département de Montauban, et, comme il y en a une partie située en Languedoc », il adresse une copie collationnée de ce même arrêt à son collègue d'Aguesseau, intendant du Languedoc (3). Le 16 mai, il recevait du Roi l'ordre d'interdire à Caulet l'entrée aux états du pays de Foix (4).

Caulet mourut en 1680, Charlas le confessa, d'Aubarède lui donna le viatique, les chanoines (5) furent appelés auprès de son lit de mort et invités à persévérer dans la vie régulière qu'il leur avait procurée. Ils portèrent son corps à la collégiale du Camp. Le courage avec lequel ils luttèrent pour ses idées au sujet de la Régale, témoigna de l'influence profonde qu'il avait exercée sur eux. Si les anciens chanoines de Pamiers menaçaient en 1656 de tuer les envoyés de Caulet, les réformés prouvèrent qu'ils pouvaient mourir dans l'exil plutôt que de

(1) R. C. 8 février 1678.

(2) Besoigne (II p. 183) parle de cinq novices qui ne parvinrent pas à la profession parce que Caulet mourut au moment où ils allaient finir leur noviciat et que la communauté fut dispersée.

(3) Mémoires de Foucault, p. 45.

(4) *Ibid.*, p. 46. Nous avons parlé de la manière dont il saisit le temporel de l'Evêque, jusqu'aux « légumes de son jardin privé et bois mis en fagots ». Voir plus haut p. 39.

Ajoutons que Caulet fut alors trahi par son intendant, Falarin, prébendier du chapitre cathédral et par Brau, chapelain de la Collégiale du Camp. Ceux-ci s'entendirent avec les pourvus en Régale, cherchèrent à se ménager leur appui, promirent aux jésuites de Pamiers et au P. de la Chaise de leur fournir des documents pour que la sécularisation du chapitre régulier fût obtenue. Caulet découvrit ces intrigues et excommunia les deux amis des Jésuites ; Palarin en appela à l'archevêque qui lui donna l'absolution *ad cautelam ;* Caulet réclama (mai 1680) « dans une longue et savante lettre ». (Ms. 730 de la Bibl. mun. de Toulouse, chap. XVIII ; Besoigne, p. 215, parle aussi « de la trahison de Palarin, alors promoteur, et de Brau, syndic des prébendiers »). — Faut-il ajouter que les adversaires de Caulet louèrent le rôle de ces deux personnages, en qui l'Evêque avait mis sa confiance ? Ce que les uns nommaient une félonie, les autres l'appelèrent une inspiration de Dieu.

Nous n'insistons pas davantage sur la lutte de la Régale.

(5) Et non, comme le dit par erreur M. F. Baudry dans l'introduction qu'il a écrite pour les Mémoires de Foucault, « le chapitre de Notre-Dame de Pamiers (du Camp) qu'il avait si vigoureusement réformé ».

renier les sentiments de celui qui avait, au prix de tant d'efforts, imposé à leur compagnie la réforme que nous avons cherché à faire connaître à l'aide des documents inédits des Archives départementales de l'Ariège.

Et d'abord Carla (1). Prieur claustral au moment de la querelle de la Régale, il sera relégué d'abord à Jargeau, à cet effet arrêté par le marquis de Mirepoix, gouverneur du pays de Foix, dans l'appartement de Caulet et sous les yeux de celui-ci, exilé, sous prétexte qu'il invoquait sa santé et le froid pour ne pas aller à Jargeau, aux environs d'Aigues-Mortes, dans la citadelle qui se dressait au milieu des marais salants de Peccais, dans un endroit des plus insalubres (2). C'est là qu'il mourra dès 1680 selon les uns (3), en 1681 suivant d'autres (4). — Quant à Cerle, devenu vicaire-général et official en septembre 1680 après la mort de Caulet, il sera poursuivi par les agents du Roi, soutenu par le Pape, soustrait à toutes les violences. Chose remarquable : il mourra en 1691 libre, après avoir été l'un des plus fervents collaborateurs de Caulet, le seul aussi à pouvoir protester contre les actes de l'archevêque de Toulouse. Cassé par ce dernier, condamné à mort sur sa demande par le Parlement de Toulouse en 1681 (5), exécuté en effigie à Toulouse et à Pamiers, selon les ordres envoyés par le chancelier Le Tellier au premier président du parlement de Toulouse en mars et avril 1681 (6), signalé par ses ennemis comme un homme « sans caractère, troublant les consciences ou exci-

(1) Le biographe anonyme de Caulet, qui appelle Carla par erreur archidiacre, mais qui a pour lui une vive admiration, consacre à ses derniers jours plusieurs lignes. Ms. 730 de la Bibl. mun. de Toulouse, p. 51 et suiv.

(2) L'air y était si mauvais qu'on changeait souvent la garnison ; les moucherons s'attaquèrent à son visage et lui firent des ulcères ; on lui refusa les derniers sacrements.

(3) Lahondès, p. 217 et suiv., 230 et 234 d'ap. le biographe anonyme de Caulet.

(4) Roschach, *Etud. hist. sur le Languedoc*, p. 518.

(5) *Invent. somm. des Arch. départ. de la Haute-Garonne*, Série B, t. III (Parlement), Toulouse, Privat, 1888. C'est en avril 1681 que Cerle, « se disant vicaire général à Pamiers, le siége étant vacant, est condamné à avoir la tête tranchée sur la place du Salin, et ses livres et écrits séditieux seront brûlés par l'exécuteur de la haute-justice » (P. 109). Un autre arrêt, de mai 1682, défend aux curés et prêtres du diocèse de déférer au mandement que Cerle avait fait pour le jubilé, « de le copier, faire imprimer, vendre, débiter ; à toutes personnes de donner asile à Cerle et de reconnaître un autre vicaire général que M. d'Andaure, commis par l'archevêque » (P. 112).

(6) *Corresp. adm. sous Louis XIV*, t. IV, 1855 p. 131. On dit que le bourreau de Pamiers s'enfuit pour ne pas recommencer à Foix, à Tarascon, à Ax : Besoigne (II p. 284) ajoute que Cerle assistait d'une fenêtre « à cette Tragédie dont il étoit le principal acteur ».

tant les esprits foibles par les brefs du Pape dont il appuye ses escrits », comme une personne « sans autorité, un perturbateur du repos public, un imposteur » (1), Cerle saura toujours se tirer d'affaire. Plus tard encore condamné aux galères par les magistrats de Marseille en 1689 selon les uns (2), en 1691 suivant d'autres (3), Cerle sera le vrai héros de la lutte que l'on engagera au lendemain des funérailles de l'Evêque. Aussi Voltaire ne l'a-t-il pas oublié dans son *Siècle de Louis XIV*. « Un moine, grand vicaire de Pamiers, casse et les sentences du métropolitain et les arrêts du Parlement. Ce tribunal le condamne par contumace à perdre la tête et à être traîné sur la claie. On l'exécute en effigie. Cerle insulte du fond de sa retraite à l'Archevêque et au Roi : le Pape le soutient » (4). Si l'on ouvre l'*Histoire de la Congrégation des Filles de l'Enfance* (5), il y est question des amours de M. de Ciron et de Madame de Mondonville (Jeanne de Juliard), devenue veuve, et fondatrice de cette maison. « Le scandale s'en répandit de Toulouse aux environs, et M. de Pamiers (6) et M. d'Alet (7) représentèrent à M. de Ciron le tort que cette conduite lui faisoit » (8). Plus loin l'auteur s'arrête sur les relations que la fondatrice de la Congrégation des Filles de l'Enfance eut avec Caulet et son chapitre, et dit-il, « fort étroites, fort suspectes » : notamment elle *donna asile chez elle à Cerle et à Dorat*, et facilita « leur évasion en Italie » (9). Il est encore dit que ceux-ci allèrent de Toulouse à Blaye pour s'embarquer à destination de l'Italie, avec des mulets, changeant de conducteurs d'un village à l'autre ; que dans la maison de l'Enfance était tout ce qui servait à imprimer les livres du

---

(1) *Corresp. adm. sous Louis XIV.* Besoigne dit aussi (II p. 240) que Cerle ne goûtait point les vues de réforme de Caulet, qu'il souhaitait plutôt la sécularisation, que l'Evêque le dut retirer de la communauté pour le prendre dans la maison épiscopale et l'employer à différentes choses : cependant jusqu'à la réunion du 8 février 1678, qui fut la dernière, nous voyons le registre capitulaire indiquer Cerle comme préchantre.

(2) Lahondès, *l. c.*, p. 243 et suiv.

(3) Roschach, *l. c.*, p. 518 ; Besoigne, II p. 310.

(4) Ch. *des affaires ecclésiastiques.*

(5) La Congrégation s'était constituée en 1661 pour le soulagement des malades et l'instruction des filles ; elle fut suspectée de jansénisme et dispersée par ordre de Louis XIV. Son *Histoire* est l'œuvre de Simon Reboulet (d'Avignon), qui ne s'est point nommé.

(6) Caulet.

(7) Pavillon.

(8) P. 110 du tome III (1739).

(9) P. 217.

parti hostile à la Régale (1). Ne se croirait-on point, en lisant tout cela, à l'époque où Pascal publiait clandestinement les *Provinciales ?*

Rech, official dans les derniers jours de l'épiscopat de Caulet, grand vicaire au lendemain de sa mort, sera arrêté par les agents de Louis XIV dès la fin de septembre 1680 (2). — Bartholomé sera vicaire-général en septembre 1680 et arrêté dès novembre (3). — D'Aubarède, archidiacre (4), sera vicaire-général dès août 1680 : c'est lui qui avait administré Caulet mourant et excommunié presque aussitôt les pourvus en Régale. Il sera arrêté au commencement de septembre, conduit à Jargeau, à la Bastille, à Caen (5), puis au Plessis. — Coudol et Gabarret (6), le premier au titre de secrétaire, l'autre de promoteur, seront également inquiétés par les Régalistes (7); de même Dorat. — Huit des chanoines seront ainsi fidèles aux idées de Caulet et se montreront, après sa mort, dignes, par leur énergie et leur obstination, de celui qui les avait appelés au chapitre de sa cathédrale et qui s'est distingué toute sa vie par ces qualités d'énergie et d'obstination qu'il sut allier à une remarquable austérité (8).

(1) P. 301 à 304.

(2) Besoigne (II p. 249) dit qu'il fut conduit à Dax, privé de tout, réduit à mendier aux soldats de sa prison quelques morceaux de leur pain, puis en 1685 à Senlis, et en 1695 à Baron où il mourut.

(3) Il fut arrêté le 23 octobre 1680 et envoyé à Gannat où il mourut en 1694 (Besoigne II p. 264). Les journaux religieux du diocèse de Pamiers citent comme édifiante la vie de Germaine d'Armaing, née à Pamiers (5 septembre 1664) d'un père qui avait été calviniste jusqu'à 20 ans. Elevée chez les Ursulines de Pamiers depuis 1669, dirigée par Beyria et Bartholomé, elle avait acheté huit petites cordes pour y attacher des épingles et de petits clous pour se frapper ; elle entra aux Clarisses de Toulouse, celles de Pamiers ayant moins bonne réputation *(Sem. cathol. de Pam.*, janvier 1893).

(4) Paucet était l'archidiacre régaliste.

(5) Il y fut enfermé, dans une pièce où il pleuvait sur son lit et qui était tout ouverte, sans livres de piété, sans feu, et malade. Besoigne, II p. 245.

(6) *Invent. somm. des Arch. départ. de l'Ariège*, série B, t. I p. 130. Arrêt du Parlement de Toulouse, du 18 nov. 1680, qui condamne Gabarret et Cerle à 10,000 livres d'amende, à la saisie du temporel pour le recouvrement de cette somme ; en outre ils seront arrêtés, amenés à la conciergerie du Palais, et, si on ne peut les appréhender, cités par cri à trois briefs jours et leurs biens saisis ; et ce pour avoir publié, fait imprimer, répandre et afficher le bref pontifical adressé à l'archevêque et celui qui était destiné au chapitre de Pamiers. Ordre est donné de poursuivre leurs complices etc...

(7) Besoigne (II p. 252 et suiv.) dit que Coudol fut relégué à Semur où il mourut en 1694 ; — que Gabarret, arrêté le 13 octobre 1680, fut envoyé au Blanc en Berry (p. 264).

(8) A signaler encore Cerron, prébendier de la cathédrale de Pamiers, dont Besoigne dit qu'il fut enfermé à Toulouse « dans un cul de basse-fosse, qui servoit de latrines aux prisonniers qui étoient logés au-dessus et qui satisfaisoient à leurs besoins par un trou qu'ils avoient fait au plancher : l'horrible infection pensa lui faire perdre la respiration, et il étoit devenu hâve » (II p. 278). On le mit ensuite dans une chambre sans feu.

Nous ne saurions quitter ces chanoines, que Caulet avait choisis pour asseoir la réforme de son chapitre cathédral et qui se sont fait persécuter pour ses idées, sans ouvrir un dernier paquet de documents inédits, conservés dans ces Archives départementales de l'Ariège qui nous ont fourni toute la matière de cette longue étude. Ce sont des lettres adressées à M. de Verthamon (1), qui fut Evêque de Pamiers de 1693 à 1735 (2), l'une par Dorat (3), cinq par Gabarret (4), quatre par Rech (5), deux par Coudol (6) : il y en a aussi deux écrites par le curé du Carla, Mignonnac (7), un de ces recteurs opposés à la Régale et qui avaient été en même temps chassés par les ordres de Louis XIV (8). Nous n'y avons trouvé rien d'Antoine Charlas, que l'intendant Foucault signalait comme « un prêtre séculier qui étoit alors l'unique conseil des anciens chanoines et qui avoit travaillé à toutes les ordonnances, lettres et écrits qui ont paru sous le nom de M. de Pamiers » (9) ; rien de Gaudé, le vicaire perpétuel de Notre-Dame du Camp qu'il donnait aussi pour « le persécuteur ouvertement déclaré des pourvus en régale » (10). Charlas et Dorat moururent paisiblement à Rome.

Ce dernier, l'ancien archiprêtre d'Ax, qualifie sévèrement « le sieur Moreau qui a envahi cette paroisse depuis 14 ans » et rappelle que Caulet a « dénoncé et excommunié » ce pourvu en Régale. Le chanoine Gabarret dit qu'il est temps que Verthamon aille consoler « des enfans orphelins depuis environ quatorze ans et privez de leur bien-aymé père » ; il sollicite le retour de ceux « dont l'esloignement a esté jus-

---

(1) A. E. Liasse LXVIII.

(2) Il fut nommé le 8 septembre 1693 et sacré le 3 janvier 1694 : c'est en mai qu'il arriva à Pamiers.

(3) Rome, 6 oct. 1693.

(4) Aubigny-sur-Nère, « lieu de mon exil », 29 septembre 1693, 10 décembre 1693, 9 janvier 1694, 19 janvier 1694, 1ᵉʳ février 1694.

(5) Prieuré de Saint-Maurice dans Senlis, « lieu de mon exil », 23 septembre 1693, 26 décembre 1693, 3 février 1694 ; Baron, le 2 février 1695, « où je suis par l'advis du supérieur et du médecin pour me rétablir d'une maladie rude et longue ».

(6) Semur en Auxois, « lieu de mon exil », 5 octobre 1693 et 14 janvier 1694.

(7) Bordeaux, 10 octobre 1693 et 20 mai 1694.

(8) Il n'est pas question de lui dans les Mémoires de Foucault qui mentionne « cinq curés opiniâtres » à la lutte : celui de Siguer, celui d'Axiat, celui de Rabat, celui de Montaillou-de-Prades, celui de Bonnac.

(9) Foucault, p. 55.

(10) *Ibid.* Il avait été nommé sous-official au lendemain de la mort de Caulet.

qu'à présent une cruelle affliction pour l'Esglise de Pamiès, vostre chère épouse et nostre mère » ; si on l'a fait passer, ainsi que d'autres, « pour des entestez et des séditieux, on a traité de la mesme manière Jésus-Christ, saint Athanase, saint Thomas de Cantorbéry et plusieurs autres saints » ; il le supplie d'avoir des chanoines bien « réformez plustot que des relaschez qui vivent dans la mollesse et dans l'oisiveté » ; dès que Verthamon est consacré, il lui signale un sous-diacre qui s'est fait pourvoir en Régale de l'archidiaconé de Pamiers et qui est « fort incommodé de la vue, fort libertin, incapable d'aucun bien, qui n'a pas de grandes estudes et n'est scavant que dans l'art des intrigues » ; il lui parle encore de Caulet, « nostre Evesque et tres honoré père », de la manière dont il a réformé le chapitre ; il compare le nouveau prélat à Zorobabel, et lui dit qu'ils sont encore « quatre profés » de l'ancienne époque. Quant au chanoine Rech, il évoque le souvenir des années où « tout respiroit dans nostre communauté la science ecclésiastique, la retraite, le silence, l'amour de la pauvreté, l'innocence et la simplicité » ; il flétrit ceux que Verthamon va rencontrer, « des ministres sans vocation, des prêtres sans piété, des religieux libertins, mais nous avons appris depuis plusieurs années combien le lait des mamelles de la sagesse divine est doux » ; le nouveau prélat l'a invité à assister à sa consécration, « mais vous connaissez mes biens » ; il l'entretient de « l'estat triste et lugubre de l'esglise de Pamiès, des brebis dispersées, des hommes d'une vie scandaleuse » ; il s'étonne qu'on veuille faire servir à la destruction de la réforme l'arrêt de 1672 qui l'avait, dit-il, confirmée et loue les constitutions du chapitre, « faictes et composées par un évêque selon le cœur de Dieu, qui a seu répandre avec tant d'effusion le baume sacré de l'amour de Dieu sur tout ce qu'il a écrit, le grand saint François de Sales ». La fin de la dernière lettre de Rech a quelque chose de touchant ; il dit qu'il n'a plus à envisager comme prochaine que « la dissolution » de son corps, que sa « signature chancelante en est une preuve suffisante », qu'il n'oubliera jamais « les liens qui m'attachent à nostre chère Esglise de Pamiez : *si oblitus fuero tui, Jerusalem, oblivioni detur dextera mea* ». Pour le chanoine Coudol, malade lui aussi, il déclare que « nostre jeunesse se renouvelle, pour ainsi dire, comme celle de l'aigle, à l'heureuse nouvelle d'un Epoux nouveau », que les entrailles de leur Eglise ont été « dévorées par les étrangers », que la bonne foi de Louis XIV a été surprise ; il espère que Verthamon ramènera au bercail les brebis « que la violence en a arrachées : *fiet unus pastor et unum ovile* ».

Si nous en croyons le témoignage de Besoigne, le diocèse fut, aussitôt que les Régalistes l'emportèrent, « le cloaque et la sentine » de tous les pays voisins. Il cite des lettres envoyées par les curés de Pamiers à Innocent XI ; il n'y est parlé que des ivrogneries des Régalistes, de leurs adultères, de leurs impiétés ; l'un joue « publiquement avec des femmes, dansant, menant la bande de danseurs et de danseuses » ; un autre entretient une concubine ; un autre boit, « prenant toute sorte de libertés avec les personnes du sexe »; un autre casse les verres et les jette par les fenêtres ; un novice, « frisé, poudré, joue avec une jeune fille très immodeste », et le tout dans l'ancienne maison des Chanoines Réguliers. Besoigne reproduit encore une lettre de Cerle au Pape; il n'y est question que « des débauches de ces gens qui jusqu'à trois heures après minuit, chez un magistrat, jouent et dansent avec des demoiselles » (1). Ce n'était donc pas seulement des « loups béants », comme le P. de La Chaise l'avait dit à Caulet, lors du voyage qu'il fit à Paris en 1675, au sujet de l'ambition des ecclésiastiques d'alors (2). Pour prendre des images qu'auraient aimées Cerle et ses confrères, on voyait, sinon sombrer au port, du moins s'en aller à la dérive, après avoir traversé bien des orages, la barque symbolique de l'église appaméenne, illustrée par la légende du voyage miraculeux du corps de saint Antonin, l'apôtre du Rouergue (3), par l'histoire de certains de ses Evêques, par les réformes de Caulet.

Lorsque après la mort de Caulet, après les actes de violence qui marquent les premières semaines qui la suivirent, une assemblée capitulaire se tient dans la cathédrale de Pamiers, nous n'y retrouvons qu'une figure de connaissance, Jean-Pierre Durieu, que le registre

---

(1) Besoigne, II p. 274 et suivantes. Il mentionne aussi ce que Verthamon dit plus tard de ces chanoines « travestis, logés avec des personnes du sexe, et qui se faisaient apporter à manger de chez les traiteurs ».

(2) *Ibid.*, p. 198 et 217.

(3) Il est encore aujourd'hui le patron du chapitre cathédral de Pamiers, réorganisé par Mgr de la Tour Landorthe, et dont le sceau et la croix pectorale rappellent la tradition : *d'azur, à un vaisseau maté d'argent, voguant à dextre sur des eaux agitées de sinople, et portant un saint Antonin couché, vêtu d'un rochet d'argent, le bras gauche levé, le vaisseau conduit en proue par un aigle, le ciel rayonnant, terrain au naturel portant à dextre une tour maçonnée, ajourée et crénelée.*

inscrit aussi comme « ancien chanoine » (1) ; un arrêt du Parlement de Toulouse, du 28 novembre 1680, nous apprend que, à la mort de Caulet, il y avait dix canonicats, sur douze, pourvus en Régale (2). Par suite de ce renouvellement du personnel capitulaire, le bienfait de la réforme que Caulet avait rétablie, fut perdu avec la querelle de la Régale (3) : les pourvus en Régale prirent leurs bénéfices avec la promesse d'une prompte sécularisation et sans les garanties des prises d'habit et de noviciat. L'Evêque l'avait prévu, lorsque, dans la lettre qu'il adressait au roi le 28 janvier 1678, il lui montrait comment allait être infailliblement détruite la réforme que Louis XIV avait lui-même protégée. L'abbé de Camps, évêque nommé de Pamiers, voulut faire reprendre à ses chanoines la vie commune ; mais en vain. M. de Verthamon, qui le remplaça, trouva chez eux « une résistance presque aussi vive que celle dont ils avaient fatigué Sponde et Caulet » (4). Ils acceptèrent au xviiie siècle la règle du chapitre d'Uzès, que le pape approuva par un bref du 2 octobre 1702 (5). Comme sous l'épiscopat de Caulet, sous celui de Salignac-Fénélon, neveu de l'archevêque de Cambrai, le chapitre s'occupera de réparer l'antique chapelle Saint-Antonin-du-Mas-Vieux (6) ; sous celui de Lévis-Léran, il redemandera la sécularisation que Benoît XIV leur accorda par la bulle du 6 juillet 1745 (7). De l'œuvre de Caulet il ne resta plus rien. Chose curieuse ! lorsque la mauvaise conduite des chanoines régalistes força l'abbé de Camps et son successeur, Verthamon, à les réformer comme Caulet avait réformé ceux de son temps, c'est le dernier survivant de ces derniers que l'on cita comme exemple. Le 20 février 1693, le chapitre décide que les chanoines prendront l'ancien habit, « noir avec une petite banderole de toile blanche, comme M. Durieu l'a toujours porté », tandis que les uns s'habillaient comme lui, d'autres avec un rochet comme les religieux de la congrégation de Saint-Victor, d'autres

<hr>

(1) R. C. 15 novembre 1680. Il est choisi ce jour-là même comme l'un des deux celleriers ; puis il devint préchantre.

(2) *Ibid.*, 13 décembre.

(3) Ms. 730 de la Bibliothèque municipale de Toulouse, p. 51.

(4) Lahondès, *Ann. de Pamiers*, II p. 215, 218, 265, 313 et suivantes.

(5) *Ibid.*, p. 314.

(6) *Ibid.*, p. 344.

(7) *Ibid.*, p. 354 et suivantes. Voir le texte dans le *Gallia*. L'original est aux Archives départementales de l'Ariège, fonds de l'Evêché, liasse spéciale.

sans rochet comme les Prémontrés ; on adoptera sans délai cet habit noir avec la banderolle, « qui est la seule marque de régularité et qui les distingue des prêtres séculiers et qui de tout temps a esté le véritable habit du chapitre et qui l'est encore du chapitre d'Urgel avec lequel ce chapitre a confraternité » (1). Durieu cité comme un modèle à suivre, n'est-ce pas un hommage rendu à la réforme que François de Caulet avait su imposer et que la querelle de la Régale renversa au moment même où elle commençait à s'asseoir ? n'est-ce pas comme un essai de rattacher l'œuvre de ses successeurs à celle de Caulet ? Veut-on écouter une autorité qui ne soit pas suspecte de partialité en faveur des idées religieuses : qu'on lise ce que dit Bayle, à propos d'un écrit d'alors, les *Considérations sur les affaires de l'Eglise.*

« La Régale a ravagé l'Eglise de Pamiers, qui était la gloire du clergé de France, n'y ayant que cette cathédrale seule où on voyait revivre, dans toute sa perfection, le premier esprit de ces saints ecclésiastiques qui vivaient sous la discipline de saint Augustin. On y a envoyé des sangliers pour ravager cette vigne du Seigneur, des misérables qui s'appellent *la bande joyeuse,* qui vont la nuit par les rues chantant des chansons déshonnêtes, qui passent à jouer, à cajoler, à boire le temps que ces pieux serviteurs de Dieu employoient à la prière et à toutes sortes d'œuvres de piété » (2).

(1) R. C. 20 février 1693. Il y est dit que Durieu était mort en octobre 1691.
(2) Bayle, *Critique générale de l'histoire du Calvinisme,* lettre XXX.

CHAPITRE SEPTIÈME.

LA RECONSTRUCTION DE LA CATHÉDRALE DE PAMIERS,
CONSÉQUENCE DE LA RÉFORME DU CHAPITRE.

*Arrêts de 1638 et 1657. — Lenteur de la reconstruction ; ses causes.
— On commence en 1657. — La voûte est entreprise en 1674. —
L'architecte Caillau de Carcassonne. — Les entrepreneurs Caignac
père et fils, Sirvens frères etc. — Difficultés de l'œuvre. — La
cathédrale n'est pas achevée par Caulet.*

L'une des plus importantes conséquences de la réforme du chapitre
cathédral de Pamiers, ce fut la reconstruction de l'église cathédrale.

On sait qu'elle avait été presque entièrement détruite par les Huguenots à la fin du xvi⁰ siècle (1). Il en resta le portail aux curieux chapiteaux (2) et pour la défense, le clocher : c'est sous la voûte de celui-ci,
« pour n'avoir d'autre lieu plus décent », que les catholiques célé-
braient la messe en août 1599. Lorsque Condé reprit la ville sur les
protestants en 1628, il indiqua le temple calviniste pour servir aux
offices en attendant que la cathédrale, « nouvellement desmolie par
les rebelles, fust rebastie ». M. de Lahondès a signalé les efforts des
Evêques pour la relever, l'arrêt du Conseil obtenu par H. de Sponde

---

(1) Delescazes, éd. Pomiès, Foix, 1891-94, p. 119 et 159 et table de M. Pasquier, archiviste de l'Ariège.

(2) J. de Lahondès, *Eglises romanes de la vallée de l'Ariège* (Bullet. monum. 1877), et
La cathédrale de Pamiers (Mém. de la Société archéologique du Midi, 1878). Pasquier,
Nomencl. des richesses d'art de l'Ariège, Foix, Pomiès, 1883 p. 13.

le 4 janvier 1638 et qui ordonnait qu'une somme de six mille livres fût levée en dix ans pour la réédification de la cathédrale et de la maison épiscopale (1), celui du 11 septembre 1657 provoqué par F. de Caulet et qui prescrivait que la somme fût réunie en six années seulement et que les trois quarts en fussent consacrés à reconstruire la cathédrale « sur les anciens vestiges et fondements d'icelle, s'ils sont trouvés bons et suffisans » (2). D'autre part le savant auteur des *Annales de Pamiers* a mis en lumière trois délibérations du Conseil politique de cette ville, celle du 23 octobre 1650 où l'assemblée, ayant prié l'Evêque et le chapitre cathédral de relever la cathédrale, est invitée par les chanoines à donner trois mille livres et répond que l'église du Mercadal est, non paroissiale, mais cathédrale (3), une seconde du 30 juillet 1651 où le Conseil néanmoins impose aux habitants cinq mille livres pour payer notamment « les maneuvres de la cathédrale » (4), une enfin du 21 septembre 1653 où deux mille autres livres sont votées et attribuées en partie à ces travaux (5).

Deux causes principales avaient retardé la reconstruction de ce monument. D'abord la lutte que l'Evêque F. de Caulet avait engagée contre les Huguenots. Qu'il suffise d'indiquer ici le long procès au sujet des biens de l'ancien consistoire, réclamés par Caulet pour l'entretènement de l'hôpital et la réédification de la cathédrale, et cela au nom de l'ordonnance rendue par Condé en 1628, revendiqués aussi par ceux de la R. P. R. pour leur consistoire de Saverdun et Mazères. Au milieu des vicissitudes de cette querelle qui tantôt favorisèrent l'Evêque et tantôt tournèrent à l'avantage de ses adversaires, la reconstruction de la cathédrale, où Caulet désirait employer les biens du consistoire, n'avait pu commencer. Du jour où le Conseil d'Etat, par arrêt du 28 avril 1656, eut définitivement interdit aux Huguenots de se rétablir dans Pamiers, d'y faire aucun exercice religieux et même hors la ville, de se pourvoir pour quelque prétexte que

(1) J. de Lahondès, *Ann. de Pam.*, II p. 124.
(2) *Ibid.*, p. 177. Congrès archéologique de 1881, Paris et Tours, 1885, p. 69.
(3) *Id.*, *Mém. de la Soc. arch. du Midi*. On est alors d'avis d'ôter « les maneuvres qui sont à l'Eglise du Camp et de les remettre en quelque part moins incommode ».
(4) A la séance du 7 juillet 1652, le Conseil politique de Pamiers décide que la Place du Mercadal sera remise en l'état où elle était auparavant.
(5) En 1651 on avait réservé deux mille livres pour les travaux de la collégiale du Camp.'

ce fût, l'Evêque put s'occuper enfin de relever son église en paix (1).
— Il y avait un autre motif : c'est la réforme qu'il voulait imposer au
chapitre cathédral. Du succès des mesures prises par Caulet vis-à-vis
des chanoines et des prébendiers de la cathédrale dépendait le relève-
ment de l'édifice ; les revenus capitulaires, jusque-là gaspillés au
hasard, avaient besoin d'un emploi méthodique pour y servir.

Les documents suivants permettent de compléter ce qui a été écrit
sur le monument dont une supplique, adressée à Louis XIV par Caulet
vers 1654, dit que c'est « une des plus anciennes et des plus saintes
institutions du Royaume de France et qui, mesmes au rapport de
divers autheurs, a composé un petit royaume particulier et a eu des
princes sainctz pour fondateurs » (2).

Ces pièces établissent que la reconstruction de la cathédrale de
Pamiers était commencée non seulement en 1668 (3), mais une dizaine
d'années auparavant, et tout au moins dès 1657 (4). — Elles montrent
que la réforme du chapitre cathédral, qui en 1667 le partage en deux
camps égaux et en 1677 est définitivement imposée, est connexe avec
la réédification de l'église.— Ces documents prouvent que la voûte fut
commencée en 1674, donnent le nom de l'architecte qui la fit, de l'entrepreneur qui exécuta son plan, de deux fondeurs de cloches, d'un
peintre, d'un orfèvre qui ont au xviie siècle travaillé pour la cathédrale, et ils indiquent quelques-unes des difficultés auxquelles donna
lieu la construction de cet édifice. — Tel est l'objet de ce chapitre,
destiné à compléter les pages qui précèdent et à faire voir l'heureux
emploi que Caulet sut faire des revenus, jusque-là si mal utilisés, du
chapitre cathédral de Pamiers.

Ouvrons les registres des délibérations capitulaires : c'est seulement
en 1657 qu'ils commencent à nous renseigner. Le chapitre et l'Evêque
avaient passé un traité au sujet de la construction de la cathédrale.
Pas d'argent dans la bourse capitulaire : on emprunte huit cents livres

(1) Voir mon étude sur les Protestants à Pamiers sous l'épiscopat de Caulet, dans les
Annales du Midi de 1895.
(2) A. E. Liasse LIII.
(3) Lahondès, *Ann. de Pam.*, II p. 178.
(4) Au congrès archéologique de 1884, il a été dit (p. 69) que l'église n'était pas commencée en 1657, ni le plan même tracé « définitivement en 1657, *trois* ans avant la mort de
Mansard » : remarquons en passant que F. Mansard est mort, non en 1660, mais en 1666.

pour une année à un bourgeois de Varilhes (1). On achètera tous les
matériaux en commun avec le représentant de l'Evêque (2). En 1654,
Caulet avait rendu une ordonnance portant que la cathédrale serait
bâtie en trois ans, et que l'ancien temple protestant, où se faisaient les
offices catholiques, serait interdit au bout de cette période : les travaux
sont loin d'être achevés, le syndic du chapitre ira prier l'Evêque ou
de lever l'interdit ou de donner une autre église commode et convenable (3). L'interdit est suspendu provisoirement, et le chapitre est
invité à faire diligence pour la construction (4). Il se plaint aussitôt de
ce que Caulet, « au lieu de s'emploier à remettre la cathédrale comme
il y est tenu, l'a laissée en l'estat despuis quatorze ans pour tourmenter ledit chapitre par plusieurs procez » (5). Veut-on vendre une coupe
de bois qui est la propriété du chapitre ? il faut obtenir le consentement de l'Evêque, et il promet de le donner « pour la portion qui
concerne le chapitre », d'autant que cet argent est destiné à la bâtisse
de la cathédrale (6). Néanmoins il faut que le chapitre emprunte deux
mille livres pour cette construction (7) : c'est à Caulet, trésorier-
général de France à Toulouse et frère de l'Evêque, qu'on les emprunte
et elles sont enfermées « dans ung coffre commun avec la portion du
seigneur Evesque » (8).

Le chanoine F. de Robert, aumônier du chapitre, demande, en
raison de ses infirmités, à être déchargé « de l'intendance de la bastisse
de la cathédrale » : on trouve au contraire que nul ne saurait mieux
en surveiller les progrès, puisque « sa maison aboutit presque sur le
travailh » (9). Un des créanciers du chapitre, le seigneur d'Auterive
multiplie « les vexations et exécutions sur les biens et revenus »
et ne veut pas se contenter du paiement des intérêts : on empruntera

<hr>

(1) R. C. 12 janvier 1657.
(2) *Ibid.*, 25 mai 1657.
(3) *Ibid.*, 14 décembre 1657.
(4) *Ibid.*, 21 décembre 1657. Ordonnance du vicaire général de l'Evêque, du 16.
(5) *Ibid.*, 28 décembre 1657. Il est vrai que l'un de ses biographes dit que, par amour
pour les pauvres, Caulet a souvent « supprimé son séminaire et *interrompu le bâtiment
de sa cathédrale* » (Besoigne, *Vies des quatre Evêques*, II p. 186).
(6) *Ibid.*, 23 décembre 1661.
(7) *Ibid.*, 23 décembre 1661.
(8) *Ibid.*, 13 janvier 1662. « Pour commencer de bâstir leur esglise », comme on le
rappelle le 1ᵉʳ juillet 1672.
(9) *Ibid.* 28 juillet 1662.

de dix à douze milliers de livres au denier vingt (1). Un homme de Varilhes, obligé de payer une petite rente annuelle au chapitre, offre de s'en décharger en donnant cent livres : on accepte, d'autant que l'on a besoin d'argent pour la bâtisse de la cathédrale et qu'on ne tient pas à un procès devant le présidial (2). On presse le paiement de ce que doivent les lieux du diocèse spirituel de Pamiers qui font partie du diocèse administratif de Mirepoix, conformément à une ordonnance des Etats du Languedoc (3). Carla, le chanoine infirmier, est chargé d'employer à la bâtisse de la cathédrale une somme assez considérable que le chapitre a l'espoir de faire rentrer (4), puis une somme de cent livres qu'un des prébendiers, récemment mort, a chargé un marchand-tailleur de Pamiers de verser en son nom (5).

En 1668, pour en employer l'argent aux travaux de la cathédrale, le chapitre met aux enchères une maison qui lui appartenait ; il y affecte aussi une somme de 200 livres qui lui revient sur ce que le seigneur de Ludiès devait à l'Evêque et au chapitre (6) ; il fait démolir une maison qui menaçait ruine et emploie les matériaux à la bâtisse de la cathédrale (7). Passons rapidement sur les séances où l'on décide d'y affecter diverses sommes d'inégale importance (8), mais signalons celle où l'on convient de relever « la chapelle ou première église où le saint corps du saint Martyr Antonin, patron du chapitre et de tout le diocèse, a reposé au delà de l'Ariège près de Cailloup » et de la rebâtir « sur les masures et vestiges des autels ruinés et desmolis par le désordre des guerres et de l'hérésie » (9) : Caulet y contribue pour 20 pistoles. Quant à la cathédrale, c'est en vain que nous avons feuilleté les registres capitulaires pour y trouver le nom de l'architecte, du moins de celui qui en aurait fait le plan général. Cela confirme les doutes,

---

(1) R. C. 3 novembre et 2 décembre 1662.
(2) *Ibid.*, 14 mars 1664.
(3) *Ibid.*, et 21 du même mois. Voir aussi 25 mai 1674.
(4) *Ibid.*, 11 juillet 1664.
(5) *Ibid.*, 19 juin 1665.
(6) *Ibid.*, 20 janvier 1668.
(7) *Ibid.*, 27 janvier 1668.
(8) *Ibid.*, 25 mai 1668, 22 avril 1671 (il s'agit de la somme de 8 000 liv. votée en 1670 par les Etats du Pays et payables par cinquième en 5 années), 12 et 19 août 1672, 25 mai 1674, 2 août 1675, 9 octobre 1676.
(9) *Ibid.*, 23 décembre 1672. Chapelle romane du XIIe siècle aujourd'hui convertie en bâtiment de ferme. Lahondès, *Sem. cathol. de Pam.*, 18 avril 1885.

que les savants ont déjà élevés au sujet de la tradition locale, que rien n'autorise d'ailleurs, et qui voudrait attribuer le projet à Mansard.

Dans les registres du conseil politique de Pamiers, on notera du moins quelques détails qui n'ont pas été, semble-t-il, jusqu'ici relevés et qui ne manquaient pas d'intérêt. Le chanoine Cerle rappelle au Conseil, le 12 novembre 1673, qu'en 1657 on fit vœu, lors de la peste, de bâtir une chapelle en l'honneur de « la Conception Immaculée de la Vierge », et qu'elle ne fut pas construite ; le chapitre voudrait avoir un carillon « pour une plus grande décence de ville » et a déjà acheté à Toulouse une cloche de 280 livres. La communauté veut-elle contribuer à la moitié de cet achat et à la fonte de celle qui est rompue, « comme on y est obligé par transaction » ? Cerle rappelle enfin que la ville est condamnée, « par jugement des requêtes du Palais de Toulouse, pour la manœuvre de la bâtisse de la cathédrale ». On décide d'en sortir à l'amiable (1). Le 23, le chapitre veut faire fondre la cloche rompue qui appartient à la communauté et n'autorise pas que les armoiries de la ville y soient mises, « comme elles y sont empreintes à l'entour d'icelle ». Un des conseillers a entendu parler d'une ordonnance de Caulet défendant « qu'aucune chose profane ne sera empreinte à aucune chose destinée au service divin » (2). Un des biographes de Caulet nous dit aussi que l'austère prélat ne souffrait « point d'armoiries et d'écussons gravés sur les vases ou brodés sur les ornements » (3).

Le chapitre ne veut pas d'écriture autour de la cloche à refondre : on décide de transiger (4). En conséquence de l'acte passé par la communauté avec Claude Chalot, fondeur de cloches, pour la fonte de la grande cloche du *Marquedal* qui appartient à la communauté, l'ouvrier demande à être payé ; le conseil est d'avis de lui donner ce qu'on doit, à charge par le fondeur de rendre la matière qui reste, et que les chanoines ont enfermée dans la sacristie de la cathédrale ; on ne la demandera point à ceux-ci (5). Que faire ? le fondeur ne rend pas ce reste de matière qui est au pouvoir du chapitre : on décide que, à le

---

(1) Arch. mun. de Pamiers, reg. des délibérat., 12 novembre 1673.
(2) *Ibid.*, 23 novembre.
(3) Besoigne, t. II, p. 112.
(4) Arch. mun. de Pamiers, 3 décembre 1673.
(5) *Ibid.*, 26 décembre 1673.

réclamer, on risque « un grand procès très préjudiciable à la communauté » et que mieux vaut payer le fondeur et s'entendre ensuite avec
les chanoines » (1). Six ans plus tard, en juin 1680, nous apprenons
qu'on avait cotisé en 1679 une somme de 150 livres pour accommoder
les cloches et le clocher pour la moitié qui regarde la communauté, et
que l'autre concerne le chapitre (2).

Du clocher, passons à la voûte. Rien ne prouve que même l'idée générale en ait été fournie par François Mansard : on sait d'ailleurs que
rien ne permet de penser que ce personnage soit un Axéen. Ce dont
nous parlons ici, ne démontre pas d'ailleurs qu'il n'ait pu inspirer
quelques idées aux auteurs de la reconstruction de la cathédrale.

Que François Mansard soit né à Ax, c'est une légende fausse, réfutée par la production de l'acte authentique qui a démontré que, né à
Paris, il avait été baptisé à Saint-Nicolas-du-Chardonnet, mais une
légende remise en circulation par une monographie d'Ax, et dont M.
de Lahondès et M. Pasquier ont jugé utile de montrer l'inanité (3).
D'autre part « on veut attribuer à F. Mansard (4) la reconstruction de
la cathédrale de Pamiers », a dit M. Pasquier, « quoique aucun texte ne
justifie cette prétention. Que le style rappelle celui de F. Mansard,
que Caulet, dans l'un de ses voyages à Paris, ait pu demander des
plans à F. Mansard, ce ne sont que de simples conjectures ; aucun fait
précis n'est cité à l'appui. Tout au plus est-il permis de dire que la
cathédrale *peut être* l'ouvrage d'un de ses élèves » (5).

Parmi les détails qui, pour quelques critiques, montreraient « l'ensemble majestueux et noble, robuste et un peu pesant, des créations de
Mansard », il y a notamment « les voûtes conservant les nervures puissantes qui furent bientôt abandonnées » (6). Nous voudrions montrer
que la voûte de la cathédrale, à laquelle le chapitre travailla d'autant
mieux qu'il était alors en grande partie réformé par Caulet, est l'ouvrage d'un architecte plus obscur. Si l'on suppose que celui-ci

(1) Arch. mun. de Pamiers, 11 février 1674.
(2) *Ibid.*, 23 juin 1680.
(3) Pasquier, *Bulletin de la Société Ariégeoise*, t. II, p. 313 ; de même Lahondès, *Mémoires de la Société Archéologique du Midi*, 1878 (p. 10 du tirage à part).
(4) D'autres même à son neveu, Jules Hardouin-Mansard. Congrès arch. 1884, p. 74.
(5) F. Mansard est mort en 1666 ; son neveu, en 1708.
(6) Lahondès, *Annales de Pamiers*, II p. 260.

travaillait sur les données de Mansard, n'est-il pas étrange que le nom d'un si grand homme ne se trouve jamais au registre capitulaire ?

Le 29 août 1674, quatre chanoines *anciens* (l'archidiacre Mascaron, l'aumônier Rudelle, Martin prieur de Rieucros, Durieu prieur d'Arvigna), font un acte par lequel ils critiquent Beyria, l'un des chanoines *réformés* qui était sacristain et cellerier du chapitre, et attaquent Pierre Caignac, maître-maçon (1). Le 30 avril précédent, Beyria avait passé, disent-ils, avec ce dernier un contrat pour la construction *de la voûte* de la cathédrale, pour 2800 livres, « sans aucune deslibération ny pouvoir du chapitre, *sans au préalable faire dresser le dessin d'icelle ny faire les proclamations ny convenir de l'estructure et ornemens, convenables pour la décoration d'une esglise cathédrale de grande importance* » (2). Le maçon a commencé la voûte d'une chapelle du côté droit ; au lieu de travailler « les naissances d'icelle dans les termes de l'art et avec les ornemens nécessaires », il a fait, disent-ils, « quatre piliers sans aucune archiptecture aux quatre angles sur la corniche de ladicte chapelle, qui semblent plutôt quatre piliers de pigeonnier que naissances de voûte, au lieu qu'il devoit faire quatre petites consoles, une sur chasque angle pour supporter les arcz crousiers, avec son architecture et travail proportionné à la décoration d'une esglise cathédrale, ensemble les formelits » (3). C'est là un travail qu'ils qualifient de « difforme » : Beyria aurait dû faire dresser le plan régulier « tant pour l'estructure qu'ornemens » et signer le contrat avec celui qui ferait les conditions les meilleures. Les quatre chanoines demandent qu'il arrête le travail, fasse démolir ce qui a été bâti, exige 500 livres du maçon pour « moings dit », fasse raser les quatre piliers qu'ils démoliront au cas contraire aux dépens du maçon. L'acte de protestation des quatre chanoines non-réformés est signifié à celui-ci le 29 août 1674 (4).

(1) Qu'on remarque qu'il n'est pas question en tout ceci de l'architecte Mansard. Pierre Caignac avait construit, pour 300 livres, le perron du palais du Présidial « en forme de fer à cheval à deux montées » (contrat de juillet 1666).

(2) Le contrat avait été reçu par Gardebose, comme nous le voyons à la réunion du chapitre qui se tient le 27 avril 1676. Nous l'aurions donné, si les dix-huit premières feuilles du registre des actes reçus par Gardebose pour le chapitre de 1673 à 1679 ne manquaient pas aujourd'hui.

(3) *Sic.* Sans doute les arcs formerets, que l'architecture distingue des arcs doubleaux et des arcs ogives. Voir Viollet-le-Duc, *Dict. raisonné de l'arch.*, Paris, Morel, 1875, t. I, p. 54 (au mot *arc*).

(4) A. E. Liasse XLI sans numéro.

Le 31 août, Beyria, sacristain, cellerier et prieur claustral, demande au chapitre (1) de ratifier le traité qu'il avait passé en avril avec le maître-maçon : on le ratifie à condition que ce dernier « joindra à ceste entreprinse importante et quy doibt durer un long espasse de temps son fils Jean-Pierre Caignac (2) qu'il associera audit travail sur le mesme prix, conformément au plaing du dessain quy en sera tiré et approuvé par le chapitre » (3).

Les contrats avaient été passés avec les entrepreneurs les 30 janvier, 30 avril et 5 septembre de cette même année 1674 et retenus par le notaire Gardebosc, ainsi que nous l'apprend le compte-rendu de l'assemblée capitulaire du 27 avril 1676 (4). J'ai consulté les minutes de Gardebosc, aujourd'hui conservées à Pamiers dans l'étude de Me de Faure-Massabrac qui a bien voulu me permettre de les examiner et que je remercie pour son extrême obligeance (5). Dans un registre spécialement réservé aux actes « des Messieurs du venerable chapitre pour les années 1673 jusques à 1679 » (6), j'ai transcrit ou analysé divers documents qui offrent un intérêt véritable pour l'histoire de la cathédrale.

Et d'abord le bail passé le 5 septembre 1674, quelques jours après la protestation des quatre chanoines non-réformés.

Le 5 septembre 1674, Beyria sacristain et Rech infirmier, chanoines et celleriers du chapitre, assistés de Martin, prébendier et syndic des prébendiers, suivant pouvoir à eux donné par délibération du 31 août et reçu par Gardebosc, et d'autre part J. Laborde, ecclésiastique, au nom de Caulet qu'il représente, se réunissent dans « la boutique » du notaire Gardebosc.

(1) Il n'y a que deux chanoines avec lui, Cerle et Rech.

(2) Ce Jean-Pierre Caignac avait bâti, pour 50 livres, une chapelle à la grand-salle du Présidial « suivant le dessein quy en a esté fait sur une feuille de papier » (Contrat du 23 décembre 1666). Il venait de construire à Pamiers l'église des Augustins. Le bail de ce travail est conservé dans les minutes de Gardebosc (années 1673-75, fol. 4, à la date du 6 octobre 1673).

(3) R. C. 31 aout 1674.

(4) *Ibid.* 27 avril 1676.

(5) Je remercie aussi M. l'abbé Ferran, secrétaire de l'Evêché, qui a bien voulu m'aider pour ces recherches dans le riche fonds de cette étude.

(6) Les dix-huit premiers folios manquent aujourd'hui. J'y aurais trouvé probablement le texte même des actes des 30 janvier et 30 avril. Le premier acte daté dans ce qui reste de ce registre, est du 28 mai.

Ils disent que le 3o avril de la même année Beyria s'est permis de passer « contrat, sans aucun pouvoir dudit seigneur Evesque ny du chapitre, pour la construction de la voûte de l'esglise cathédralle, à Pierre Caignac maistre masson, lequel contrat demeure pour cancellé et résoleu pour les raisons susdites, et sans y avoir espesiffié les ornemans nécessaires pour la dite voûte. Voillà pourquoy lesdits sieurs, au nom dudit seigneur Evesque et chapitre, ont par cest acte baillé de nouveau, audit Pierre Caignac et Jean-Pierre Caignac son fils maistres massons de la présente ville à ce présens et acceptant, *à construire ladite voûte*, à quoy ils se sont obligez soubs les conditions suivantes :

1º Qu'ils seront tenus de faire et construire la grande voûte de l'église cathédralle bastie de nouveau audit Pamies et au Marcadal, despuis un bout jusques à l'autre de tout le corps de ladite église selon toute sa longueur et largeur, de plus la voûte d'une sacristie quy est à costé de ladite église vers le midy, de plus encore les voutes des deux grandes chapelles et de huit autres plus petites quy font partie de ladite eglise avec leurs arcz doubleaux et crosiers, avec le tour des vitrages et formelez aussy proprement et solidement qu'il se pourra suivant les règles de l'ard et l'ordre d'archictecture conformément le moule quy leur a esté donné, et comanceront les arcs doubleaux sur la corniche avec un quart de coulonne sur l'arette, et le reste des arcs crosiers comanceront tant de la coupe du chœur que autres sur la naissance de la courniche, et pour la voute des grandes chapelles leur naissance se comancera a deux canes avec son plus ou moings sur des impostes de pierre artistement taillée, et les arcs crosiers se continueront sur icelles de mesme architecture que la grande voute, toutes lesquelles voutes lesdits Caignacs père et fils promettent et s'obligent de mettre dans leur perfection enduites et blanchies par dessoubz, et les arcs doubleaux et croisiers bien jointz et pinselez, et de faire tout ce dessus pour *le prix et somme de deux mille huit cens livres* que lesdits seigneurs Evesque et chapitre promettent de leur paier à proportion du travailh qu'ils fairont sepmaine par sepmaine, qu'ils prendront esgallement à la charge, néant(moings) que lesdits Caignacs esteindront la chaux, se fairont le mortier qu'ils se fairont servir, et que lesdits seigneurs Evesque et chapitre ne seront obligés de leur fournir rien autre chose que le sable, la tuille et pierre pour faire la clef des voutes et cuissinez, qu'ils tailheront conformément ledit mousle le bois dont ils auront besoing pour faire les echafaux, les cindres et le tout rendu à pied d'œuvre, c'est à dire dans le corps de ladite eglise, et moyennant ce lesdits Caignacs se fairont les cindres et eschafaux et génerallement toute la sarpente, et paieront toutes les maneubvres qu'ils mettront, esgallement qu'ils osteront les cindres et eschafaux après que le travail sera achevé, ce que lesdits Caignacs promettent de faire entre ici et la feste de la noël de l'an 1675 (1). Seront tenus comme promettent de ménager autant que faire se pourra le bois et autres matériaux, esvitant en tout de rien gater inutillement et de faire de despenses superfleues ; pour quoy faire et ce dessus observer lesdites parties en ce quy les concerne ont obligé, savoir les dits sieurs Laborde, les Pères Beyria et Rech, et sieur Martin les biens dudit seigneur Evesque et chapitre, et les dits Caignacs leurs biens, qu'ont soubzmis aux rigueurs de la justice de ce Royaume de France.

Fait et passé en présence de M. Anthoine Noé et Vital Gillet ecclésiastiques dudit Pamies, signés avec lesdits sieurs, lesdits Caignacs ont dit ne savoir, et moy notaire.

Laborde. — B. Rech, chanoine et celerier. — Martin, syndic. — Noué, prestre. — Gillet, prestre. — Beyria. — Gardebosc » (2).

Le 7 février 1675, Beyria, sacristain, cellerier du chapitre, « et trésorier pour la batisse de l'église cathédralle », et d'autre part Jean Augé Sabartes, Arnaud et François Sirvens (3) frères, marchands de bois à Pamiers, font leurs comptes « de l'argent quy a esté baillé et payé ausdits Augé et Sirvens pour la fourniture de la cheaux, sable, tuille et bois pour l'échafaudage de la voûte de ladite église cathédralle et ce suivant et conformément aux contraits de bailh et entreprinse sur ce passés, retenus par moy notaire (4) et ce sur les quittances faites par les dits entrepreneurs audit Père Beyria suivant le juste calcul et veriffication quy a esté faite ». Le notaire Gardebosc dresse un acte par

(1) Effacé : la Toussaintz.
(2) Fol. 50 du Registre spécial de Gardebosc dont j'ai parlé plus haut.
(3) François Sirvens avait exécuté « un degré à quatre repoz » dans le couvent des Augustins de Pamiers en 1668. Le bail de ce travail est conservé dans les minutes de Gardebosc (années 1668-70, folio 28, date du 14 février 1668).
(4) Contrat du 20 janvier 1674.

lequel Augé et les Sirvens reconnaissent avoir reçu 1764 l. 3 s. (1). Le 19 août 1676, un ecclésiastique de Pamiers, Laborde, au nom de Caulet, Rech, sacristain, Durieu, aumônier et cellerier du chapitre d'une part, et de l'autre Arnaud et François Sirvens font à nouveau leurs comptes. Ces derniers reconnaissent avoir déjà reçu en tout 2650 livres 3 sols, y compris 875 livres 12 sols 6 deniers qu'ils ont eues « pour le payement du bois qu'ils ont fourny pour la voûte de ladite église en exécution du contrat du 30 janvier 1674 » ; ils rappellent qu'une somme totale de 3450 livres doit leur être versée pour la fourniture de la chaux, du sable, des tuiles, pour la bâtisse de la voûte suivant le contrat du 30 avril 1674 (2).

Revenons en avril 1676. Il n'y avait plus d'argent, et il restait à faire « la voûte, vitrage, boisage, chœur, et autres choses nécessaires pour y pouvoir faire le service, et le travailh qui est encore à faire va à plus de 20000 livres ». On décide le 13 que Carla, alors archiprêtre, ira à Toulouse pour en emprunter 4000 (3). Un des prébendiers est chargé de surveiller de près les ouvriers qui travaillent « à la voûte de l'esglise », de tenir compte du bois et des matériaux qui y seront employés (4). Noble Bernard de Nupces, conseiller au Parlement, baron de Taix et seigneur de Florentin, prête 4000 livres moyennant une rente annuelle de 250, pour la construction de la voûte et autres travaux (5). Les exécuteurs testamentaires d'un curé de Notre-Dame de

(1) Registre spécial cité, folio 70.

(2) Registre spécial cité, folio 134. L'acte du 7 février 1675 a la signature d'Augé et celle d'Arnaud Sirvens ; celui du 19 août 1676 n'a que celle-ci ; quant à François Sirvens, il ne savait pas signer.

(3) R. C. 13 avril 1676. La procuration donnée à Carla ce même jour constate que cette somme est nécessaire « à la continuation de la bâtisse de leur église cathédralle, veü que le fonds destiné pour ce faire aussy bien que l'argent de la bourse dudit chapitre est épuisé, en sorte que sans ledit emprunt il est impossible de continuer ladite baptisse ». Elle est signée, sur le registre du notaire Gardebosc, par Caulet, Carla, Rech, Durieu, R. Martin, chanoines, G. Martin, syndic des prébendiers, Laborde, ecclésiastique de Pamiers qui avec l'écolier Jean Gardebosc sert de témoins (Régistre spécial signalé plus haut, fol. 106 et 107).

(4) R. C. 24 avril 1676.

(5) R. C. 27 avril 1676 : c'est là qu'il est dit que tout cela a lieu selon les contrats passés *avec les entrepreneurs* les 30 janvier, 30 avril et 5 septembre 1674 et retenus par le notaire Gardebosc. On met cette somme chez un apothicaire de Pamiers, Joseph Villevert. La procuration nouvelle donnée à Carla ce même jour parle aussi des trois contrats de 1674. Elle dit que cette somme « sera à l'instant employée conformément à ladite deslibération à la batisse de la voute de ladite église et autres ouvrages nécessaires restans à faire... sans lesquels le service divin ne se peut faire ny le chapitre remplir ses obligations

Saverdun (1) offrent aussi de racheter 200 livres de rente annuelle, ce qui produirait un capital de 4000 livres au denier vingt, avec la permission spéciale de l'Evêque de Rieux (2). Le 1er août 1676 Carla expose qu'il a visité quelques jours auparavant la bâtisse de l'église et de la voûte « *quy est commancée par le sieur Caillau, maistre architecte de Carcassonne*, lequel ayant leu les articles et contrat passé avec Pierre Caignac maçon, ensemble ayant veu le plan d'icelle esglise (3), auroit trouvé que ledit Caignac ne l'avoit point exécuté qu'en divers chefs, ensemble ayant visité la voûte commancée que lesdits Caignac et Jean-Pierre Caignac père et fils ont aussy entreprins, il l'auroit trouvée corrompue et qu'il estoit nécessaire d'en desmolir une partie, à quoy lesdits Caignacs n'ont daigné satisfaire, ayant représenté qu'il seroit absolument nécessaire de faire visiter et caner l'entière esglise pour voir les manquemens quy y sont afin de faire compte avec ledit Pierre Caignac et luy précompter les manquemens qu'il y a faicts, et, à faute par eux de reparer et construire ladite voûte, de se pourvoir contre eux pour l'exécution desdits contrats ». A l'unanimité des voix, le chapitre charge Carla et Durieu, tous deux celleriers, de faire le

en ladite église ». Elle ajoute que l'apothicaire tiendra les 4000 livres en garde « pour distribuer ladite somme aux entrepreneurs de ladite batisse à mesure qu'il faudra leur en faire payement et en retirer quittance, auxquelles quittances ledit P. Carla acistera et déclarera que les sommes qu'on paiera sont des espesses empruntées audit sieur de Nupces en rente constituée ». Elle est signée par Caulet, Cerle, Durieu, R. Martin (même registre spécial, fol. 110).

(1) Tournier, dont la mort occasionna entre l'Evêque de Rieux et le chapitre de Saint-Sernin de Toulouse le conflit qu'a raconté M. Barrière-Flavy, *Histoire de Saverdun*, Privat et Picard, p. 30 et suivantes.

(2) R. C. 15 mai 1676. Saverdun ne faisait pas partie du diocèse spirituel de Pamiers. La procuration donnée ce même jour à Cerle dit qu'il ira à Toulouse, Rieux, Saverdun et partout où il faudra pour recevoir la somme de 4000 livres qui sera « employée conformément à la deslibération à la bâtisse de la voûte de ladite église, vitrages d'icelle et autres ouvrages nécessaires restans à faire » (même registre spécial, fol. 111). Une seconde procuration, donnée à Cerle dès le lendemain 16, le charge en outre de vendre 90 livres de rente annuelle, ce qui produira un capital de 1800 livres qu'il recevra : cette seconde somme sera « employée à la bâtisse de la voute, vitrages et boisage de ladite église cathédrale, conformément à la délibération du jour d'huy et autres ouvrages restant à faire ». Cerle la confiera ensuite à l'apothicaire chargé des paiements. De même on acceptera 2200 livres que les exécuteurs testamentaires du feu curé de Saverdun offrent. La première procuration n'est pas signée au registre de Gardebosc ; la deuxième l'est par Caulet (registre spécial, fol. 112).

(3) S'il avait été l'œuvre d'un homme aussi célèbre que Mansard l'était alors, les chanoines n'auraient-ils pas tenu à honneur de le rappeler ? Ici encore il n'est pas dit par qui le contrat avait été retenu.

nécessaire vis-à-vis des deux Caignac « et les poursuivre mesmes en justice aux fins susdites sans aucun dellay » (1). On procède au canage de l'Eglise à la diligence d'un représentant de l'Evêque (2) et d'un du chapitre (3).

Revenons au différend du chapitre avec les deux Caignac. Pour le canage de la cathédrale, l'entrepreneur doit être averti et prié de nommer un expert ; quant au chapitre, il choisit pour expert l'architecte de Carcassonne dont il a été parlé, Caillau (4).

En 1677, le 18 février, procuration spéciale est donnée par Caulet à l'apothicaire Joseph Villevert « pour veiller conjointement avec J.-P. Durieu, chanoine et cellerier de l'église cathédrale de Pamiers, commis de la part du chapitre à l'exécution des prix faits pour la construction de l'église cathédrale pour ce quy reste à faire soit pour la voûte, vitrage et autres choses concernant la perfection dudit ouvrage, visite et reception des matériaux tant pour la maçonnerie que du bois pour les eschafaudages, le travailh des massons et autres choses semblables comme aussy pour faire compte avec eux, tirer et signer les mandemens conjointement avec le sieur J.-P. Durieu ». L'acte est reçu par le notaire Gardebosc (5).

En conséquence, le 21 avril, Villevert, comme « procureur speciallement fondé par Mgr », J.-P. Durieu, chanoine aumônier de la cathédrale, au nom du chapitre, font bail avec Mathurin Masnier, maistre serrurier de la ville de Foix, à ce présent et acceptant « de faire tout le travailh de fer nécessaire pour les vitrages des fenestres de l'église cathédralle de la présente ville et chassis de fer pour les toiles de fil de fer aussy nécessaires pour les conservations desdits vitrages et ce pour les fenestres qu'il conviendra vitrer seulement, tout lequel travailh ledit Masnier promet et sera tenu de faire bon et loyal de la grosseur et manière que le vitrier trouvera nécessaire, dont il sera fait un modèle, et ce pour le prix de trois sols la livre tout travailhé et posé, sans que ledit Masnier puisse préthendre autre chose, et lesdits sieurs Villevert et Durieu au nom dudit sieur Evesque et chapitre promettent luy païer

(1) R. C. 1" août 1676.
(2) Laborde.
(3) Le chanoine Durieu.
(4) R. C. 18 décembre 1676.
(5) Registre spécial, fol. 155.

scavoir 6o livres avant de comancer ledit travailh et de continuer les payemens à proportion du travailh que ledit Masnier faira continuellement et dans le terme d'un an à compter de ce jourd'huy à peine de tous despens; pour l'observation de tout ce dessus », Villevert et Durieu engagent les biens et les revenus de l'Evêque et du chapitre, Masnier les siens. « Promet ledit Masnier faire qu'un des paneaux de vitre de chaque fenetrage se pourra ouvrir et fermer commodément et seurement pour sortir la poussière et faire entrer l'air dans ladite église » (1).

Le mois suivant, le chapitre juge qu'il lui semble urgent de faire « les vitrages de l'esglise en mesme temps que la voute pour pouvoir se servir du mesme eschafaudage et esviter un double frais, et d'autant qu'il se présente de mestres pour faire la ferrure nécessaire pour lesdits vitrages et d'autres pour fournir le verre et le poser, mesmes celuy quy offre le verre, offre de venir aux festes de la Pentescoste pour en traicter, comme il en a escrit au sieur Perret peintre » (2).

Le 5 septembre 1677, dans l'étude du notaire Gardebosc les deux Caignac, le père et le fils, et Carla comme archiprêtre et cellerier du chapitre cathédral, font leurs comptes à dater du 20 août 1676 ; on rappelle que c'est par contrat du 5 septembre 1674 que les deux maçons ont entrepris le travail de la voûte. Les Caignac déclarent qu'ils ont reçu en neuf fois uue somme de 260 livres (3). — Le lendemain, ce sont les frères Sirvens qui viennent avec Carla chez le notaire. Ils font leurs comptes aussi à dater du 20 août 1676 ; l'acte rappelle que c'est par contrat du 3o avril 1674 que les deux charpentiers ont entrepris le travail de la voûte. Les Sirvens déclarent qu'ils ont reçu, François en dix fois 3oo livres 16 sols 3 deniers, Arnaud en cinq fois une somme de 35g livres (4). Le 16 du même mois Villevert l'apothicaire, au nom de Caulet, et le chanoine Durieu, au nom du chapitre, viennent à l'étude de Gardebosc ; ils étaient chargés de « prendre le soing et veilher conjointement à l'exécution des prix faits pour la voûte de l'esglise cathédralle et vitrages, visite et réception des matériaux et autres

---

(1) Registre spécial, fol. 157. L'acte est reçu en présence de deux témoins dont un horloger de Pamiers : il porte sur le registre la signature de l'apothicaire Villevert et du serrurier Masnier.

(2) R. C. 14 mai 1677.

(3) Registre spécial, f. 180. Les deux Caignac déclarent ne savoir signer.

(4) *Ibid.*, f. 181.

choses concernant la perfection du dit ouvrage » ; ils ont vérifié les dépenses de Carla « pour l'achapt du bois pour les eschafaudages de la voûte, pierre pour les clefs d'icelle, rouge brun pour joindre les arcs doubleaux », et disent qu'elles montent à une somme de 137 livres 13 sols et 6 deniers payée en 7 fois (1).

Le 4 janvier 1678, le trésorier du Pays de Foix et son fils demandent que le chapitre reconnaisse qu'ils ont satisfait à la transaction du 23 avril 1671, portant obligation de la somme de 8000 livres pour la bâtisse de la cathédrale, et qu'ils ont achevé de la payer dans les cinq années suivant la délibération des Etats : on leur donne « cancellation » (2). C'est le 8 février que le chapitre tient sa dernière assemblée capitulaire ; la querelle de la Régale s'envenime alors. Le 1er décembre 1678, Carla et Pierre Caignac (celui-ci représentant aussi son fils absent de Pamiers) font par devant Gardebosc leurs comptes depuis le 5 septembre 1677. Caignac (3) déclare qu'ils ont reçu 471 livres 9 sols en 22 fois (4). Puis c'est le tour de François Sirvens (celui-ci représentant de même son frère alors absent aussi). Il déclare qu'ils ont reçu depuis le 6 septembre 1677 929 livres 6 sols 5 deniers en 23 fois (5).

Caulet meurt le 7 août 1680. La relation de sa dernière maladie et de sa mort apprend que, lors de ses funérailles, quelqu'un s'écria (tant était grand le concours) « *que l'échafaudage dont on s'estoit servi pour faire la voûte* de l'Église alloit tomber » ; ce qui indique que la voûte même était alors finie, mais que les échafaudages n'avaient pas été enlevés par les entrepreneurs. D'autre part les miracles dont les admirateurs de Caulet parlèrent au lendemain de son enterrement, poussèrent les Jésuites et les Régalistes à faire clore l'entrée de la chapelle où le corps avait été exposé : « voyant que la dévotion ne se ralentissoit pas, ils firent fermer avec de gros cadenats les portes de l'Église cathédrale qui ne servoit pas encore pour l'office canonial, parce

(1) Registre spécial, f. 182 et suivants.

(2) R. C. 4 janvier 1678. Registre spécial de Gardebosc, f. 191 : l'acte est signé de Caulet, du chanoine Carla, de Teynier père, trésorier de la province.

(3) Pierre Caignac fut aussi chargé par l'Evêque et le chapitre de réparer l'église paroissiale de Lieurac. Registre spécial, f. 189 et suivants.

(4) Registre spécial de Gardebosc, f. 219.

(5) *Ibid.*, f. 220. L'un des témoins est un apothicaire nommé Jean Fleurance.

qu'elle *n'estoit pas achevée* » (1). Ajoutons que plusieurs rues aboutissaient alors sous le clocher « bâti sur des piliers », comme dit l'un des biographes de Caulet ; il rappelle que par son testament il avait demandé à être enseveli « à la porte de la cathédrale, sous le clocher, pour être foulé aux pieds de tout le monde après sa mort » (2). On n'a pas voulu « trop s'écarter de l'intention du défunt » (3) et il repose dans le bas de cette cathédrale qu'il n'avait pas achevé de reconstruire, à droite de la porte d'entrée, sous une pierre qui a simplement l'image d'un château-fort, non les armoiries du prélat.

(1) Besoigne, II p. 237.
(2) *Ibid.*, p. 226.
(3) *Ibid.*, p. 234.

CHAPITRE HUITIÈME.

Les documents sont moins nombreux. — Désordres du chapitre. — L'abbé J. de Montrouge partage les idées de Caulet, alors évêque de Pamiers ; l'abbé d'Escoperier de la Gardie les combat ensuite ; enfin l'abbé L. de Bassompierre les adopte. — Action directe de l'Evêché. — Négociations avec les supérieurs de Sainte-Geneviève du Mont. — La réforme établie à Foix comme à Pamiers.

Revenons sur la réforme du chapitre abbatial de Foix qui avait été, nous l'avons dit, comme le prélude de celle de Pamiers (1). Caulet, simple abbé, n'avait pu la mener à bonne fin ; devenu évêque, il sut, avec l'assentiment d'un de ses successeurs à l'abbaye (2), la continuer et la faire aboutir aussi heureusement que celle de sa cathédrale.

Peut-être y avait-il plus à faire à Foix qu'à Pamiers ; si les détails sont moins nombreux, ils sont plus difficiles à exposer sans blesser de très respectables scrupules ; s'ils indiquent un extrême relâchement de mœurs, il convient moins d'en faire une arme contre ces gens, assurément coupables, qui avaient perdu le sens au milieu des guerres de Religion, que d'y trouver une juste occasion de rendre hommage à l'austérité de l'abbé de Foix et de l'évêque de Pamiers qui voulut les ramener au bien. Plus grandes ont été les fautes, plus éclatante apparaît l'œuvre de civilisation poursuivie par le prélat.

(1) Voir plus haut, pp. 15 à 20 et p. 40.
(2) Bassompierre, évêque de Saintes.

Nous n'avons pas à faire, même à grands traits, l'histoire du chapitre abbatial de Foix. Qu'il suffise de dire qu'il y avait quatre offices claustraux (sacristie, aumônerie, infirmerie, ouvrerie), six prieurés réguliers (Saint-Martin d'Unac, Saint-Genès, N. D. de Vals et son annexe Saint-Jean-de-Bonnac, Saint-Blaise-de-Verdun, Saint-Jean-de-Verges, Saint-Jean-de-Ganac), dix prébendes séculières, dont quatre patronnées par le chapitre (1), une par les consuls de Foix, une par le sacristain, deux par la famille de Mauléon (2), une par celle de Lourdes de Montgaillard (3), une par celle de Saint-Paul de Toulouse (4), deux prébendes séculières au château, dont le comte de Foix était, jusqu'en 1607, le patron, enfin vingt rectories relevant de l'abbé de Foix (5).

Si l'on ouvre une supplique adressée par le vicaire perpétuel de Foix (6) à l'Évêque Sponde le 17 janvier 1630, on voit quelles difficultés il avait avec le chapitre. « Pour avoir fonds baptismalles, confessionaux, ornemens pour messes », les chanoines lui ont fait depuis 1599 jusqu'à 1619 dépenser « plus de 2000 escus sans exatgération, avec tel travail qu'il a esté malade par trois fois où il a pensé laisser la vie ». De ses prédécesseurs, que le chapitre a traités de même, l'un a dû quitter sa charge, l'autre est mort misérablement. Il insiste pour que le chapitre lui fournisse le remboursement de ce qu'il a avancé depuis 1599 jusqu'à 1619, et s'appuie sur une sentence du métropolitain (7) ; il demande « pour la fermure du semintière et les croix de pierre de taille qui sont sur les murailhes d'icelle » (8), pour la cuvette en cuivre des fonts baptismaux etc..., et termine en disant que, si les chanoines font même semblant de contribuer au culte, il pourra « assurer avec celuy quy dict : *Haec est mutatio excelsi* » (9). Dans une autre supplique, il avait réclamé de Sponde un logement pour lui,

---

(1) Chapelle des saints Martin et Blaise.
(2) Chapelle de saint Léger et celle des saints Crépin et Crépinien.
(3) C'étaient les conseigneurs de Caraybat.
(4) Chapelle de N. D. « de Grâce aulx cloistres ». C'étaient les « conseigneurs de Brassac en Barguilhière ».
(5) A. E. Liasse XLIII.
(6) Codaule.
(7) L'Evêque répond en marge qu'elle ne regarde que l'avenir.
(8) *Id.*, que cela est aux frais des paroissiens.
(9) A. E. Liasse LX.

pour un vicaire, pour un garçon, pour un cuisinier et pour un clerc dans une maison près de l'église, pour lui encore « une clef du lieu où les cuves vinaires du chapitre sont », pour les paroissiens la propriété du sol de l'église, « comme ayant iceux contribué plus que de moytié à la reconstruction, orné les chapelles, mis des bancs, coffres, confessionnaux, fonts » (1). Le 11 février 1630 Sponde chercha à régler toutes ces querelles (2).

Quels étaient les scandales, on en jugera par quelques-unes des enquêtes auxquelles a donné lieu l'un des principaux chanoines du chapitre abbatial.

Les lecteurs sont priés de ne pas s'effaroucher de ce tableau : notre intention n'a pas été de nous étendre sur des détails scandaleux ni de donner une sorte de caricature de ces pauvres chanoines d'il y a deux siècles, mais de montrer que l'acharnement de Caulet à les réformer n'était point, ce qu'on pourrait supposer, le fait d'un esprit mesquin, autoritaire et tracassier (3).

L'histoire du chanoine de Foix qui avait une des principales dignités au début de l'épiscopat de Caulet, semble un jovial fabliau ; les documents qui nous la font connaître, ont le réalisme de ces histoires que le Moyen Age aimait à raconter sur les prêtres qui ne vivaient pas bien. On ne nous en voudra point, si nous atténuons la crudité des couleurs de certains récits qui trouveraient assez bien leur place dans le *Décaméron* de Boccace ou, puisque nous sommes au xviiᵉ siècle, dans les *Contes* de La Fontaine.

Dès 1646 une enquête est ouverte contre le chanoine (4). Un peigneur de laine de Pamiers se plaint de ce que sa femme vit avec lui et qu'on la surnomme familièrement d'après le féminin de la dignité de l'amant ; il s'est marié dès 17 ans, mais sa femme n'a jamais vécu chez lui ; sa belle-mère et ses beaux-frères l'ont empêché « d'exiger ses debvoirs, parce que le chanoine ne le vouloit souffrir » ; un de ses beaux-frères a menacé de battre le mari ; cinq à six enfants sont nés, mais d'aucun il n'est le père. Un laboureur avoue qu'on l'avait prié de chercher un mari pour cette femme, « mais il falloit qu'il feut »

---

(1) A. E. Liasse XCIX.
(2) *Ibid.* Liasse XLIII.
(3) Aussi le nom du chanoine ne sera pas donné ici.
(4) A. E. Liasse XLIII.

résigné ; le peigneur de laine a reçu 3oo livres pour se marier dans ces conditions ; au dîner des noces, on envoya au chanoine « des premières et principales viandes avec du potage ». Nous passons certains détails scabreux que le témoin ajoute, le récit de ce qu'un tisserand dit « avoir veu par un trou du plancher », la déposition d'un maçon de Varilhes, celle de la veuve d'un juge-mage de la sénéchaussée de Foix qui rapporte ce qu'une voisine lui avait dit que son frère avait vu « du haut d'un gualatas de sa maison », les racontars d'une chambrière qui, étant allée chercher « à Montgauzy des pommes que » la prétendue épouse du peigneur de laine « luy avoit promises pour donner à certain pourceau qu'elle luy tenoit en gasaille », trouva la femme et le chanoine seuls, bras dessus bras dessous, se promenant dans le verger de la chapelle. Le 23 février un monitoire en termes généraux est publié à ce sujet, non sans que le procureur fiscal ait prié le Parlement de veiller à ce que l'inculpé « a toute sorte de faveur et de support auprès du Sénéchal ». En mars (1) et avril (2), nouvelles informations. Nous y apprenons que le peigneur de laine traitait sa femme de *Bagasse* (3) et n'avait reçu que 5o livres sur les 3oo promises ; qu'un brodeur de Pamiers ayant « sarcy » une casaque pour le chanoine, la lui porte, est invité par lui à prendre une collation et voit venir la femme « ayant quantité de clefs à sa ceinture » et notamment celle de la cave ; qu'un tailleur de Foix et un tisserand ont vu plusieurs femmes chez lui ; qu'un pâtissier de Foix est allé souvent chez lui « et encores les festes de Carnaval dernières pour y apprêter à dîner et à souper » et qu'il y a trouvé diverses femmes ; qu'un autre pâtissier a vu l'une d'elles « quy apportoit le vin » ; qu'une femme a rencontré la prétendue maîtresse du chanoine « venant souvent de Montgauzy et apportant du jardinage » ; qu'une autre sait qu'elle entre et sort comme elle veut « et emportoit, lorsqu'elle en sortoit, des oignons et du vin ». Voici un praticien de Foix qui a vu « une jeune fille qui plantoit dans un carreau du jardin certain jardinage, ce quy est escandaleux » ; un pareur de draps qui, rapportant une lampe

(1) Même liasse et liasse **LXXXII**.
(2) **A. E.** Liasse sans numéro.
(3) **Pour** ce mot grossier, voir *les joyeuses recherches de la langue tolosaine* de Claude Odde de Triors, publiées à Toulouse en juin 1578 et rééditées, avec annotations du D' Noulet, dans la *Revue des Pyrénées*, IV, 1892 p. 134.

chez le chanoine, voit la femme « transporter le potage dans la salle » ;
un boucher qui a distingué « dans le galatas de la maison du chanoine
une jeune femme qui accommodoit du linge pour l'essuyer ». Voilà
encore un tailleur de Foix, dont nous ne citerons pas quelques mots
un peu crus. Nous apprenons du moins qu'il a adressé à la femme un
terme « quy veut dire audit Foix » une femme de mauvaise vie (1) et
que le chanoine s'est mis aussitôt en colère ; qu'un marchand de Foix
a rencontré le couple suspect au verger de Montgauzy « où il y avoit
une allée d'arbres ». L'affaire se complique. Un brouillon indique que
le mari désavoua ensuite ses plaintes ; Caulet songea alors à le faire
poursuivre comme calomniateur ou complice (2) de sa femme, à faire
ouvrir « les coffres de la concubine parce qu'on a asseuré qu'elle a
des ornementz sacrés de la chappelle » ; en attendant, le mari, « n'y
ayant point de prisons, est destenu dans l'Evesché dans une bonne
chambre » (3). Un autre brouillon semble prouver que le mari fut
attaqué entre Saint-Jean-de-Verges et Varilhes « en un endroit proche
de la rivière entre les deux chastaigniers où le chemin s'enfonce » ;
qu'on essaya de le tuer ; qu'il fut invité par sa femme à ne déposer
aucune plainte ; que des soupçons coururent (4). En octobre, Caulet
fait fermer les portes de Pamiers, « saisir et enlever ladite femme et
icelle conduire par son domestique et avec ses chevaux et mulets au
lieu de Labelanet et maison du sieur baron de Mirepoix son beau-
frère ». Nous apprenons à ce propos que, malgré un arrêt rendu le
21 mars en faveur de la femme par le Parlement de Toulouse, un
missionnaire qui faisait fonctions de vicaire dans l'Eglise de Foix avait
refusé la communion pascale à l'accusée ; qu'un autre arrêt, du 4
août, avait condamné le missionnaire « à faire réparation d'honneur
à la suppliante » ; qu'alors Caulet l'avait fait arrêter à Pamiers et conduire à Lavelanet ; que divers arrêts ordonnèrent de saisir les chirurgien, valet de chambre et muletier de l'Evêque qui l'avaient empoignée,
et au vicaire de Foix de la recevoir aux sacrements. Le 15 avril 1647
elle adresse une nouvelle supplique au Parlement, obtient un avis
défavorable à l'Evêque, le fait en mai signifier au vicaire perpétuel de

---

(1) Gergnolle.
(2) Il y a un mot cru, écrit de la main du prélat.
(3) Liasse sans numéro.
(4) *Ibid.*

Foix (1). D'autre part, voici la minute d'une requête adressée par Caulet, en tant qu'Evêque, au Roi et à son conseil (2). Il signale l'ignorance et la corruption des mœurs dans le clergé et le peuple, les scandales dont le diocèse était rempli, « concubinages publics, usures, faussetéz, simonies, yvrongneries scandaleuses, travaux des festes et dimanches ». Sponde n'était venu à bout de rien. Dès 1647 Caulet a dû, sur la requête de son promoteur « et plainte générale de tout le diocèse », punir un chanoine de Foix, l'un des dignitaires du chapitre et prieur « d'une très sainte et très célèbre esglise dédiée à la Vierge, qui entretenoit publiquement dans l'habitation de la dicte chapelle une femme nommée communément de son titre, dont il avait plusieurs enfans ». (3) Malgré 80 témoins, malgré la requête du procureur fiscal (4), ajoute Caulet, le parlement de Toulouse déféra l'affaire à une autre officialité. Le vicaire de la paroisse refusa la communion à cette « concubine publique » et fut traqué par le Parlement jusqu'au jour où il demanda justice au conseil.

Caulet a voulu obliger un prébendier de ce même chapitre « de sortir de chez une femme dite *de Rignac* (5) sur le scandale que le public en recevoit pour estre la femme d'un âge défendu par les SS. Canons et le prébendier cognu pour estre libertin » ; le parlement permit à cet homme de demeurer avec la femme. — Pendant plusieurs années, Caulet s'est vu ainsi désarmé par l'intervention du Parlement ; ses prêtres, dès qu'il leur faisait un reproche, lui répondaient « qu'ils l'attendoient à Tholose où il savoit comme il estoit traité ». Caulet est las. Excommunie-t-il des gens qui se sont dans l'église de Foix livrés à des violences dont elle est demeurée encore « polluë » ? le parlement intervient, et dit que sa juridiction épiscopale ne s'étend pas sur le clergé de cette ville. Punit-il certains de ses curés ? la sentence est-elle confirmée par le métropolitain ? le parlement s'en mêle et entrave tout. Interdit-il l'église à des gens qui, le jour de l'Assomption, se sont moqués publiquement de leur curé ? le parlement lève cet interdit. Nous omettons le reste des griefs. L'établissement du présidial de

<hr>

(1) A. E. Liasse sans numéro.
(2) *Ibid*. Liasse XLI sans numéro. La pièce n'est pas datée.
(3) L'affaire dont nous avons parlé.
(4) *Ibid*. Liasse LX sans numéro.
(5) Est-ce Ragnac, près Foix ?

Foix a séparé du ressort du parlement de Toulouse le diocèse appaméen qui est uni à celui de Navarre à Pau : c'est la teneur même de l'édit. Assigné par les deux cours, il ne peut ressortir aux deux : il prie le Conseil d'évoquer tous les procès qu'il a et aura, de les juger ou de les déférer à tel autre parlement (un troisième) qu'il plaira au Roi. Quant au chanoine auquel le bruit public reprochait tant de choses dignes d'être contées par La Fontaine, un monitoire, que Caulet appointe à Saint-Paul le 28 juin 1663, nous apprend qu'il était mort depuis deux ou trois semaines à Foix, mais que son cadavre avait été enlevé nuitamment et caché (1). Un arrêt du juge-mage en la sénéchaussée de Foix, du 20 décembre 1658, dit qu'alors il était « ancien » dignitaire et qu'il avait reçu l'ordre de pourvoir au luminaire de l'église comme auparavant et « sans scandalle » (2).

Cette histoire prise en particulier montre quel besoin de réforme se faisait impérieusement sentir dans l'abbaye, où Caulet, lorsqu'il avait été simple abbé de Foix, avait cherché à l'introduire et heurté des gens désireux de la sécularisation eux aussi, et où il était forcé, comme Evêque, d'exercer une surveillance que les abbés ses successeurs laissaient quelque peu languir.

Jacques de Montrouge, qui l'avait remplacé, était dans ses vues. « Ils obtinrent de concert un troisième arrêt, en 1647, pour l'introduction de la réforme de Sainte-Geneviève » (3). Montrouge étant devenu évêque de Saint-Flour, c'est Caulet qui voulut l'exécuter. « Il fit prendre possession le 16 mai 1648, par messire François Dolivier seigneur de Villefranche, conseiller au Parlement de Toulouse, assisté du grand prévôt en la sénéchaussée et d'un écuyer qui tous trois furent très maltraités, comme appert de leur plainte faite en conséquence le 19 » (4). Le conseiller vient à Foix pour mettre en vigueur l'arrêt du Conseil qui porte introduction de la réforme de Sainte-Geneviève-du-Mont-de-Paris et union de l'abbaye de Foix avec celle de Paris. Selon les consuls, il a été donné « sans avoir ouy ny apellé la communauté de ceste ville » qui y est intéressée selon une délibération prise

(1) A. E. Liasse LX. Pièce signée par Caulet.
(2) *Ibid.*
(3) Lacoudre, p. 77.
(4) *Ibid.*, d'après des renseignements qui lui avaient été communiqués par le syndic de Foix.

le 26 septembre 1643 et l'opposition, faite le 20 juin 1644, par les consuls auprès de l'archevêque. On renouvelle les protestations (1). D'Escopérier de la Gardie, abbé en 1652, s'oppose dès lors à toute réforme. Aussi, lorsque la peste éclate à Foix à l'automne de 1654, les chanoines, « au lieu de redoubler leurs prières... de départir quelque chose de leurs revenus aux pauvres, ont déserté la ville et l'esglize et refuzé leurs assistance au pauvre peuble : n'est resté que M. le recteur, le plus ancien des prébendiers, un de ceux de Montgauzy » (2). La peste finie, le chapitre a le cœur de faire des poursuites contre la ville qui était absolument ruinée (3). En 1656, on parle à Foix des religieux qui viennent procéder à la réforme, sous la protection du gouverneur (4). Caulet, « voyant que les chanoines ne vivoient point selon leur règle, entreprend de faire exécuter la refforme donnée par M⁰ʳ le cardinal de la Rochefoucauld » : le juge-mage estime qu'elle « va à la plus grande gloire de Dieu » et qu'il ne peut être question de séculariser le chapitre (5). Deux ans plus tard, le conseil est d'avis qu'il y a lieu de veiller aux « inconvénians et escandalles qui arrivent tous les jours de la part d'anciengs des sieurs chanoines... pour la trop grande liberté qu'ils ont » et de prier l'abbé de Foix de presser l'exécution de la réforme, « pour lequel mesme subject M⁰ʳ l'Evesque de Pamiers sera derechef très humblement supplié » (6). Louis de Bassompierre (7) répond qu'il travaille à la réforme (8) : il fut abbé de Foix de 1658 à 1676. En août 1658 il passe un concordat avec François Blanchard, alors abbé de Sainte-Geneviève, pour la réforme des chanoines (9) : le 30, les réformés de Foix font un acte aux anciens (10). Le *Gallia* dit encore que la réforme fut introduite le 16 décembre 1658 par Bassompierre, qui traita, ajoute cet ouvrage, avec les chanoines en août 1659 (11).

(1) Arch. munic. de Foix, 19 mai 1648.
(2) *Ibid.*, 16 septembre 1654.
(3) *Ibid.*, 15 avril 1655.
(4) *Ibid.*, 12 juin 1656.
(5) *Ibid.*, 13 décembre 1656.
(6) *Ibid.*, 5 juin 1658.
(7) Evêque de Saintes et abbé de Foix à cette époque.
(8) Arch. munic. de Foix, 31 juillet 1658.
(9) A. E. Liasse LXIII, n° 16, liasse LX.
(10) *Ibid.*, liasse LXIII, n° 15.
(11) Lacoudre, p. 78.

Au prix de quelles difficultés, c'est ce que disent les biographes (1).
L'un rapporte que les *anciens* chanoines maltraitaient en paroles les six
réformés de la maison de Sainte-Geneviève ; ils les injuriaient, leur faisaient jeter des pierres par la populace, cassaient leurs vitres, les chassaient de l'église ; ils firent même verser du poison dans la casserole où
cuisait leur soupe et, sans un Capucin « qui avait un excellent contre-
poison », tous mouraient ; l'un n'y résista pas d'ailleurs, les autres
restèrent « incommodés, quelques uns s'en sentoient encore vingt ans
après » (2). C'était de l'arsenic, dit une autre vie de Caulet (3). Les
chanoines de Foix n'y allaient pas de main-morte, et une trentaine
d'années plus tard, ils eussent tenu un certain rang entre la Voisin,
la Vigoureux, et la marquise de Brinvilliers. C'est le cas ou jamais de
dire, selon le vers si souvent cité :

« Tant de fiel entre-t-il dans l'âme des dévots »,

à supposer que le chapitre eût de la dévotion, ce que ne laissent pas
supposer les anciens documents de l'Evêché.

En septembre 1658 un prébendier de la cathédrale est chargé par
Caulet d'aller informer contre un chanoine de Foix, Esprit Dubois.
On le voit en ville sans soutane ni manteau long, « ains avec un
manteau court de barracain ou camelot de Hollande » ; il monte à
cheval « avec la mesme posture », et joue aux cartes avec des séculiers ;
un avocat l'a vu « muguetter des femmes, loger un temps dans une
maison où il y avoit une femme mal famée, caresser et muguetter une
autre avec escandalle et murmure » ; il l'a entendu mal parler de l'Evêque.
L'official le fait saisir et mener aux prisons épiscopales (4). Caulet et
Bassompierre unissant leurs efforts, la résistance devra cesser peu à
peu ; mais elle est secondée par la ville de Foix, nous l'avons vu, et
par les Etats particuliers du Pays, dont le président-né était, on le sait,
l'Evêque de Pamiers. L'arrêt de 1642 ordonnait, paraît-il (5), « que les

---

(1) M. de Lahondès n'en parle que très sommairement, sans détails. *Ann. de Pamiers*
II p. 342.
(2) Besoigne, II p. 165.
(3) *De vita Cauleti.*
(4) A. E. Liasse LXXXVI, n° 18.
(5) D'après une requête présentée par les chanoines au conseil privé en 1659. A. E.
Liasse XLI, n° 12.

parties pourraient conjointement faire instance de sécularisation près Sa Saincteté et faire régler dans la bulle ce qui regarde la qualité, présentation et collation des dignités, offices et bénéfices de laditte Esglise ; que cependant le chapitre seroit tenu d'eslire un prieur claustral, qui seroit confirmé par l'Evesque, pour vivre soubs la conduite du prieur dans l'observance de la règle ; que les chanoines jouiroient de la moitié de plusieurs revenus et droits dépendans de l'abbaye ou Evesché ». A les entendre, Caulet cherche à les traiter comme s'il était Evêque, abbé régulier, abbé commandataire à la fois pour se rendre maître de leurs revenus. Nous savons d'autre part que Bassompierre était d'accord avec Caulet pour la réforme et que l'évêque de Saintes se confiait « à la prudence » de son collègue de Pamiers pour la faire aboutir (1).

Aux Etats du Pays de Foix qui se tinrent en 1660 et que présidait l'abbé de Boulbonne en l'absence de l'Evêque (2), le vicomte de Rabat présente une requête des chanoines de ce chapitre. Ils demandaient « qu'en executtant la deliberation des Estats du 16 septembre 1648 et reiettant toutes innovations a l'antien estat de l'Esglise et chappitre, on ordonnast aux scindics-generaux du Pays de s'opposer, où besoin sera, soit par devant Sa Sainteté ou au Conseil, à l'establissement des religieux refformes quy se sont introduicts dans ladite Esglise,... et de demander la conservation de l'estat antien et des privilèges dont on a jouy jusques a presant ». L'abbé de Boulbonne soutient l'opinion qu'avait exprimée Caulet et recueille 19 voix ; le baron de Mauléon de Durban soutient celle que le comte de Rabat avait alors exprimée et recueille jusqu'à 65 voix ; on décide donc que la délibération du 16 septembre 1648 sera exécutée (3). Il va sans dire qu'elle ne le fut pas et que Caulet et Bassompierre, armés des ordres de la Cour, continuèrent à introduire la réforme et à l'appuyer.

Sur la requête des religieux de Saint-Volusien de Foix, qui invoquaient divers arrêts du conseil (10 mai 1639, 10 juin et 13 octobre 1644, 24 janvier 1645, 3 septembre 1647, 4 mars et 7 juin 1659, 7 février 1660, 31 mars et 15 octobre 1661) et autres pièces, notamment l'interdit de l'Evêque de Pamiers, le Conseil d'Etat, par arrêt du 13 janvier 1662, rétablit les chanoines Réguliers de l'ordre de Saint-Augustin « en la

(1) Lacoudre, p. 77.
(2) Celui-ci était à Paris.
(3) Verbal des Etats de 1660. A. E. Liasse V, n° 11.

possession et jouyssance de tous les lieux réguliers, église, sacristie, ornemens, fruits, rentes et revenus de ladite abbaye et des autres bénéfices en dépendans ». L'arrêt ordonne l'arrestation de deux hommes (Passeron et Landebinaire) qui seront jugés par le lieutenant criminel au siége présidial de Foix, l'assignation au conseil de deux prêtres (Cazes et Méric), l'interdiction de sa charge à un magistrat (1). Nous apprenons d'autre part que le prêtre Cazes, alors sacristain, avait fait en septembre 1660, à Montgauzy, une prédication pour laquelle Caulet le cite devant lui ; qu'il en avait d'abord appelé au métropolitain et au Pape ; puis qu'en juin 1661 il avait fait sa soumission par écrit, « plutôt que de consumer le temps à des procès qui pourroient passer pour des rébellions à l'authorité épiscopale », et rappelé que, lorsqu'il était curé de Lieurac, il n'avait jamais été censuré (2).

Un arrêt du conseil privé, du 4 août 1662 (3), maintient les religieux de Sainte-Geneviève en la possession de l'abbaye de Foix. Caulet avait fait savoir que les réguliers avaient été « expulsés à main armée, avec de violences inouyes, jusques mesme nottable effusion de sang, de leurs siéges du chœur de l'esglize où repose le Saint-Sacrement, pendant qu'ils chantoient les vespres, au grand scandale de la ville et du pays, le 7 décembre » 1661 ; que trois des chanoines (4), auteurs de cette agression, cités à l'Evêché et excommuniés, avaient interjeté appel au métropolitain, mais avaient été le 18 janvier renvoyés devant l'official de l'ordinaire ; qu'ils avaient relevé appel comme d'abus au Parlement de Toulouse dès le 22 « sur des suppositions malheureusement controuvées » ; que le Parlement s'était empressé d'ordonner au premier archevêque ou évêque du ressort de les absoudre *ad cautelam,* « par l'injustice de quelques officiers de ce parlement qui taschent de détruire tout le bien que les Evesques veulent establir dans leurs diocèses ». Les trois chanoines accusés, d'autre part, disaient « que depuis plus de trente années l'Evesque et cy-devant abbé avoit intenté plusieurs grands procès contre le général et le particulier du chapitre » ; qu'en 1658 il a suscité « de prétendus religieux refformés », qui

______

(1) Pièce imprimée dont M. l'abbé Barbier, chanoine de la Cathedrale, a bien voulu me donner communication.
(2) A. E. Liasse LX n° 9.
(3) A. E. Liasse LX. Saint-Germain-en-Laye.
(4) Méric, Cazes, du Thoin.

n'ont pas le droit d'entrer au chapitre ; « que, sy le Parlement ne s'estoit jusques à présent opposé aux violences du sieur Evesque, peut estre n'y auroit-il pas un prestre dans son diocèse ». Enfin les religieux réguliers et le prieur claustral appuyaient la requête de Caulet, insistaient sur les violences que les trois accusés, « accompagnés de plus de soixante vagabons armez », avaient commises dans l'église, en présence du Saint-Sacrement, et disaient que la plupart d'entre eux avaient été « poussés et jetés de leurs places et de l'église, battus et excédés jusques à effusion de sang ». En conséquence le Roi interdit aux anciens religieux de troubler désormais les réformés à peine de trois mille livres d'amende, ordonne à Caulet d'absoudre les accusés qui seront interrogés par un commissaire qu'il désigne, et charge le comte de Troisvilles, gouverneur du Pays de Foix, de veiller à la sécurité des Génovéfains que « le Roy prend sous sa protection ».

Le 29 août 1662, Caulet rappelle à tous les chanoines de Foix, notamment à trois qu'il nomme (de Guilhem, Delom, Méric), que par des ordonnances antérieures il leur a interdit « toute sorte de cohabitation et demeure avec des femmes sous prétexte de service ou de parenté » ; sous prétexte d'un arrêt par eux surpris au Parlement de Toulouse, et qu'il vient de faire casser le 4 au Conseil, ils ont persévéré dans leur genre de vie ; l'Evêque leur prescrit d'obéir à peine de suspension de leurs offices, bénéfices et ordres et autres châtiments que de droit (1).

Le 21 septembre 1665, Caulet avait passé un concordat avec le supérieur-général de la congrégation de l'ordre de Sainte-Geneviève et le prieur de l'abbaye de Foix (2). Devant les notaires et gardenotes du roi en son Châtelet de Paris s'étaient présentés un avocat au Parlement de Toulouse, au nom et comme procureur de Caulet « de luy fondé de procuration spécialle », — et d'autre part l'abbé de l'abbaye de Sainte-Geneviève-du-Mont de Paris, supérieur-général des chanoines réguliers de la congrégation de France (3), ainsi que l'un de ces cha-

---

(1) A. E. Liasse XLI nᵒ. La pièce est signée de Caulet et porte son cachet.
(2) Archives départementales. Liasse XXV, nᵒ 12. Il y en a une copie et l'original : celui-ci porte l'approbation et ratification du chapitre-général de Paris, datée du 22 septembre et pourvue du sceau du *Caplm. gnale. ord. can. regul.* **S. August. congreg Gallicanae**, avec leur devise : *Superemin_eat charitas.* — Autre copie. *Ibid.* Liasse LX sans nᵒ.
(3) François Boullart.

noines, prieur de l'abbaye de Saint-Volusien de Foix (1). Il s'agissait
« d'obvier aux diférans quy pourroient ci apres naitre, a l'occasion de
l'establissement des chanoines » dans l'abbaye de Foix.

Celle-ci demeurait agrégée à la congrégation, selon les sentences de
feu le cardinal de La Rochefoucauld, l'arrêt du Conseil, les constitutions de la Congrégation, et l'avis de Caulet « en faveur de la réfforme
et pour autant de temps que l'observance des trois vœux et vie commune perseverera en ladite abbaye ». Il devait y avoir douze chanoines, demeurant sous la juridiction de l'évêché. Celui-ci maintenait
tout droit de visite dans l'église « ez autels tant du cœur que des chapelles et sur les sacristies tant des relligieux que du curé ». L'évêque
seul, et non ses officiers, se réservait le droit de régler l'office divin
des chanoines au chœur, de le rendre conforme au bréviaire romain et
cérémonial romain, de vider toute difficulté y relative. Il spécifie que
les chanoines et autres ecclesiastiques « se mettront à genoux lorsque
led. seigneur evesque donnera sa benediction sollemnelle soit qu'il célèbre ou assiste seulement à l'office, et lorsqu'ils viendront la demander
pour precher, chanter l'Epitre et l'Evangile ». Quand l'évêque viendra
à Foix, ils iront en corps le saluer, l'amèneront de sa maison à l'église
la première fois ; s'il y reste, deux ou trois iront le trouver le matin et
l'après-midi pour l'accompagner à la messe et à vêpres. D'autre part il
n'exercera aucune juridiction dans les lieux réguliers de l'abbaye, ni
sur la personne des chanoines, pour ce qui regarde l'observance de
leur règle. Au cas « (ce que à Dieu ne plaise) » où il faudrait procéder
extraordinairement contre l'un d'eux pour faute ou crime commis hors
du cloitre, il l'exercera. De même, si les supérieurs ne veillaient pas
aux désordres de leurs religieux, après en avoir été avertis par lui. Les
supérieurs-généraux et visiteurs de la Congrégation ne feront aucun
acte de juridiction dans l'église que par provision et en l'absence de
l'Evêque ; les chanoines ne pourront prêcher, confesser, administrer
les sacrements qu'avec approbation écrite (2).

Notons encore l'arrêt du conseil privé, en date du 12 avril 1668, qui
déclare que certaines pensions établies sur certains bénéfices du chapitre de Foix sont nulles : étaient en contestation à ce sujet Caulet, le

(1) François Morin.
(2) Acte du 21 septembre 1665. Suit la copie de la procuration donnée par Caulet le 6.

chanoine J. Robert (1), l'archiprêtre d'Ax Claverie, ainsi que deux autres personnes (2). — Le 5 janvier 1668, Caulet ordonne pour la dernière fois à un chanoine régulier de Foix de cesser « de loger en la mesme maison avec des femmes, dans huictaine sous peine d'excommunication » (3).

Le 20 août 1669, un arrêt du Conseil Privé confirme la sentence de Caulet, en date du 31 août 1665, qui réunissait les canonicats, offices et bénéfices du chapitre abbatial à la mense conventuelle des chanoines réguliers de saint Augustin et qui supprimait les titres de ces bénéfices (4). Un prêtre du diocèse de Couserans (5) demandait « la provision de la place canonialle et prieuré de Montgaillard y annexé, surpris en cour de Rome » ; les religieux, prieur et chanoines de Foix voulaient que le Roi la déclarât nulle. Le Conseil confirme les ordonnances du cardinal de La Rochefoucauld, les arrêts des 10 mai 1639, 24 janvier 1645 et 19 (6) novembre 1663, la sentence de l'Evêque dont il a été question et qui supprimait les titres des douze places canoniales, des quatre offices et des bénéfices y annexés. Le prêtre dont il s'agit avait été pourvu en cour de Rome d'une chanoinie de Saint-Volusien de Foix et du prieuré de Montgaillard ; le 11 avril 1668 Caulet avait refusé son visa, mais le 29 le vicaire-général de l'archevêque de Toulouse avait donné le sien ; le 15 mai, le prétendu chanoine avait pris possession de sa chanoinie, et le 16, sommé le prébendier ponctuaire de le mettre à la pointe et les chanoines de lui donner l'habit de saint Augustin. Les adversaires des chanoines réformés soutinrent dès lors (7) que l'ordonnance du cardinal de La Rochefoucauld était « tout à fait cassable » ; qu'il avait excédé les pouvoirs que lui conférait le bref d'Urbain VIII, en faisant de nouveaux statuts et en créant un supérieur général, sans avoir visité un seul des monastères, qu'il avait laissé les *anciens* chanoines dans leurs mauvaises habitudes et permis qu'ils obtinssent des *réformés* certaines pensions via-

---

(1) Voir pages 18, 19 et 75.
(2) A. E. Liasse LXIII, n° 6.
(3) *Ibid.*, liasse LXXXVI sans numéro. Signature et cachet de Caulet.
(4) Copie imprimée. Archiv. départ. de l'Ariège. Hors liasse.
(5) Micas.
(6) Ou 29. Celui-ci concernait Méric, vicaire perpétuel d'Unac, Cazes et autres.
(7) Pièce manuscrite. Archiv. départ. de l'Ariège. Hors liasse.

gères pour vivre « avec plus de licence et de désordre » ; qu'il avait uni l'abbaye de Foix, « immédiate du Saint-Siège », à celle de Sainte-Geneviève, et omis d'envoyer son verbal à Rome ; que ni l'intention de Louis XIII ni celle d'Urbain VIII n'avait été suivie ; que l'ordonnance du cardinal ne « fut exécutée dans l'abbaie de Foix que vingt-trois ans après (1) par l'authorité du gouverneur du chasteau de Foix qui en chassa par force les *anciens* chanoines lesquels feurent contraints de s'acomoder ensuitte avec les *réformés* au moyen des pensions qu'ils leur payent sans avoir esté apreuvés en cour de Rome ». Cet acte nous apprend qu'Alexandre VII, par un bref authentique, avait cassé l'ordonnance du cardinal au sujet de la réforme des Bernardins, et qu'un arrêt du Conseil du 20 novembre 1668 avait cassé l'établissement des Augustins réformés « dans la prevosté de Beaumont diocèze de Vabres » (2). Il termine en concluant que la réforme de Foix ne vaut rien non plus, que les *réformés* de Foix ont surpris un arrêt (3) « contre un peauvre prestre » (4) qui avait obtenu un canonicat et qui a été condamné « par la trahison de son avocat et par le crédit du secrétaire du Conseil qui a un frère parmi les réformés ».

En novembre 1671, le syndic des prébendiers du chapitre de Foix demande au conseil de la ville d'intervenir par son syndic à l'occasion de l'instance que les prébendiers « sont obligés de faire contre Messieurs les chanoines réformés dudit chapitre à raison de leur pension et revenu » : le conseil intervient (5).

Les prébendiers de Foix (6) provoquent une consultation, produisent une bulle de Paul III, des transactions du xvie siècle, des arrêts rendus par le Parlement de Toulouse, par le conseil privé, par le conseil d'Etat, enfin l'ordonnance de Caulet du 31 août 1665 « concernant l'union des bénéfices y mentionnez » (7). En juin 1672, on déclare qu'ils ont raison de demander « cinq portions, les dix-sept faisant le tout, des fruictz et revenus de la mense conventuelle et benefices unis

(1) Donc en 1658.
(2) Aujourd'hui bourg de l'Aveyron. Le siége est réuni à celui de Rodez.
(3) En date du 20 août 1669.
(4) Micas.
(5) Arch. mun. Foix. 22 nov. 1671.
(6) Il y avait, outre les prébendiers de l'Eglise Saint-Volusien, ceux de Notre-Dame de Montgauzy.
(7) A. E. Liasse XLIX, sans numéro.

à ladite mense par l'ordonnance épiscopale ;..... que la despouille des anciens chanoines religieux qui ont vescu *sub regula laxiore* doit estre employée aux reparations de l'eglise, et que les prébendiers auront iuste raison de faire cette demande, le cas y eschéant ».

Ce qui en résulta, le P. de Lacoudre nous le dit. Bassompierre, qui mourut à Saintes en juillet 1676, « aimait tendrement les chanoines réformez qui, du reste, étoient très pieux et gens de mérite » (1). Il ajoute même que le corps de Sainte-Geneviève en a tiré deux généraux, des assistants, des visiteurs. La réforme entreprise par Henri de Sponde, lorsqu'il résidait à Montgauzy et y écrivait ses ouvrages, a été continuée par Caulet, lorsqu'il était simple abbé de Foix et terminée par lui, quand il fut évêque de Pamiers (2) : là est l'essentiel. Aussi ne sera-t-il pas inutile de jeter les yeux sur des lettres adressées par lui au R. P. Abbé de la Congrégation de Sainte-Geneviève, dont l'une est entièrement écrite de sa main (3). En août 1677, visitant l'Eglise qu'il avait déjà inspectée le 20 juin 1661 avec soin, il recommande que les laïques ne se mettent pas dans le chœur, que la cloche cassée soit refondue aux frais du chapitre et des habitants, que ceux-ci soient invités à aider celui-là à acheter deux autres cloches « sitôt que Dieu leur en donnera le moyen » (4). Outre les conseils d'usage relatifs aux mœurs de la paroisse, Caulet répond à deux mémoires, présentés, l'un par les prébendiers du chapitre, l'autre par le prieur claustral des chanoines réguliers (5). Il veut notamment que les archives de l'abbaye soient inventoriées, que le cérémonial soit fidèlement observé, « que ceux qui entonneront, diront les leçons, ou serviront à l'autel, soient tousiours teste nue et sans calote, qu'ils gardent les pauses, ne préviennent ny ne traisnent les notes, prévoient ce qu'ils auront à chanter, particulièrement l'Epistre et l'Evangile, pour éviter les fautes qui pourroient exciter les assistans à se mocquer ou à rire ». Il défend que des prébendiers ou autres ecclésiastiques se promènent « sous la place ou au porche de l'église ». Enfin il désire que les administrateurs de l'Hô-

(1) Lacoudre, p. 78.
(2) Lacoudre, p. 77.
(3) Voir nos *Pièces Justificatives*, n°s VI à IX.
(4) A. E., Liasse LXXXVI. 24 août 1677.
(5) Morin.

pital « logent commodément et tiennent avec netteté les pauvres », que les femmes ou filles qui vont faire leurs dévotions à la chapelle Notre-Dame de Montgauzy « n'entrent pas dans la cour et enclos de la maison sous prétexte de faire le tour de l'église » (1), que la messe ne soit pas dite à la chapelle Saint-Sauveur (2) « plus tost que d'une heure après le soleil levé pour prévenir les inconvénients qui pourroient arriver, si ceux qui montent à cette chapelle pour l'y entendre, partoient trop matin » (3).

N'insistons pas davantage sur le chapitre abbatial de Foix. Aussi bien n'en avons-nous parlé que pour montrer au commencement de cette étude comment la réforme essayée par Caulet, encore simple abbé, fut le prélude de celle de Pamiers, et pour indiquer ici que cette dernière, toute difficile qu'elle ait été, ne l'a pas empêché de continuer celle de Foix et de s'associer au nouvel abbé, l'Évêque de Saintes, pour la faire triompher. A Foix et à Pamiers, même situation, mêmes défauts et mêmes vices, mêmes obstacles, mais aussi en fin de compte même victoire de la règle sur la fantaisie, de l'ordre sur la licence.

La Régale vint, comme à Pamiers, détruire son œuvre. Il existe une ordonnance de Cerle (4), adressée au P. Mercier, prieur du chapitre fuxéen, le 10 août 1686, qui le somme de se retirer dans son cloître sous peine d'excommunication. Cerle lui rappelle que le Pape l'a confirmé, que le Saint-Siége a cassé tout ce que l'Archevêque de Toulouse a fait contre Caulet et ses partisans, menacé même le Métropolitain des foudres et des canons ecclésiastiques, privé Montpezat de toutes les marques de communion avec le Saint-Siège ; il ajoute que les chanoines de Foix, « non contents d'avoir été les premiers à blâmer la conduite du saint Evêque, notre très cher père, et à nous traiter de scrupuleux et de simples », ont eu tort de le charger de s'emparer de l'église avec deux prétendus novices, « excommuniez et denoncez par Mgr de Pamiers », et d'obéir à son général, le P. Morin.

(1) Nous avons parlé plus haut des scandales de Montgauzy.
(2) Il s'agit de la chapelle autrefois construite sur la colline qui domine le confluent de l'Ariège et de l'Arget.
(3) A. E. Liasse LXXXVI n° 386.
(4) Pièce manuscrite, dont je dois la communication à M. le chanoine Barbier.

CHAPITRE NEUVIÈME.

LA RECONSTRUCTION DE L'ÉGLISE DE FOIX,

CONSÉQUENCE DE LA RÉFORME DU CHAPITRE ABBATIAL.

Démolition de l'église par les Huguenots. — L'abbé Pierre de Caulet ; ses réparations. — François de Caulet ; description de l'édifice en mai 1628 ; difficultés avec le chapitre et la ville ; ses travaux comme abbé. — Ce qu'il fit au nom de Bassompierre ; la voûte gothique construite de 1664 à 1670.

Le *Mémorial historique* de Delescazes nous apprend que l'abbaye de Saint-Volusien fut saccagée par les Huguenots en 1557, 1580 et 1581 (1). La première fois, ils avaient déjà porté la main sur l'église même, mis « à bas un auguste ornement, surnommé Lagrèbe, d'antique scructure et d'un grand prix tant pour la merveille de sa perfection que pour la délicatesse d'un si merveilleux ouvrage », renversé les autels et rompu les images (2). — La seconde fois ce fut pis. L'église de Montgauzy, dont la Vierge avait été insultée par les Huguenots, avait servi d'asile au chapitre cathédral de Pamiers (3) ; elle fut démolie ainsi que son clocher (4) ; un temple calviniste se bâtit ; une garnison de Huguenots occupa l'abbaye ; le gouverneur de la ville et du châ-

---

(1) Lacoudre place les deux premiers pillages en 1562 et 1582. Ed. Pomiès, p. 74 et 75.
(2) Delescazes, p. 60 de l'éd. Pomiès.
(3) *Ibid.*, p. 67.
(4) *Ibid.*, p. 100.

teau, Huguenot lui-même, fit transporter au château « les reliques du bienheureux sainct Volusien, argenterie, calices, croix, chandeliers, encensoirs, cloisons de fer, ornemens des chapelles particulières des confréries », tandis que la foule pilla le reste, abattit les autels, brûla les images, fondit les cloches (1). — Enfin en 1581 les Protestants démolirent entièrement l'abbaye « et mirent rez terre les murailles de l'église » (2).

Les biens de l'abbaye avaient été vendus par un commissaire du roi de Navarre (3) ; ils furent rendus au chapitre (4), qui obtint aussi du Parlement de Toulouse le droit de reprendre le culte (5) et s'installa provisoirement à l'Hôpital de Foix (6), « l'ancienne église paroissielle estant entièrement ruinée et desmolie ». Delescazes dit que le 13 février 1609 la première pierre de la grande muraille de l'église, du côté de l'abbaye (7), fut posée par les chanoines, par ceux des consuls de la ville qui étaient catholiques, par Jean-Georges de Caulet, trésorier-général de France à Toulouse, dont le frère, Pierre, était alors abbé de Foix (8). « L'église fut *entièrement* rebastie et remise en état décent pour y pouvoir commodément célébrer les offices ». Le P. de Lacoudre dit beaucoup de bien de Pierre de Caulet, frère du trésorier-général, qui fut abbé de Foix de 1606 à 1620. A l'entendre, « ce fut par ses soins, et en partie à ses dépens, que l'église abbatiale fut rebâtie, non pas dans son ancienne splendeur, ni dans la même beauté où elle est aujourd'hui, mais selon ce qui pouvoit se faire en ce temps-là, se contentant de mettre ses armes au-dessus d'une petite porte par où les chanoines entrent aujourd'hui à l'église, et fort cachées. Il l'a pourvüe d'ornemens nécessaires. Il eut procès avec ses chanoines qui ne vouloient contribuer que foiblement à une si grande entreprise » (9). De son côté, Delescazes dit que l'abbé s'opposait à ce que les offices

<hr>

(1) Delescazes, p. 100 et pages suivantes de l'éd. Pomiés.
(2) *Ibid.*, p. 104. *A fundamentis diruta*, dit le *Gallia*.
(3) *Ibid.*, p. 112.
(4) *Ibid.*, p. 113.
(5) *Ibid.*, p. 114.
(6) *Ibid.*
(7) Au Nord.
(8) *Ibid.*, p. 128. — C'est par erreur que M. de Lahondès a dit que c'est *François-Etienne* de Caulet qui commença, comme abbé, la reconstruction de l'église de Foix. (*Mém. de la Soc. Arch. du Midi*, art. sur la cathédrale de Pamiers, p. 11 note 1 du tirage à part).
(9) Lacoudre, éd. Pomiés, p. 76.

fussent célébrés dans l'église reconstruite en partie, qu'un arrêt du Parlement de Toulouse ordonna au chapitre de les reprendre, et qu'ils recommencèrent le 21 décembre 1613 (1). D'autre part que l'on consulte les archives du Parlement. On y trouve un arrêt du 24 mai 1604, qui condamne un abbé de Foix (2) à fournir annuellement 500 livres pour réparer ou reconstruire l'église de l'abbaye (3) ; un autre, du 1er septembre 1608, qui condamne le syndic et les consuls catholiques de cette ville à fournir, conformément au précédent, la main d'œuvre nécessaire pour les réparations et construction de l'église abbatiale, ainsi que le charroi dans la paroisse jusqu'à deux lieues aux environs, et qui oblige le syndic de l'abbaye de Saint-Volusien à verser 1000 livres pour les travaux (4) ; un troisième enfin, du 3 mars 1615, qui condamne l'abbé Pierre de Caulet à verser entre les mains des consuls de Foix le sixième de son revenu dans la cure de Montlaur et son annexe pour être employé à la réparation de l'église (5), où, nous l'avons dit, les offices avaient repris depuis une quinzaine de mois.

Dans ces conditions, l'église Saint-Volusien de Foix avait-elle été *entièrement rebâtie*, comme écrit le vieux chroniqueur ? La voûte, dont Delescazes ne parle en rien, avait-elle été construite *alors* ? Il semble qu'on l'ait admis jusqu'à présent (6).

« Saint-Volusien avait d'abord trois nefs », disait Palustre à l'une des séances du Congrès archéologique tenu à Foix en 1884 ; « l'édifice a reçu sa physionomie dans les dernières années du xive siècle : quant à la reconstruction du xviie, elle n'a atteint que les voûtes et quelques parties du mur méridional » (7). Et un peu plus loin, il ajoute : « L'église actuelle est du xiie siècle (8), la nef est accompagnée d'un transsept de la même époque et d'un chœur du xive, *les voûtes de la nef sont aussi du* xive : toutefois, après les dévastations des guerres de

(1) Delescazes, p. 128 et 125.
(2) Jean de Coheu (1604-6). Lacoudre, p. 75.
(3) *Invent. somm. des arch. départ. de la Haute-Garonne*, série B, t. II, p. 50 (B. 221 fol. 343). Condamné par un second arrêt du 24 décembre 1605, Jean de Coheu donna 1500 livres pour les réparations. A. E., liasse XLVII.
(4) *Ibid.*, p. 72 (B. 268, fol. 6). *100*, dit par erreur l'*Invent.*
(5) *Ibid.*, p. 122 (B. 339, fol. 28).
(6) M. de Lahondés la date de 1675 (*Sem. cath. de Pam.*, 11 juin 1884, p. 561).
(7) *Congrès arch.*, 1884, p. 43 et suivantes.
(8) Notamment la jolie porte latérale en plein cintre.

religion au XVIᵉ, elles furent *en partie refaites au commencement du* XVIIᵉ dans le style ogival ; c'est un exemple de plus à ajouter à plusieurs autres de l'emploi de ces formes architecturales à une époque où elles étaient abandonnées depuis longtemps » (1).

Les documents suivants permettent d'attribuer la voûte, non plus à la période qui va de 1609 à 1613, mais à celle qui s'étend de 1664 à 1670 ; — d'en fixer vers cette date la construction, *non pas une simple réfection ;* — de noter qu'antérieurement l'église de Foix avait simplement *un toit en poutres* et qu'en 1664 on s'occupa *de la faire voûter.* Tel est l'objet de cette partie de notre travail. Comme pour la cathédrale de Pamiers, nous voudrions, en nous appuyant sur des renseignements inédits, compléter le peu que l'on savait sur Saint-Volusien de Foix.

Du XIIᵉ siècle il restait quelques assises en pierres et briques, l'oculus en claveaux de pierre, la porte romane avec ses colonnettes, ses chapiteaux à bêtes affrontées et à corbeilles végétales, la pierre gravée d'un chrisme avec l'alpha et l'oméga. Du temps de Pierre de Caulet, l'église avait le mur en retrait au-dessus de la porte jusqu'au sommet, les fenêtres à ogives traditionnelles mais d'un style un peu abâtardi, la nef plus élevée que l'ancienne et en outre unique, les voûtes en berceau des transepts, le chœur et les sept chapelles refaits par des ouvriers dont il a été possible de dire qu'ils avaient « sous les yeux des modèles du vieil art roman » et relevés avec les formes ogivales, enfin « ces grands arcs de machicoulis portant un chemin de ronde et abritant les verrières, mais où les encadrements des fenêtres du chemin de ronde sont mal taillés et ne présentent pas au sommet de l'ogive le joint qui caractérise la bonne époque » (2).

Qu'on nous permette d'insister sur quelques détails relatifs à l'administration de Pierre de Caulet.

Une délibération du conseil politique tenue dans la maison commune dit que depuis 1622, année où Louis XIII avait donné à La Forest-Toiras (3) le gouvernement de la ville et château de Foix, les progrès du catholicisme ont été très grands. En six mois il n'y avait

(1) *Congrès arch.*, p. 112.
(2) Lahondès, *Semaine catholique de Pamiers*, 11 juin 1884.
(3) Sur ce personnage, voir mon article sur le château de Foix de 1630 à 1675, **Bull. de la Soc. Ariég.**, t. IV, p. 384.

plus un seul huguenot ; les consuls et autres de la R. P. R. avaient
d'eux-mêmes démoli leur temple (1) ; le gouverneur a fait réparer à
ses frais « les chapelles du château et dans icelles restably le divin service d'où les huguenots l'avaient chassé, réparé, embelli et fortifié
ledit chasteau, comme il se voit, pourveu d'artillerie, armes, munitions
de guerre, et de vivres nécessaires d'une place frontière sy importante
que celle-cy, capable d'empescher les ennemys du Roy tant du dehors
que du dedans ». On dit encore que la Forest-Toiras, lors de la démolition du temple protestant, avait rendu à l'église Saint-Volusien « les
matériaux qu'en avoient esté tirés ; desquels *elle a esté pavée, le clocher
couvert* (2) *et plusieurs chapelles réparées* ». Il a aussi montré sa
bienveillance pour les Capucins, acheté de sa bourse « le fonds et les
mattériaux pour se bastir où ils sont et en dernier lieu faict conduire
dans leur couvent une source d'eau vive quy rend ceste maison des
plus utiles que les Pères ayent dans la Province ». De tout cela, et de
mille autres bontés, le Conseil lui donne acte et le remercie (3).

En 1617 Pierre de Caulet avait été remplacé par Bonaventure de
La Font. Celui-ci se démet de l'abbaye en 1627, en faveur de son
neveu François-Etienne de Caulet, alors âgé de 17 ans. Le 22 mai de
cette même année, H. de Sponde, successeur de J. d'Esparbès de
Lussan sur la chaire épiscopale de Pamiers, fit son entrée dans cette
dernière ville ; presque aussitôt il dut en fuir devant les Protestants ;
le 10 mars 1628 Condé reprit la ville sur Rohan ; Sponde y rentra
aussitôt, et le jour de la Pentecôte le chapitre du Mercadal qui s'était
retiré à Foix durant les troubles.

C'est de cette époque, si curieuse à tant de titres, qu'il nous reste un
procès-verbal de la visite de Saint-Volusien (4) que H. de Sponde fit les
15, 16 et 17 mai 1628 ; il est çà et là corrigé et annoté de la main

---

(1) **Voir Delescazes**, éd. Pomiès, p. 142 et suivante. C'est le chapitre qui en avait
demandé la démolition à Carmaing (Brun, *Bull. de la Soc. Ariég.*, t. V, p. 30 d'ap. les
arch. mun. de Foix, f. 570). Ce détail confirme ce qui a été dit jusqu'ici sur les chapelles,
attribuées, ainsi que le chœur et ses fenêtres, à la fin du xivᵉ siècle : elles furent seulement *réparées* au xviiᵉ.

(2) Foix enviait sans doute à Mirepoix le beau clocher dont la dernière pierre avait été
posée en 1506 par l'évêque Philippe de Lévis.

(3) Arch. mun. de Foix 16 déc. 1628 (enregistrement du 15 janv. 1630). Fol. 72 et 73.

(4) Et un de la chapelle de Montgauzy que, pour être complet, nous publions dans nos
Pièces Justificatives, n° X.

même de l'Evêque (1). Le document est inédit : nous l'analysons en reproduisant avec l'orthographe du temps les passages les plus intéressants. Il n'est pas inutile d'y insister : la comparaison entre ce qu'était l'église abbatiale alors et ce qu'elle est aujourd'hui, peut être assez instructive.

Sponde visite le monument en compagnie du recteur (2), des consuls, des marguilliers, qu'il a convoqués à cet effet. Il commence par inspecter la chapelle de Saint Pierre (3), « la première de l'esglize abbatiale à main gauche, l'autel en est basti de maçonnerie de longueur de 12 pans et de 5 de large. » Dans l'inventaire, nous notons un devant d'autel en camelot rouge avec passementerie d'or faux ; sur un degré le tabernacle en bois surmonté d'une « fort petite » croix en bois, couvert d'un damas vert avec même passementerie que plus haut, doublé de damas caffart (4) à fond d'argent ; un ciboire d'argent avec un pied de bronze doré et un couvercle de même, drapé d'une étoffe de damas caffart et rempli d'hosties consacrées que l'Evêque trouve enveloppées d'un linge. Sur l'autel, un cadre de bois, mais « la toile du tableau navrée par jusques au bas de ladicte corniche en y manquant environ ung pan » : la peinture représente *un Crucifix avec la Vierge et Saint Pierre aux côtés, et « au fond la Magdaleyne »*. De chaque côté de l'autel, un grand pilier rond, fait au tour, « avec diverses figures en menuiserie, pour soustenir le chapiteau qui est faict de mesme ». C'est l'autel où l'on conserve le Saint-Sacrement, et la confrérie de Saint Pierre aide à l'embellir. Sponde ordonne d'entretenir le retable, de faire placer un dais sur l'autel, de remplacer le crucifix de bois, de réparer les deux marches « de brique fort mal unies » qui conduisent à l'autel. Cette chapelle, de forme carrée, est fermée par des balustres en menuiserie ; tout autour, des bancs-dossiers faits de même. Il s'y trouve deux bassins, l'un du Saint-Sacrement, l'autre du Purgatoire ; l'argent de l'un sert à entretenir le lumi-

---

(1) A. E. Liasse XXXIX, 18 pages d'une assez mauvaise écriture. — *Ibid.* Liasse LV. Brouillon de cette visite, de la main même de Sponde.

(2) Ce n'est pas encore Delescazes, qui avait été chargé par l'évêque H. de Sponde de remplir les fonctions d'aumônier au régiment de Phalsbourg et qui durant tout le mois qui suivit la reprise de Pamiers s'employa à convertir trois à quatre centaines de huguenots. *Notice sur Delescazes* par M. Pasquier, éd. Pomiès, p. 277 et suiv.

(3) Auj. chap. du Sacré-Cœur, dans le transept sud.

(4) Damas cafard, d. mêlé de soie et de fleuret (Littré).

naire de la chapelle devant le tabernacle, celui de l'autre à acheter des flambeaux pour porter la communion aux malades pauvres. La confrérie de Saint Pierre exhibe ses ornements particuliers : rien de spécial à y noter, sauf un *Te Igitur* « fort vieulx ». La chapelle est couverte de chevrons « boutés au-dessus » ; elle n'est point fermée ; l'Evêque donne ses ordres pour le plancher « d'en hault au-dessus duquel est la fenestre qui devroit donner jour à ladicte chapelle » (1).

Les fonts baptismaux sont à l'extrémité de l'église, à l'entrée de la porte (2), à main gauche. La cuve est couverte d'une pyramide en bois qui se lève et s'abaisse « avec de contrepoids » ; les fonts sont entourés d'un balustre (3).

« L'eau-bénistier » à l'entrée de l'église (4) n'est qu'une petite pierre posée sur un petit pied (5). L'évêque demande « ung base plus grand » et un aspersoir.

Le grand autel, sous l'invocation de Saint Volusien, est de bois. Il a treize pans de long, trois de large, non compris les quatre degrés. Une croix de laiton, six chandeliers de même métal avec les pieds en triangle, un tableau à la détrempe sans corniche représentant *la Descente de Croix*, deux coussins de damas blanc avec une couronne d'or, une crédence placée de côté et garnie de damas blanc avec une passementerie à franges blanches et rouges, un devant de damas blanc avec même passementerie, trois nappes ; telle est la décoration du maître-autel que surmonte « un dais de bois ». Sponde note l'existence d'une confrérie de Saint Volusien qui aide aux frais du culte, « fournit les ornemens et faict le luminaire ».

A droite du maître-autel (6), l'Evêque mentionne les chapelles de Saint Joseph, des Saints Martin et Blaise, de Sainte Luce, de Notre-Dame du Rosaire ; — à gauche, celles de Saint Jean, de Saint Léger, de Saint Crépin, et celle de Saint Pierre et du Saint-Sacrement dont nous avons, pour suivre le procès-verbal, parlé plus haut.

---

(1) La fenêtre ornée à l'extérieur de débris romans.
(2) La vieille porte romane.
(3) Ils sont à la même place.
(4) Ce bénitier est près de la vieille porte.
(5) L'église a 33 canes de long et 7 1/2 de large, nous dit alors le procès-verbal dont nous rendons compte.
(6) On sait que la droite de l'autel est la droite du crucifix, le côté de l'Evangile.

La chapelle de Saint Joseph (1) est à droite du maître-autel. L'autel est de maçonnerie, avec un devant de toile peinte ; « sur icelluy ung tableau à la destrampe (2) avec sa corniche de noguier et deux toiles bleues pour le couvrir, deux colonnes faictes au tour en menuiserie et au-dessus ung chapiteau de deux coronnes faict aussy de menuiserie ». Cette chapelle est fermée de balustres. Il s'y réunit la confrérie des Menuisiers, Charpentiers, Maçons et « Brassiers » qui entretiennent la chapelle : « et est pour le présent surintendant frère Jean de........ (3) de la dite Esglize ». Sponde note qu'il faut examiner les statuts. Dans l'inventaire des ornements, nous signalons un calice et une patène que l'Evêque rompt « pour n'estre pas propres et sera vendu au proffict de la chapelle », un corporal en toile de Laval qu'il ordonne de mettre sur la pierre sacrée, une aube de toile de « Rohan avec de dentelle à l'entour », un drap mortuaire « de cadis fort vieux avec la croix de satin de Bruges blanche, ung autre petit drap de semblables estoffe et garniture pour les enfans », six serviettes « grossières et usées » tout autour, des bancs-dossiers de sapin.

La chapelle des Saints Martin et Blaise (4) appartient à la confrérie des « Pigneurs de laine (5), Musniers et Volangers ». L'autel en est de maçonnerie et garni de bois par devant. Dessus, un *crucifix* peint à l'huile, avec corniche et rideaux bleus pour le couvrir « et au dessus ung dais de bois peinct ». La chapelle est close de balustres qui ferment à clefs. Dans l'inventaire, signalons « un corporalier avec des roses à l'entour où les lettres sacramentelles sont escriptes et y a une petite dentelle à l'entour », une aube de toile de Rouen, un *Te Igitur* vieulx », un drap de soie noire avec la croix de satin de Bruges blanc. L'Évêque note qu'il faudra examiner les statuts, le livre de comptes, les dettes des Peigneurs de laine, Meuniers et Boulangers. « Surintandant de ladicte chapelle est Me Jacques Ruffat prébandier, et y a fondation de quatre prébandiers de l'Esglize qui sont nommés par le chapitre et institués par l'abbé ». Il y a six marguilliers et un syndic ;

(1) Auj. ch. de Sainte-Germaine.
(2) Le sujet n'en est pas indiqué.
(3) Nom illisible.
(4) Auj. ch. des saints Roch et François.
(5) On sait que les cardeurs avaient saint Blaise pour patron parce que c'est avec des peignes de fer que ses bourreaux le déchirèrent.

le chapitre abbatial demande que les comptes se rendent par devant lui, « comme patrons des prébandes, ou ung d'entre eulx » ; les marguilliers se plaignent de n'avoir point de messe tous les dimanches et à toutes les fêtes chômables. « A esté dict que l'on prend de l'argent du bassin pour louer de violons ». Alentour, des sièges.

La chapelle de Sainte Luce (1) a un autel de maçonnerie, une petite croix de marbre sur bois que l'Évêque déclare « gastée » et à remplacer. Le devant est « de cuyr doré avec ung Jesus au milieu ». Il y a aussi un tableau à l'huile, représentant *sainte Catherine et sainte Luce,* avec une corniche en bois peint et un rideau de toile bleue au-devant. La chapelle n'est point fermée « à cause de l'empeschement d'un siège de Messieurs de la Justice » (2). Dans l'inventaire, noter une bourse de damas blanc d'un côté et de tafetas violet de l'autre avec une croix d'argent faux de chaque côté, une chasuble de damas caffart vert et orange doublée d'étoffe noire et garnie de clinquant d'argent faux. Les confrères qui l'entretiennent sont les Tailleurs de Foix qui ont produit « leurs estatutz escriptz en ung grand rolleau de parchemin » ; ils ont trois marguilliers et un syndic, tailleurs eux-mêmes, font une quête générale huit jours avant leur fête patronale, « et les principalles festes le bassin court dans ladicte esglize et les dimanches pendant que leur messe se célèbre, le mesme se faict aux chapelles cy dessus ». Pas de prêtre qui soit particulièrement affecté à servir celle-ci. Trois bancs-dossiers de sapin garnissent la chapelle de Sainte Luce.

La chapelle de Notre-Dame du Rosaire (3) a un autel de maçonnerie garni de corniches de noyer. Sur l'autel et contre la muraille est un tableau à la détrempe « où est représantée *l'imaige Notre Dame du Rosaire,* couvert de deux rideaux bleus avec ung dais au dessus de bois peinct avec ung nom de Jésus au milieu ». Devant l'autel, un balustre en menuiserie ; la chapelle est fermée de balustres « sur lesquelles, en l'endroict de la porte, y a ung imaige de Nostre Dame » ; on y voit encore un grand chandelier de bois « pour tenir les torches » ; l'Evêque en demande un second. Il y a un banc-dossier de sapin. La chapelle est obscure à cause « d'un plancher qui est au-dessus de la

(1) Auj. ch. de Sainte-Anne.
(2) Voir plus loin.
(3) Même affectation aujourd'hui ; la chapelle est dans le transept nord.

fenêtre » ; l'Evêque ordonne que l'on ôte les planches, que l'on fasse blanchir toute la chapelle, que l'on mette des vitres à la fenêtre, que l'on tienne la porte close « afin qu'on n'y puisse entrer comme l'on « avoit accoustumé pour le passaige des soldatz lesquelz pourront « aller par la porte qui est au fond de· l'esglize, suivant ce que M. le « Gouverneur a trouvé bon, et semblablement celle qui sous les clo- « ches pourra *(sic)* passer par la mesme porte afin que la chapelle de- « meure libre sans autre servitude. Et à cest effect la porte qui est dans « ladicte chapelle respondant à ung petit degré de pierre sera meurée. « Et par ailheurs sera meurée une petite fenestre qui est au-dessus » ladicte porte, comme aussi la porte qui est au-dessus sur le plan- « cher ». Les ornements de cette chapelle ne sont pas décrits : Sponde ajoute de sa main, sur le verbal, qu'ils sont inventoriés au livre de la confrérie et qu'il les a vus.

La chapelle de Saint Jean (1) est la première du côté gauche. L'autel qui n'a pas de pierre sacrée, est de maçonnerie ; il a dix pans de long et cinq de large en comptant trois degrés. L'inventaire signale, entre autres, « ung devant de cuyr avec ung Sainct Jean au milieu... ung tableau peinct à l'huile avec sa corniche représentant *le Baptesme de Nostre-Seigneur faict par Saint Jean* avec de rideaux de treillis bleu en deux pièces... deux coussins couverts de carrelage de descopeure, ung bassin de laiton avec ung petite image de Sainct Jean pour faire la queste... » Cette chapelle est voûtée, fermée de hauts balustres, et entretenue par une confrérie de marchands « ferratiers » de Tou- louse et de Foix, où chaque nouveau confrère doit verser une pistole. La confrérie a des statuts ; elle fait dire deux messes tous les diman- ches. Il y a deux bancs dossiers.

La chapelle de Saint Léger (2) appartient à la confrérie des Tisserands. L'autel en est de maçonnerie. Il a onze pans de long, cinq de large en comptant trois degrés. Suit l'inventaire : on y notera « ung grand ta- bleau de toille à l'huille avec *l'image de Saint Léger* avec une corni- che sans rideaux », une chasuble de camelot rouge avec la croix blanche de satin de Bruges, une aube de toile de Rouen. La chapelle n'a pas de revenus. Elle est entretenue par les Maîtres Tisserands,

(1) Même affectation aujourd'hui. Il ne s'agit pas de Saint Jean l'*Evangéliste.*
(2) Aujourd'hui chapelle de Saint Joseph.

au moyen d'une quête et de l'argent qu'ils versent « suivant les estatutz de ladite confrairie ». Tous les dimanches ils font dire une messe ;
le jour de la fête, ils élisent leurs officiers qui sont deux syndics et
quatre bailes ou marguilliers, rendent leur comptes devant les syndics,
« lesquelz tiennent la boyte, et les marguilliers, les clefs ». Un prébendier est attaché à cette chapelle. Sur deux côtés, il y a des bancs dossiers ; elle n'est point fermée.

La chapelle de Saint Crépin (1) appartient à la confrérie des Cordonniers. L'autel en est de maçonnerie. Il a dix pans de long, cinq de
large ; le devant est « de cuyr douré où est l'imaige de sainct Crespin ;
« sur ledict authel est ung tableau peinct à l'huille avec un *Notre-*
« *Dame et les Sainctz patrons* (2) avec sa corniche et deux rideaux de
« toile bleue, quatre grandes lampes ». La chapelle est entretenue par
les cordonniers de Foix qui se cotisent, par le droit d'entrée contenu
« dans les estatutz qu'ilz ont esmis ». C'est un de leurs bailes qui tient
l'argent. Un prébendier est attaché à cette chapelle. Il y a deux bancs
à dossiers bas et deux caisses de sapin ; elle n'est point fermée.

Derrière le grand autel il y a alors la sacristie ; le procès-verbal y
note trois chapelles sans autels. Celle du milieu « servoit à conserver
les relicques appellées *de la Passion* » (3). Celle de droite, dite *de
Saint Michel*, appartient aux consuls de Foix, « qui ont la nomination
d'un prébendier », et, malgré quelques revenus modestes, est déserte (4).
Celle de gauche, dite *de la Trinité* (5), est également désert, et n'appartient à personne ; « on traicte de la donner à M. de La Forest ».
Pour qu'elles puissent servir, Sponde demande qu'on ôte « le grand
entredeux de planches » qui les sépare du maître-autel (6).

Devant le grand autel, dans la nef, est le chœur des chanoines. Six
« chaires » de chaque côté ; six basses ; deux « vers l'entrée du chœur
« qui regardent l'autel de chaque costé avec la chaire plus relevée du
« prieur claustral et faictes par les trois costés de cloison de sapin qui

(1) Aujourd'hui chapelle de Saint Pierre.
(2) Les saints Crépin et Crépinien, qui étaient frères.
(3) Auj. chapelle du Tombeau.
(4) Auj. le petit orgue y est placé.
(5) Auj. passage de la sacristie.
(6) C'est ce qui sépare alors la sacristie et le reste de l'église : d'où la nécessité de construire un bâtiment nouveau, celui de la sacristie, qui est encore en usage.

« se peut hausser et baisser, et au dedans y a trois polpitres à tenir les
« libres pour chanter, et n'y a que trois meschans libres rompuz » (1).

Dans la nef, près du chœur, contre les murs, du côté droit de l'é-
glise, il y a « ung siége cludz relevé avec un dais de bois au-dessus et
« ung devant de menuiserie pour s'accouder estant à genoulz avec ung
« siége couvert de drap bleu avec de fleurs de lis jaunes (2), lequel siége
« sert pour les sieurs juge maige, lieutenant et les gens du Roy, lequel
« siége occupe une partie du devant de la chapelle de Saincte Luce ».
Puis, un autre siége plus bas, entouré d'un balustre ; il sert aux avocats et est devant la chapelle du Rosaire. Auprès, contre un des piliers
de l'église, la chaire du prédicateur, « de sapin avec sept degrez cou-
« berte d'un treillis noir et au devant il y a ung devant d'autel de cuyr
« doré qui appartient au chapitre » (3).

Du même côté, cinq confessionnaux de sapin dont un est plus
enfoncé que les autres.

De l'autre côté de l'église, entre les chapelles de Saint Crépin et du
Saint-Sacrement, un autre siége « avec ung coubert de bois de sapin
et enfermé de toutz costez de bois de noguier avec son siége et dossier
garnis de cadis bleu à fleurs de lis jaunes avec les armes du Roy » ; il
sert au gouverneur (4). Dans « la place de la nef, un agenolhier de
sapin ».

Du même côté, au-dessus de la chapelle du Saint-Sacrement, un
autre siége « de noguier avec son couvercle de devant qui a pareil-
« hement le siége et doussier couberts de drap bleu avec de fleurs de
« lis jaunes avec les armes du Roy » ; il sert aux consuls de Foix.
Puis, un autre « petit siége de sapin avec son siége, coubert et
dossier », qui sert au procureur juridictionnel. Après, deux bancs
« dossiers contre la mœurailhe », qui servent aux « conseillers et bourgeois de la maison-de-ville ». Enfin, un autre « au devant de ceulx la,
et dans la place de l'esglize », qui sert aux marguilliers et bailes.

« Le clocher, qui est au fond de la nef de ladite église, auquel on

<hr>

(1) Les belles stalles actuelles datent bien de Louis XIII: toutefois elles proviennent, on
le sait, de Saint-Sernin de Toulouse, et n'ont été achetées et placées qu'en mai 1809.

(2) Pascal, dans un passage célèbre sur l'imagination, parle de ce que les magistrats
attendent de leurs robes rouges, de leur hermine, de leurs palais, des *fleurs de lys* où ils
siégent. (*Pensées*, art. III, 3, éd. Havet).

(3) La chaire est encore à la même place.

(4) Le gouverneur de la province.

monte par une vis de pierre (1) laquelle est rompue de plusieurs marches avec danger de la vie de ceux qui passent, la tour en est imparfaite et est couverte seulement de planches qui sont entrouvertes tellement qu'il pleut sur la place dudit clocher ». Il y a deux cloches pendues du côté de septentrion, l'une du poids de quatre à cinq quintaux, l'autre de trois. Elles devraient être mises au milieu de la tour.

Au fond de l'église il y a une tribune, « laquelle est ouverte et dangereuse pour le monde qui s'y met aux solennités » ; il est nécessaire d'y mettre des planches pour empêcher qu'on n'en tombe. Elle est fort large. Le long de l'église du côté de midi est « une petite galerie qui sert pour le temps qu'on fait garde dans l'église, à laquelle on monte d'en bas par un degré. »

On monte encore « par un degré de pierre qui prend depuis la chapelle du Rosaire (2) et mène à un couvroir en galerie de murailles *(sic)* qui va tout à l'entour de l'église, et il y a quelques chambres où on fait garde en temps de guerre. »

L'église n'est point voûtée « et n'a nulle plate-forme, mais seulement au fond et du côté du chœur est beaucoup plus haute que vers la nef, et est pavée de carreaux de brique » tirés, nous l'avons indiqué plus haut, des matériaux qui ont été pris par les Huguenots à l'église et qui leur avaient servi à construire le Temple protestant, démoli par La Forest-Toiras en 1622.

Tel était, en mai 1628, l'état de l'église de Foix, au moment où François de Caulet venait d'être nommé à l'abbaye. Ce que ses agents eurent à régler durant six années, nous pouvons l'indiquer.

Le 13 avril 1632, le Conseil politique de Foix s'occupe des réparations à faire à l'église. « Il est notoire que depuis quinze ans (3) le sieur abbé dudit Foix ny messieurs du chapitre n'ont fait aucunes réparations à l'esglise, laquelle est en sy pitoyable estat que les divins offices n'y peuvent estre faicts commodément ny le peuple s'y tenir à couvert du mauvais temps, qu'il pleut presqu'en tous les endroits d'icelle, dont les murailles recoivent un notable préjudice, lesquelles

---

(1) Une des pierres a la date *aost 1525*, une autre, *aost 1527*.

(2) Une des pierres a la date *1609*.

(3) Nous sommes en 1632 : c'est justement en 1617 que Pierre de Caulet avait été remplacé par Bonaventure de la Font, lequel se démit de l'abbaye en 1627 en faveur de **François de Caulet**.

menassent ruyne, notamment celles du clocher quy est à descouvert.
En quoy la communauté se trouve intéressée pour y avoir contribué
les charrois et maneubres ; quy plus est, le grand autel depuis quelques jours est tombé à terre de pourriteure ; par ce moyen les grandes
messes ne s'y peuvent dire, l'office étant faict dans une petitte chapelle
quy ne peut contenir la vingtiesme partie du peuple quy y doit assister ; estant de plus icelle esglize despourvue de calices, libres et autres
ornemens nécessaires ; d'où le peuple s'en plainct comme ne pouvant
les messes basses estre dittes les dimanches et festes de l'année aux
heures et avec la decence requise. Et quoyque despuis quatre ans (1)
M. l'Evesque de Pamiés aye ordonné les réparations de la dicte esglize
et qu'il soit porveu ausdicts libres et ornementz par les sieurs abbé
et chapitre, ils ne tiennent compte d'y satisfaire. C'est pourquoi, après
que les prédécesseurs consulz ont prié lesdicts sieurs abbé et chapitre
d'y vouloir pourvoir, sans qu'ils ayent tenu compte ce faire, ils ont
esté constrainctz d'en venir à des actes et protestations sur lesquelz le
chapitre disoit n'estre tenus, mais que c'est ledict seigneur abbé lequel
est obligé durant certain temps employer le tiers du revenu de ladite
abbaye aux réparations de ladicte esglise par la Bulle de N. S. P. le
Pape de l'an 1624 (2). Laquelle response et actes ils auroient faict
notiffier au sieur Fabre, agent dudist seigneur abbé lequel en a requis
copie et averti ledict seigneur. Et, parce que ceste affaire pourroit aller
en longue, veu la nécessité et l'importance du faict et inconvéniens quy
pourroient arriver à cause du retardement des dictes réparations », le
Conseil politique décide à l'unanimité de se pourvoir en la cour et de
solliciter la mise à exécution des ordonnances de l'Evéque et de la
bulle du Pape (3).

Le 25 juillet, le conseil inscrit au registre de ses délibérations qu'un
arrêt du 21 juin a ordonné, « par provision et sans prejudice du droict
des parties », à l'abbé et au syndic du chapitre de contribuer pour
moitié aux réparations demandées par l'Evêque, de faire un orgue
« conforme à celui quy y estoit » (4), de consigner chacun 800 livres

<hr>

(1) Nous sommes en 1632 : c'est justement en 1628 que Sponde a visité le monument.
(2) Quelle bulle ? nous ne la connaissons pas.
(3) Arch. mun. Foix. Regist. des délibér. de 1631 à 1639, fol. 34 et suiv.
(4) L'église Saint-Vincent d'Ax, siége de l'archiprétré du Sabarthés, avait un orgue dès
1595. Marcailhou d'Aymeric, *Monogr. d'Ax*, p. 52 d'ap. les Arch. mun. d'Ax, reg. des délib.

dans la quinzaine « en mains d'une personne sûre dans ladicte ville de Foix ». Le conseil demande que l'on ne perde pas le temps (1).

Le 18 août, Hérard de Chastanet. conseiller au Parlement de Toulouse, sur la requête présentée le 7 par Caulet, adjuge à l'abbé la recréance de certains revenus que le syndic de la ville de Foix avait fait saisir et défend à ce syndic et à celui du chapitre de « s'ingérer en la direction de la vériffication et réparations de l'esglize de Foix », sous peine de 5oo livres (2). Le 9 septembre, le même conseiller donne raison à Caulet qui s'est plaint de ce que le syndic du chapitre insinue qu'il a fait « collusion avec Didier Sansonet préthendeu adjudicataire » ; Chastanet juge que le chapitre a été appelé à l'adjudication, que toutes les formalités ont été observées, que les proclamations ont été faites à Foix et à Toulouse, que Sansonet « maitre architecte est personne fort entendue au faict des dictes réparations et qui a autrefois travaillhé en ladicte esglize et s'est trouvé le moings disant à la besogne dont est question » ; le bail passé avec lui sortira son plein effet (3). Le 26 septembre, Didier, l'entrepreneur qui travaille « *à l'esglize et clocher* », offre de se charger, moyennant que l'on veuille « compozer en argent, du charroy et manœuvres que la ville est tenue de faire pour lesdictes réparations » ; on décide de s'entendre avec lui (4). Aussi dans l' « estat de la cottization genneralle » faite en 1632, nous trouvons une somme de 200 livres « pour subvenir aux charrois et manœuvres que la ville est tenue *pour le bastiment de l'autel, sacristie et clocher de l'esglize* bailhé par MM. l'abbé et chapitre à Didier Sanso̓ns *(sic)* maistre entrepreneur » (5).

Le 17 janvier 1633 est approuvé par l'assemblée du conseil politique le contrat passé avec l'entrepreneur Didier le 18 octobre précédent et par lequel on a promis 400 livres « pour tous lesdicts charrois et manœuvres qu'il a promis faire à la décharge de ladicte ville » (6). Le 12 mars, Didier Chansons *(sic)* demande les 400 livres ; le trésorier de la ville n'a pas d'argent ; les consuls sont chargés d'em-

---

(1) Arch. mun. Foix, *l. c.*, fol. 39.

(2) A. E. Liasse de papiers inscrits au xviii⁰ siècle comme inutiles. Original signé Chas‑tanet.

(3) *Ibid.* Autre pièce originale, également signée.

(4) Archives municipales de Foix, fol. 17 du registre cité plus haut.

(5) *Ibid.* fol. 56.

(6) *Ibid.* fol. 72.

prunter la somme (1). En décembre Pierre Fabre, l'agent de l'abbé, remet au curé, Delescazes (2), et aux deux surintendants « de la chappelle paroissielle et autel où repose le très auguste sainct Sacrement » (3) une lampe d'argent que Caulet offre pour remplacer une vieille qui avait été jusque-là pendue devant cet autel (4).

Nous avons dit plus haut que « Monseigneur de Caulet, abbé de Foix » depuis 1627, ne vint dans cette ville qu'en 1634 (5). Durant ce premier des séjours qu'il fit à Foix, il dut examiner les travaux qui venaient d'être exécutés à l'église abbatiale ; il fit quelques cadeaux à des églises dépendant « de sa table » (6).

Didier Sansonet *(sic)* a fait d'autres travaux que ceux qui étaient stipulés dans son contrat ; les consuls doivent s'entendre avec lui à ce sujet, ainsi qu'en témoigne une délibération du 17 février 1635 (7). Les documents dont nous parlons dans la suite, semblent prouver que l'entrepreneur avait simplement réparé le toit en charpente, au travers duquel l'eau de la pluie tombait sur les paroissiens, réparé le clocher, bâti le nouvel autel et la sacristie : mais il n'est pas question de la voûte jusqu'ici.

En juin 1638 Caulet donne au chapitre sa chapelle en damas vert et autres ornements que son agent, Fabre, remet aux mains d'un marchand de Foix, Baurès, selon le mandement de l'abbé(8). L'inventaire nous en a été conservé (9). A noter en particulier un grand crucifix en bois d'ébène avec son pied de même bois, trois pluviaux de damas vert garnis de passements d'argent avec les armoiries de Caulet brodées et sans frange, une chasuble de même étoffe avec ses armoiries, etc... Le 14 juillet, par devant un notaire de Toulouse, Caulet fait un acte où il rappelle les transactions confirmées par divers arrêts du Parlement de Toulouse, notamment en date du 21 juin 1632 ; celle

(1) Archives municipales de Foix, fol. 77.
(2) L'auteur du *Mémorial historique*.
(3) Celle de saint Pierre, aujourd'hui du Sacré-Cœur.
(4) A. E. Liasse XLI. Le reçu est signé par Delescazes et les deux surintendants.
(5) Page 17.
(6) Les marguilliers de Montoulieu, donnent, par devant un notaire de Foix, un reçu d'un calice et de « sa platte en argent avec un estuit » que Caulet a offerts à leur église. 31 janvier 1635. A. E. Liasse XLI.
(7) Archives municipales de Foix, fol. 152.
(8) Le mandement est du 13 juin 1638.
(9) A. E. Liasse XLI. 21 novembre 1638. Voir nos *pièces justificatives* n° XI.

du 25 mars 1609 où l'abbé (1) et le syndic du chapitre s'engageaient à contribuer par moitié aux réparations de l'église ; l'arrêt du 2 septembre 1608 dont nous avons parlé ; celui du 21 juin 1632 aux termes duquel les travaux ont été bornés au maitre autel et à la sacristie. « Il reste à faire le chœur, la voulte et plusieurs autres réparations importantes et nécessaires en ladicte esglise, outre les libres et ornements qui y défaillent, sans pourveoir à quoy le service divin ne se peult faire avec décence ». Caulet somme et requiert le chapitre de contribuer à la moitié des frais ; il consignera lui-même dans la quinzaine 1500 livres entre les mains de personnes solvables de Foix et veut que le chapitre en consigne autant, pour la « continuation des dictes reparations et achapt des libres et ornements » (2). Quinze jours après, l'acte est notifié au syndic et cellerier du chapitre ainsi qu'au chanoine qui est prieur claustral (3). Le 9 août, par devant un notaire de Foix, Caulet dresse un nouvel acte où nous apprenons qu'il a déposé entre les mains d'un bourgeois de cette ville, Arnaud du Vernis, « la somme de 1500 livres tournois avec 60 pistoles et demie d'or coing d'Espaigne à 10 livres pièce, 28 escus sol à 5 livres 4 souls pièce, 6 doubles ducatz à 11 livres pièce, 220 piastres d'Espaigne à 58 souls pièce, 45 quartz d'escus à 20 souls pièce et 8 souls tournois ». Il requiert le chapitre d'en verser autant. L'acte est signifié à l'un des prébendiers (4), puis au prieur claustral et à des chanoines : l'un d'eux (5) répond à l'huissier « que M. l'abbé feroit mieux de les laisser en repos après l'avoir opprimé depuis 5 ou 6 ans par procès et vexations, au moyen de quoy il l'a ruiné tout à fait, et, non content de ce, le trouble continuellement par de moyens extraordinaires » (6). En attendant, Caulet continue ses offrandes aux églises qui dépendent « de sa table » (7).

Il est probable que les travaux se firent. Du moins, en 1644, on démolit de vieilles murailles qui touchaient la sacristie de l'église ; à ce propos, un des chanoines proteste et fait emprisonner au château

---

(1) Son oncle Pierre.
(2) A. E. Liasse XLI. 14 juillet 1638.
(3) *Ibid*. 29 juillet 1638.
(4) *Ibid*. 9 août 1638.
(5) Robert (Jean de).
(6) A. E. Liasse XLI. 11 août 1638.
(7) *Ibid*. 18 octobre 1638. Le curé de Bouan et Sinsat reconnaît avoir reçu de lui un calice et une patène d'argent.

de Foix l'homme qui les rasait (1). Cependant Caulet a été nommé Evêque de Pamiers et il a résigné son abbaye de Foix. C'est dans cette même année que l'ancien curé de Foix, Delescazes, devenu curé de Bénac (2), dédie à Caulet, non encore sacré (3), son *Mémorial Historique*. Sont ensuite abbés de Saint-Volusien : Jacques de Montrouge, qui devint Evêque de Saint-Flour (4), — François Descopérier de la Gardie de Pousols, qui s'opposa à toute réforme, — Renaud dit le cardinal d'Este, prince de Modène, — Louis de Bassompierre, Evêque de Saintes, qui fut pourvu en 1658 de l'abbaye de Foix et mourut le 2 juillet 1676 à Saintes, — Jean de Gournay, qui reçut son brevet en 1677 et ses bulles en 1681 seulement. Bassompierre « établit solidement la réforme en août 1659 : tous les ans il abandonnoit les revenus de son abbaye à la prudence de M. de Caulet qui en fit faire en 1675 », dit le P. de Lacoudre, « la voûte de l'église qui est une des plus belles qui se voie dans le pays, et le maitre-autel, pour lequel orner ce prélat donna sa chapelle d'argent toute complète » (5). La date de 1675 est une erreur : nous allons le prouver.

Le 23 avril 1662, les consuls et syndic sont chargés par le conseil de sommer le chapitre « d'assurer *le poultre du toit* (6) de l'esglize qui menace de ruyne » ; faute de quoi, ils se pourvoiront en justice (7). En

---

(1) A. E. Liasse **LX**.

(2) M. Pasquier a établi qu'il était encore curé de Foix en juillet 1639, qu'en septembre il avait été transféré à Bénac. J'ai prouvé d'autre part qu'en 1647, entre le 13 juillet et le 31 août, il avait été assassiné.

(3) Caulet ne fut sacré qu'au printemps de 1645.

(4) Il favorisa la réforme de son prédécesseur : d'où l'arrêt pour l'introduction de la congrégation de Sainte-Geneviève en 1647, et, après sa nomination à Saint-Flour, les violences que subirent des envoyés de Caulet en mai 1648. Lacoudre, p. 77.

(5) Lacoudre, p. 78. Cf. d'après lui Lahondès, *Sem Cath.* 1884, p. 564 et 567, qui s'en tient à la date de 1675.

(6) Rapproché de ce qui précède, le détail nous semble caractéristique. Qu'on se reporte au volume déjà cité du *Congrès archéologique* de 1884. Il y est dit que la nef de l'ancienne cathédrale de Mirepoix, la plus large qui existe en France, était restée sans voûtes et couverte *par une charpente* : c'est une restauration moderne qui a construit la voûte actuelle et *surélevé* le mur orné de rosaces au-dessus des chapelles latérales, pp. 38, 82 et suivantes. A Foix, on a *voûté* en 1666 et *surélevé* en 1668. Delescazes, qui avait pu voir la cathédrale de Mirepoix, ne pouvait s'étonner que l'église abbatiale de Foix, dont les dimensions sont moins larges, fût couverte ainsi. De là vient qu'il ait pu dire, sans erreur, qu'elle était *entièrement* rebâtie. A pareille époque, la cathédrale d'Alet n'était « voûtée que de bois, un plus beau vaisseau ayant été ruiné par les huguenots jusqu'à l'entablement » (Lancelot, *relation d'un voyage d'Alet*, 1667, p. 57).

(7) Arch. munic. Foix, fol. 148.

octobre 1663, Bassompierre est en route pour Foix (1) : est-ce alors qu'il songea à achever l'église abbatiale ? rien ne l'indique.

Du moins, à la date du 3 juin 1664, « le prieur des RR. PP. réformés du chapitre fait cognoistre leur intention de *faire vouter l'esglise,* et, parce qu'ils prétendent que la communauté doibt contribuer la manuvre, il désire sur ce faict savoir la disposition que l'on a » (2). Comme la ville a des difficultés avec les religieux, « particulièrement touchant la préceptoriale qu'ils doibvent donner pour l'instruction de la jeunesse, les consuls, syndic et députés parleront avec le prieur de ces prétentions et demande et de leur procédé ». Le 2 novembre 1664, on reparle de la prétention que le chapitre a « que la communauté doibt faire le fraix du charroy et manuvre des matériaux nécessaires *pour la voûte de l'Esglize* où les RR. PP. prétendent faire travailler au plus tost ». Les consuls et syndic étudieront ce que la ville est obligé de faire ; au cas où elle ne pourra « esviter de contribuer à quelque chose », ils établiront avec exactitude « à quoy sera la prétention du chapitre en argent » ; ils en référeront au conseil (3). Le 7 décembre, ils disent que le prieur a demandé 1000 livres « et l'on fera quitte la communauté du charroy et maneuvres qu'elle est tenue *pour la voute* que l'on prettend *faire* à l'esglise : pour ne traicter aveuglement », on consultera un avocat de Toulouse (4). En 1665 il n'en est plus question.

Le 9 février 1666, le premier consul expose au conseil politique qu'il a entretenu le P. Morin, prieur du chapitre, de la prétention que les chanoines avaient « de faire contribuer ceste communauté au charroy et manœuvres des matériaux nécessaires pour la *voûte de l'esglise* qu'ils prétendent *faire* ». Le prieur a demandé 1000 livres « pour toute conclusion ». On a déjà consulté un avocat au Parlement qui tendait « à la descharge de la communauté » (5) ; on décide d'en sortir par l'arbitrage « de deux advocatz en Tholose », et l'on écrit à cet effet (6).

Le 27 avril 1666, le syndic expose au conseil politique qu'il a, avec

(1) Arch. munic. Foix, fol. 227.
(2) *Ibid.,* fol. 258.
(3) *Ibid.,* fol. 276.
(4) *Ibid.,* fol. 281.
(5) Bernad.
(6) Arch. mun. Foix, fol. 309.

les consuls, entretenu les chanoines du chapitre abbatial « touchant la liquidation de leurs préthentions contre la communauté pour le faict de maneufvres qu'ils soubstiennent estre obligés pour la bastisse de *la voûte* de l'esglize qu'ils désirent *faire,* leur ayant offert, pour esviter les frais du procès dont l'on est menacé, 700 livres payables dans deux ans à deux parts esgaux ». Le conseil accepte, à condition que la ville soit « quitte et deschargée de présent et à l'advenir de toutes maneufvres, courbées, charroy des matériaux et tous frais esquelz laditte communauté pourroit estre obligée pour le faict de la *construction de ladite voûte* » (1). Le contrat est reçu par le notaire Barrau (2) le 16 juin 1666. On cotise 350 livres en 1666 « à raison et cause du charroy et manœuvres de la *construction de la voûte* de l'église » (3), et les 350 autres livres en 1667 « pour le payement des manœuvres ou charroy des matériaux pour la *faction et fabrique* de la voûte de la grand esglise » (4) : ces sommes devaient être remises soit à Lacoudre, agent de l'abbé de Foix (5), soit au syndic du chapitre.

Elles ne furent pas suffisantes ; il semble qu'elles aient aidé à *faire,* et non à refaire, les voussoirs et les pieds-droits ; quant au comble et à la couverture, ils ne furent définitivement établis que dans les années qui suivirent et nécessitèrent un nouvel appel de fonds. C'est ce qu'apprend aussi le registre des délibérations du conseil politique de Foix.

Le 30 décembre 1668 (6), il revient sur l'acte retenu par Barrau, notaire et secrétaire, le 16 juin 1666, qui contenait accord et transac-

(1) Arch. mun. Foix (27 avril 1666), fol. 316.

(2) Où ont été déposées les minutes de Barrau ? j'ai inutilement cherché à le savoir pour le travail que j'ai fait sur le meurtre du curé Delescazes, l'auteur du *Mémorial historique. Bull. de la Soc. Ariég.*, 1891, fascicule à part.

(3) Arch. mun. Foix, fol. 324.

(4) *Ibid.* fol. 358.

(5) Ce n'est pas l'auteur de *la Vie de saint Volusien* (Limoges, Meilhac, 1722 ; Foix, Pomiès, 1893), mais son père.

(6) Le 22 juin 1668 le conseil avait décidé que les consuls et syndic feraient, au nom de la communauté, « placer la petite cloche quy sert aux messes basses à l'endroit le plus commode de l'esglise et taicheront par tous moyens d'y faire contribuer les confréries de gred à gred. » Ce travail était entraîné par la confection de la voûte. Cette même année, l'état de la cotisation générale porte 30 livres « en faveur de Jannet Comanay, maistre masson, pour le petit cloché qu'il a faict de pierre de tailhe pour placer la petite cloche, quy sert pour sonner aux messes basses, au costé droict de la grand esglize, marché faict avec ledict Comanay. »

tion avec les R. R. P. P. Morin prieur et Mercier syndic du chapitre abbatial (1) et avec Jacques Lacoudre agent et procureur de l'abbé. La communauté fuxéenne avait promis 700 livres « pour subvenir *au bastiment de la voûte de l'Esglise paroissiale* », et ils avaient promis de ne rien lui demander en plus : aujourd'hui ils la prient « de contribuer au bastiment de la voute *qui reste à faire outre et par-dessus la voûte* qui est exprimée et limitée audict acte (2) et aux frais *du haussement que convient faire aussy des murailles de ladicte esglize à l'effaict de pouvoir faire ladicte voûte* ». Pour éviter un procès, le conseil politique décide de donner une seconde somme de sept cents livres, moitié en 1669, moitié en 1670 (3). On cotise trois cent cinquante livres en 1669 « pour le droit de charroy et maneuvre à la bastisse de la voûte et haussement de murailhes » (4), et le reste en 1670 (5).

Il n'est plus question de ces travaux de voûtage dans les registres qui contiennent les délibérations des années postérieures à 1670 (6). Mais il y est parlé des bancs du gouverneur, des conseillers politiques et d'autres personnes qui se trouvaient « dans l'esglize, *lorsqu'on fit la voûte* » ; ils avaient été sortis, en partie même rompus, par l'entrepreneur *de la voûte* (7) ; les héritiers de celui-ci offrirent alors de tout remplacer et « faire remettre les dits bangz dans l'esglise comme ils estoient auparavant *ladite voûte*. » Cinq ans plus tard, les chanoines, fiers de leur église, voulurent en agrandir le chœur ; ce fut la conséquence indirecte des travaux d'achèvement, et il s'en suivit un épisode qui est renouvelé du *Lutrin*. D'après MM. du chapitre, le banc du Gouverneur fermait une partie du passage (8) ; ils demandaient qu'il fût déplacé ; les consuls devaient prendre l'avis du Lieutenant de

(1) Mercier fut ensuite prieur et, à ce titre, en 1685 vicaire général de Jean de Gournay, abbé de Foix.

(2) Celui du 16 juin 1666.

(3) Arch. mun. Foix (30 décembre 1668), fol. 418.

(4) *Ibid.*, fol. 432.

(5) *Ibid.*, fol. 459. Les murailles de la nef jusqu'à la hauteur de la voûte sont attribuées au xii° siècle, ainsi que les bras du transept.

(6) Nous avons dit plus haut que pour la part qui lui revenait des 8000 livres que les Etats avaient votées en 1670 pour la cathédrale, la ville de Foix paya cinq fois la somme de 174 livres 8 sols 4 den. depuis 1671 jusqu'à 1675 ; au total 872 livres 1 sol et 8 den.

(7) Nous avons ici le nom de l'entrepreneur qui fit la voûte : Jean Commanay Bertes. Arch. mun. Foix. 28 fév. 1672, fol. 26.

(8) Voir plus haut.

Roi « pour ne rien innnover » (1) ; à les entendre, il y eut désaccord, et les chanoines le déplacèrent de nuit, le mirent à l'endroit de celui des consuls, reculèrent ce dernier « d'une grande distance sans les avoir avertis » (2).

Le 3 novembre 1678, une enquête est faite par devant les consuls, « juges ordinaires des causes civiles et criminelles et maistres de la police pour le Roy et le sieur abbé », sur la plainte présentée au nom du marquis de Mirepoix, gouverneur du pays, ville et château de Foix. « Le banc de l'église où les gouverneurs particuliers de la ville et château avoient accoutumé de prendre place pendant les offices, a esté remué et déplacé d'où il avoit esté pendant cinquante-six ou tant d'années (3), appuyé contre le pilier qui fait l'entredeux des chapelles de Saint Pierre et de Saint Crespin, là où il fut placé par l'ordre de M. de La Forest Toiras, et après luy M. de la Passe s'y mettoit, et M. de la Fleurique, et encore messire Antoine de Pujol sieur de Geres » (4). Le banc avait été « sorti à cachette et heure nocturne, et mis à l'arc-boutant de l'autre costé de la chapelle de Saint Pierre beaucoup plus bas vers la porte de l'église, environ au milieu de la nef d'icelle, vis-à-vis la chaire du prédicateur, auquel endroit estoit de tout tems le banc desdits sieurs consuls, lequel auroit esté reculé plus bas du costé de la porte de ladite église ». Les témoins, jurant « la main levée à la Passion de Notre Seigneur l'un après l'autre », confirment ce qui était dit au sujet de la place du banc des gouverneurs de la ville et du château, qu'ils ont vu « décoré d'un tapis avec armoiries et fleurs de lys, où il a esté environ le tems de cinquante-six années, lequel banc ayant esté rompu lorsque l'esglise fust voutée il fait environ cinq ou six ans (5), il en fust fait un autre qui fust orné et remis au mesme endroit, d'où il a esté déplacé heure de nuit depuis un an ou environ que Messieurs du chapitre ont agrandi le chœur » (6). Une autre pièce, relative à cette grave affaire, tend à établir que les stalles « estant achevées, l'on feust obligé, pour les placer, de reculer le banc de M. le Gouverneur qui

---

(1) Arch. mun. Foix, 10 octobre 1677.

(2) *Ibid.*, 15 octobre 1677.

(3) Donc depuis 1622.

(4) Sur ces personnages, voir mon article dans le *Bull. de la Soc. Ariég.*, t. IV.

(5) La date de 1673 ou de 1672 serait une erreur, on l'a vu ; *a fortiori* celle de 1675.

(6) Arch. dép. de l'Ariège, B. 14. *Invent. somm.* de M. Pasquier, t. I, 1894, p. 6.

empeschoit entièrement le passage autour dudit chœur où l'on fait tous les mois la procession du T. S. Sacrement ». Les chanoines en avaient parlé à Geres, alors commandant « en l'absence de M. le marquis de Foix à quy le Roy avoit fait commandement de se desfaire de son gouvernement (1). M. de Geres, estant descendu du chateau de Foix à l'église », aurait fixé le lieu où son banc devait être mis et choisi celui où le banc des consuls était. C'est un vendredi d'octobre 1677, « jour de sainte Thérèse, vers les quatre heures un quart, immédiatement après vespres, et non en cachette ni de nuit, et par l'agrément et consentement de M. de Gères » que ce fameux banc aurait été changé de place (2). Où est la vérité ? peu nous importe.

Déjà, à une date que nous ignorons (3), l'Evêché avait été averti que les chanoines et prébendiers de Foix venaient de faire « fermer le chœur de l'esglise parochielle, par une cloison qui se pouvoit ouvrir de toutes parts » ; qu'ils avaient posé « les ferreures nécessaires afin de la faire ouvrir les dimanches et festes pour que les paroissiens pussent voir le prestre célébrant » ; que depuis deux mois des membres du chapitre avaient arraché les ferrures « du costé où est le banc de MM. les officiers et advocats de la séneschaussée, afin d'empescher qu'on n'ouvre plus la cloison, les privant de la veue du grand autel, qui est un escandale public et un coup de grande malice », puisque la cloison s'ouvrait des autres côtés. L'Evêque avait été prié d'intervenir.

Revenons à la voûte gothique de notre église. C'est, comme on l'a déjà dit, « un exemple à ajouter à plusieurs autres de l'emploi de ces formes architecturales à une époque où elles étaient abandonnées depuis longtemps ». L'architecture gothique, dont Fénelon dira, dans sa *Lettre sur les occupations de l'Académie française*, qu'elle est « celle des Arabes », qu'elle élève « sur des piliers très minces une voûte immense qui monte jusqu'aux nues », que tout y est « plein de fenêtres, de roses et de pointes », fut pratiquée assez tard (4). On connaît l'article de M. Parfouru, alors archiviste du département du Gers, sur la construction de la voûte du chœur de la cathédrale

---

(1) Voir mon article cité plus haut.
(2) Arch. dép. de l'Ar., B. 14.
(3) A. E. Liasse XII. La pièce n'est pas datée, mais il y a une note de la main de H. de Sponde.
(4) Viollet-le-Duc, *Dict. raisonné d'architect.*, Paris, Morel, 1875, I p. 240.

d'Auch (1). M. Parfouru insistait sur la difficulté que l'on a, en l'absence de monuments écrits, pour assigner une date précise à la construction des diverses parties des monuments religieux, surtout quand ils ont mis plusieurs siècles à s'édifier. La voûte et les hautes fenêtres du chœur d'Auch avaient été jusque-là rapportées au début du xvie siècle, et il semblait naturel de supposer que la voûte avait été faite avant que les belles stalles fussent mises en place : un acte notarié,qu'il eut la chance de trouver,établit que sur des murs inachevés ne portait jusqu'en 1617 qu'une simple toiture provisoire, que le bail de la voûte de l'église métropolitaine ne fut passé qu'en 1617, que la première pierre d'un des « rolleaux » ne fut posée qu'en 1618, que le travail fut achevé et reçu en 1620. Nous n'avons pas été assez heureux pour découvrir une pièce aussi longue qui puisse se rapporter à Saint-Volusien de Foix. « Par suite de cette reconstruction », a écrit M. de Lahondès (2), « exécutée suivant les formes générales de l'art ogival, on croit voir une église du xive siècle en entrant dans cet édifice presque entièrement rebâti au xviie siècle.» Ce monument, dont nous avons cherché à montrer que la reconstruction est la conséquence de la réforme du chapitre abbatial, est signalé comme « incontestablement le vaisseau gothique le plus grandiose et le plus harmonieux de l'ancien Comté de Foix » (3).

(1) *Revue de Gascogne.* 1882. Ce travail m'a été signalé par M. Pasquier.
(2) *Sem. Cathol.*, 14 juin 1884.
(3) Cénac-Moncaut, *Voy. Arch.*, p. 517.

CHAPITRE DIXIÈME.

*Jugements portés sur l'Évêque. — Un mot des études de M. l'abbé
Sicard sur l'ancien clergé de France. — Lucerna in Israel.*

Nous avons, trop longuement peut-être, insisté sur les épisodes de
la lutte que Caulet soutint contre les deux principaux chapitres de son
diocèse (1), sur l'esprit d'austérité qu'il y apporta, sur le rôle qu'elle
joue dans la reconstruction de la cathédrale de Pamiers et de l'église
de Foix, rasées par les Huguenots. Ailleurs nous étudions ce que Caulet fit envers les protestants (2), ce qu'étaient le peuple et le clergé séculier de son diocèse (3); quelques détails de son épiscopat resteront
encore à faire connaître. Tout cela ne constitue pas, et nous n'avons
pas cherché à l'entreprendre, une biographie du Prélat. Espérons du
moins que nos recherches dans ces documents, dont la plupart étaient
inédits et quelques-uns tout au moins assez rares, ne seront pas absolument inutiles pour mettre en lumière la physionomie morale d'un
des plus nobles personnages qui aient eu la mitre de Pamiers.

Nous avons pensé qu'il ne serait pas inutile de reproduire un de ses
portraits (4). L'auteur d'un livre auquel nous avons eu souvent recours

---

(1) Sur le chapitre collégial de N. Dame du Camp de Pamiers, nous n'avons rien trouvé.
(2) *Annales du Midi*, 1895.
(3) *Revue des Pyrénées*, 1895.
(4) « De quelle façon élevée, mais fort austère, la vertu et la piété se concevaient au
XVIIe siècle dans leurs manifestations extérieures !... Il y avait une manière d'être habi-
tuelle aussi sublime, une attitude physique aussi noble que possible, une existence mor-
tifiée d'où non seulement les plaisirs illicites devaient être bannis, mais même les plus
innocentes joies... De là ces saints ascètes dont la rigide figure semble ignorer à jamais le
sourire, un Saint-Cyran, un Rancé — ou un Calvin ». Rébelliau, *Bossuet histor. du protestant.*, Paris, Hachette, 1892, p. 479. — Nous ajouterons Caulet à ces « saints ascètes ».

dit qu'il en connaît deux : « l'un, gravé au moment où il venait d'être nommé Evêque, où la figure est pleine, relevée par la moustache et la royale que portaient encore les prélats, où la physionomie est ouverte (1), — l'autre, où il est vieilli, aigri par les discussions du jansénisme, accablé par la persécution, où il semble avoir changé de traits comme de doctrine, où l'on a de la peine à retrouver dans ce visage étroit, austère, dont le regard est presque défiant, le jeune Evêque plein d'élan des premières années » (2).

Nous reproduisons aussi en *fac simile* des autographes de Caulet, comme abbé de Foix et comme Evêque de Pamiers, et une lettre de lui que nous avons eu l'occasion de nous procurer dernièrement.

Et maintenant quel était le caractère de Caulet ? faisait-il un contraste frappant avec la manière de vivre de ces chanoines ? le prélat a-t-il occupé un rang particulier dans l'église de France ? C'est ce qu'il nous reste à dire, et nous renvoyons, à titre de comparaison, au livre que M. l'abbé Sicard a récemment consacré à l'histoire des Évêques avant la Révolution (3).

Ceux-ci aimaient le faste ; la plupart habitaient des palais splendides, avaient de luxueuses maisons de campagne, s'entouraient d'un mobilier somptueux, prodiguaient les brillantes réceptions, chassaient même, exagéraient la représentation alors imposée aux plus dignes d'entre eux (4). Il est facile d'opposer à la vie de Caulet celle de Fénelon à Cambrai, telle que nous la fait connaître l'abbé Ledieu, l'ancien secrétaire de Bossuet ; mais quelque sympathie que l'on puisse avoir pour Caulet (et nous n'ignorons pas que les adversaires du jansénisme lui contestent volontiers ses qualités), on ne doit pas oublier que Fénelon, en face d'une table des plus somptueusement servies, était des plus sobres. Pour ce luxe, chez Caulet rien de tel. Qu'on se reporte à la *lettre d'un curé et official de Pamiers* touchant sa *vie* et sa *conduite épiscopale* (5). « Sa maison étoit composée d'un

---

(1) C'est probablement celui que je reproduis. Les archives départ. de l'Ariège en possèdent un autre, où la figure est plus triste et plus maigre.

(2) Lahondès, II préface p. XV et XVI, avec une reproduction photographique du second, je crois, de ces portraits de l'Evêque.

(3) Paris. Lecoffre, 1893. C'est le premier volume de ses études sur l'Ancien clergé de France.

(4) Sicard, ch. VI.

(5) Ms. 1632 du collège de Pamiers.

chanoine, de son vicaire général, de son promoteur, de son viguier comme conseigneur : celui-la étoit ordinairement à Paris et il finit par le retrancher (1). Il y avoit de plus un secrétaire qui étoit ordinairement un jeune ecclésiastique, deux autres jeunes ecclésiastiques pour faire les petites écholes, un maître d'hôtel qui étoit apoticaire et un adjoint à celui-la, un cuisinier, un sommelier, deux enfans au lieu de laquais mais qui n'avoient pas de livrées (2), quelques muletiers et quelques valets d'étable, le portier qui étoit ordinairement un ecclésiastique. Il n'y avoit ni écuyer ni homme de chambre ni aumônier » (3). Voilà pour les domestiques, au sens où le xviie Siècle prenait le mot. Passons aux meubles de Caulet. « Point de tapisseries dans toute la maison, pas même dans la salle ni dans sa chambre (4) ; il y en avoit seulement à sa chapelle une que nous appelons Bergame, qui est de toutes la plus simple et commune. Ni lict de soye ni chaises qui en fussent garnies ni même garnitures de chaises travaillées à l'aiguille (5). Des meubles ou fort vieux ou fort simples à la réserve d'une chambre médiocrement garnie de laine. Néanmoins quelques franges de soye que l'on donnoit aux hotes de la première qualité, comme aux Evêques. Point de riches tableaux (6), à la réserve d'un grand crucifix qui étoit à la salle et de quelque peinture sur la cheminée de sa chambre. Rien que des images de papier ; à la salle diverses cartes morales contenant ou les devoirs généraux du christianisme ou ceux de divers états particuliers, les péchez qu'on y com-

---

(1) De ses rapports avec Charles de Condren, Olier, saint Vincent de Paul, datait l'humilité qui le distingua. Voir dans ses biographies (Besoigne, l'anonyme auteur du ms. 730 de la Biblioth. de Toulouse etc...) les conditions dans lesquelles la mitre de Pamiers lui fut offerte, faillit être refusée par lui sur les conseils d'Olier, ne fut acceptée qu'après de longues hésitations. Quelle différence avec le *Théonas* de la Bruyère, qui, abbé depuis 30 ans, est impatient « de porter une croix d'or sur sa poitrine » et qui, nommé à un Evêché, rêve de devenir archevêque ! (chap. *de la Cour*).

(2) De même *de vita etc...* ch. 19. Pas de ces hommes *rouge* ou *feuille-morte*, portant des livrées de ces couleurs, dont parle l'auteur des *Caractères*.

(3) *Lettre d'un official etc...* Les domestiques étaient habillés de brun et portaient les cheveux courts (Besoigne II p. 128).

(4) La Bruyère demande qu'on ne trouve pas dans la même église un Christ et le *Jugement de Pâris*, « en images profanes ». C'est-à-dire en tapisseries, comme il l'explique lui-même en note.

(5) Besoigne dit que le lit de l'Evêque et les siéges étaient d'un drap gris ; qu'il ne s'habillait que de laine et de camelot ; qu'il portait ses habits très usés (II p. 129).

(6) De même *de vita etc...* ch. 19.

met, ou des avis spirituels de quoy on s'instruisoit souvent par occasion en attendant les personnes à qui ceux du dehors avoient à faire (1). Pour toute vaisselle d'argent (2), des cuillers, des fourchettes, une écuelle. A la chapelle, des chandeliers de bois, un calice assez solide, deux fort petites burettes d'argent, une troisième plus grande qui servoit d'aiguière, un petit bassin du poids de 16 à 18 écus, et, quand il lui eut été dérobé, un de 15 ou 16 sols. Quelques anciennes chasubles assez honnestes avec quelques broderies, qu'il avoit avant d'être Evêque (3). Celles qu'il fit depuis, furent de quelque taffetas avec quelque fort petite dentelle d'or ou d'argent. Celles de la chapelle domestique étoient de laine » (4). Passons de là aux écuries de Caulet. « Pas plus de trois ou quatre chevaux, et aucun qui valût plus de 40 ou 50 écus ; deux mulets pour la litière, un petit qu'il montoit ordinairement lorsque sa santé ne luy rendoit pas nécessaire la voiture d'une litière, et les gros mulets servoient à porter du bois. Dans la suite il n'avoit plus qu'un cheval qui ne valoit pas 20 écus » (5). Même austérité dans le réglement général de la journée, même différence avec le faste habituel aux prélats d'alors. Le portier sonnait la cloche du réveil à heure fixe (6), et une demi-heure après il sonnait pour que les domestiques se rendissent à la chapelle ; presque toujours c'est l'Evêque qui faisait la prière à haute voix. Puis la méditation : « il y avoit quelques livres de méditations manuscrits pour cela ». Ensuite la messe que tous entendaient ; après la messe, les valets allaient au travail, les autres restaient jusqu'à ce que l'heure eût sonné et se retiraient en silence. Aux repas (7) on lisait, à la première table (8), « bien qu'il y eut des personnes de la

---

(1) Un tableau disait par écrit à chacun de ces domestiques, qui étaient moins des serviteurs que des fils, ce qu'il devait faire. *De vita etc...* ch. 19.

(2) Il avait vendu la sienne au début de son épiscopat pour secourir les pauvres. Besoigne, II p. 130.

(3) Lorsqu'il était avec Olier à Vaugirard, dans la maison « d'un maître d'académie » qu'ils avaient louée pour y recevoir les jeunes ecclésiastiques, Caulet balayait et servait à a cuisine. Quand il alla remercier la Régente pour sa nomination à l'Evêché, la modestie de son attitude n'étonna pas moins l'entourage d'Anne d'Autriche que la simplicité de ses habits. Voir Besoigne.

(4) *Lettre d'un official.*

(5) *Ibid.*

(6) A 5 heures du matin, dit sa biographie en latin. *De vita etc...* ch. 19.

(7) A 11 heures le déjeûner, sauf les jours de jeûne ; à 6 ou 6 1/2 le dîner. *De vita etc...* ch. 19.

(8) L'Evêque y admettait les ecclésiastiques reçus aux ordres et les étrangers.

première qualité », comme à la seconde, celle des bas domestiques,
« on évitoit ainsi de petits excez de paroles ou contre la tempérance.
Les étrangers mêmes n'y beuvoient à la santé de personne à moins que
ce fut d'un clin d'œil. Jamais de venaison ; des viandes apprétées au
naturel (1), du veau, du mouton, quelques volailles (2), des pigeons.
Souvent il y avoit peu de chose pour chacun (3). Pour la seconde
table, il y avoit une table séparée pour les ecclésiastiques qui ne man-
geoient point à la première et pour les prêtres étrangers ou domestiques qui n'avoient pu se rencontrer à la première. Pour les autres
domestiques et étrangers, chacun avoit sa portion de vin et le maître
d'hôtel leur faisoit celle de la viande » (4). Après le souper, deux ou
trois jours de la semaine, catéchisme ou instruction aux domestiques (5). Prière du soir en commun, sous la surveillance de l'Evêque.
On y lisait l'objet de la méditation qui devait se faire le lendemain.
Chacun se retirait, excepté ceux qui étaient obligés de conduire les
étrangers à leurs chambres. « Il ne portoit que des habits de laine,
souvent assez médiocres et usés ; aucun domestique n'en portoit de
soye ou de drap précieux, ni des galans ou autres ornemens sur leurs
vêtements, ni des rubans, dentelles, perruques. La livrée et le nom
des laquais étoient bannis : on les appeloit les Enfans. Il ne leur étoit
pas permis de manger ni boire en ville, d'aller dans une maison de la
ville sans nécessité, de sortir sans permission (6), de jouer aux dez,
cartes et autres jeux de hazard. Les femmes n'entroient jamais plus
avant que dans la cour et dans la chambre de l'officialité. Sa propre
mère n'y entra qu'une fois, encore en son absence et pour des raisons
solides. Sa propre sœur, femme d'une très éminente vertu et sa fille
spirituelle, n'y entra jamais, pas même lorsqu'il étoit malade » (7).

(1) De même *de vita etc...* ch. 19.

(2) La volaille était rare, dit Besoigne (II p. 129). Il ajoute que dans ses tournées de montagnes Caulet se passait de feu, vivait souvent d'œufs et d'oignons cuits (II p. 187). Sacré
en mars 1645, il avait donné le soir même un dîner durant lequel on avait fait une
lecture pieuse : le menu en était des plus simples *(Ibid.)*

(3) Quelle différence avec le trésorier de la Sainte-Chapelle que Boileau décrit si friand
de potage, de jambon, « d'un vin pur et vermeil ».

(4) *Lettre d'un official.*

(5) A 5 heures il y avait à la chapelle une méditation que les prêtres et les simples clercs
faisaient avec l'Evêque. *De vita etc...* ch. 19.

(6) De même *de vita etc...* ch. 19. Le biographe anonyme ajoute que c'étaient moins des
serviteurs que des fils et que le prélat était doux pour son entourage.

(7) *Lettre d'un official.*

Le clergé avait de l'engouement pour les affaires publiques (1) : Caulet, non. En revanche, comme il est à la tête d'un pays d'Etats (2), il se distingue comme président-né de cette assemblée périodiquement réunie. S'il est vrai qu'il faille distinguer dans les évêques les administrateurs de provinces et les administrateurs de sacrements (3), c'est incontestablement parmi les prélats évangélistes, non parmi les politiques, que Caulet a sa place. Inutile de rappeler quelle fut son attitude envers le Roi. La cour attirait les Evêques, qui avaient la nostalgie de la capitale (4) : Caulet, non. S'il se déplace, c'est pour le bien public : ainsi en 1675 où il alla à Paris pour s'associer aux plaintes dont Roger de Foix, marquis de Foix, gouverneur de la province, était l'objet (5). Le Roi était le centre vers lequel tout convergeait, en particulier les évêques (6) : Caulet, non. Si quelques-uns aimèrent Louis XIV, même lorsqu'il les frappa, on sait avec quel acharnement Caulet lutta contre la Régale. S'il y eut un clergé de cour (7), il n'en fit jamais partie, d'autant que les Jésuites occupaient les meilleurs offices et que lui, leur ancien élève, il était devenu l'un de leurs plus sévères adversaires.

Après la situation sociale et politique des Evêques, leur administration : c'est l'objet du livre deuxième du volume de M. l'abbé Sicard que nous suivons pas à pas. Et d'abord, la question de la résidence (8). Si beaucoup de prélats se laissèrent aller à l'absentéisme, il n'en fut pas ainsi de Caulet. Encore en cela docile aux ordres du concile de Trente, il sortit aussi rarement que possible de son diocèse ; nous l'avons déjà dit (9). Que furent ses grands-vicaires, dont les évêques

(1) Sicard, ch. 8.
(2) *Ibid.*, ch. 9 et 10.
(3) *Ibid.*, ch. 11.
(4) *Ibid.*, ch. 12.
(5) Ms. 730 de la Bibl. mun. de Toulouse, *de vita etc...*, ch. 16. C'était le second voyage qu'il faisait à Paris depuis 1645 : ce fut le dernier.
(6) Sicard, ch. 13.
(7) *Ibid.*, ch. 14. Ainsi Bossuet prêtant à genoux serment à la duchesse de Bourgogne qui avait onze ans (p. 243).
(8) *Ibid.*, ch. 1. M. l'abbé Sicard reconnaît qu'elle était assez observée au xvii' siècle, surtout au prix de ce qui eut lieu au xviii' : témoin Richelieu, Bossuet, Fénelon.
(9) Ms. 730 de la Bibl. mun. de Toulouse, ch. XVI. Durant tout son épiscopat, il ne fit « que deux voyages à Paris » : Besoigne, II p. 188. Il sortait de son diocèse chaque année, mais seulement pour passer quinze jours chez l'Evêque d'Alet qui à son tour venait en passer quinze à Pamiers. Besoigne II p. 131.

d'alors avaient une légion ? (1) L'un d'eux fut son frère : mais, comme
le dit un de ses biographes, « Bonaventure de Caulet avoit passé plusieurs années dans un des plus célèbres séminaires de France et, avant
de le faire prêtre, l'évêque l'avoit tenu plusieurs années auprès de luy,
l'occupant et le faisant exercer à des choses les plus communes, lui
faisant employer en œuvres de charité les revenus de son patrimoine
qui étoient fort considérables. Il le fit prêtre, et, une cure d'une petite
ville (2) étant venue à vaquer, les habitans le demandèrent pour curé :
il l'obligea à accepter contre sa volonté. Cette cure ne valoit pas plus
de 3oo livres de revenu. Il y fut douze ans pendant lesquels il entretenoit un nombre considérable de prêtres à ses dépens. Les incommodi-
tez l'ayant mis dans l'impuissance de plus travailler, il pressa son frère
d'accepter sa démission et se retira auprès de luy où il reprit son premier exercice » (3). J'ajoute pourtant que ce fut en qualité de vicaire-
général. Les archives municipales de Tarascon disent le plus grand
bien du curé Caulet. La ville l'avait demandé, lorsqu'il n'était encore
que le secrétaire de l'Evêché (4). Nommé à la cure, il avait cherché à
faire décharger ses ouailles d'une partie de ce qu'ils devaient au fisc (5),
à faire sortir de prison le trésorier de la ville que les agents avaient
saisi (6). L'Evêque intervient pour qu'on permette à la ville d'avoir
quelque répit (7) ; quelques mois après, le curé fait encore l'impossible pour l'aider (8). En avril 1661, on poursuivait rigoureusement les
retardataires pour le paiement de l'impôt : le recteur intervient en
faveur de ceux qui étaient en prison (9). Aussi prie-t-on l'Evêque de
laisser son frère à la cure, le jour où il songe à l'en tirer (10). Grands-
vicaires, officiaux, on imagine avec quelle sévérité il les choisissait.

(1) Sicard, ch. 2.
(2) « La cure de N.-D. de Sabart de Tarascon », comme dit Besoigne II p. 189 : elle rap-
portait, ajoute-t-il, cent écus, mais le frère de Caulet avait quatre à cinq mille livres de
patrimoine. Il y resta douze ans, après y avoir établi « un second séminaire qu'il entretenoit à ses dépens ».
(3) Ms. 1632 de la Bibl. du Collège de Pamiers. *Lettre d'un official.*
(4) Arch. mun. Tarascon, 14 et 26 déc. 1654.
(5) *Ibid.*, 2 avril 1656.
(6) *Ibid.*, 10 mai 1656.
(7) *Ibid*, 1ᵉʳ février 1657.
(8) *Ibid.*, octobre et novembre 1657.
(9) *Ibid.*, 22 avril 1661.
(10) *Ibid.*, 26 août 1665.

Quant à ses rapports avec son clergé (1), rien de plus curieux que de les étudier dans le détail. Qu'il ait bien compris la grandeur de sa mission, qu'il n'ait pas mis un abîme entre lui et ses prêtres, qu'il les ait d'ailleurs surveillés d'un œil vigilant, c'est ce dont témoignent ses biographes. « Aux séminaristes devenus vicaires il donnoit tous les avis nécessaires pour leur conduite à l'égard du curé, du seigneur du lieu, du peuple. Il inspiroit fort aux curez de regarder leurs vicaires comme leurs frères et les coadjuteurs de leur ministère... Pour que les frais du voyage ne les détournassent pas de le venir consulter, il vouloit qu'ils vinssent manger à sa table ; et c'étoit comme un caractère de schisme que de venir en ville et de n'aller point manger à l'Evêché. » Par les prêtres, il savait ce que valaient leurs paroissiens ; par ceux-ci, ce que ceux-là valaient. Dans chaque district « le vicaire forain (2) et d'autres bons curez » le renseignaient. « Il tiroit un secours incomparablement plus grand des conférences qui se faisoient chaque mois par les curés et vicaires. Le diocèse étoit divisé en plusieurs *distroits* (3), en chacun desquels il y avoit un lieu fixe et déterminé où l'assemblée devoit se tenir, un vicaire forain pour y présider lorsque l'Evêque ou quelqu'un de sa part ne s'y trouveroit pas, et un procureur forain qui tenoit la conférence en l'absence du vicaire. Deux ou trois fois l'an il y assistoit dans chaque *distroit* (4)... Il avoit une maison de campagne fort commode où il les invitoit à venir faire les exercices spirituels de temps en temps, et tous y étoient reçus gratuitement » (5). Quant à la correction juridique de ses prêtres, ses biographes n'y insistent pas moins. « Son promoteur sous divers prétextes parcouroit souvent tout le diocèse et se rendoit inopinément présent partout... Lorsqu'il y avoit du scandale, Caulet répandoit des larmes en présence

(1) Sicard, ch. 3.
(2) Auj. curé doyen.
(3) La Fontaine emploie la même expression, quand il parle des chiens étrangers passant « par quelque endroit — qui n'est pas de leur détroit » (x. 11).
(4) De même *de vita etc...* ch. 6. Le biographe anonyme ajoute que chaque réunion était divisée en quatre parties, dont chacune se subdivisait en trois questions : l'une d'elles portait sur l'utilité pratique de ce qui était examiné. Chacun répondait de vive voix, puis donnait cet avis par écrit ; l'opinion de l'Evêque était imprimée, distribuée, et devait être apprise par cœur et récitée à la conférence suivante.
(5) *Lettre d'un official.* — De même *de vita etc...*, ch. 6. Le biographe anonyme ajoute que ces retraites avaient lieu d'abord chez lui, puis à Sabart ; que chacun avait sa chambre ; que le silence était recommandé à tous.

du coupable, lui parloit d'une manière la plus tendre, entrecoupoit de sanglots les discours qu'il lui tenoit pour le gagner... Si tout étoit inutile, il quittoit le cœur de Père pour prendre celuy de Juge, faisoit faire une mission, publioit un monitoire... Il fut obligé de pousser un de ses prêtres si avant que, la justice ecclésiastique l'ayant abandonné à la séculière, il fut condamné à être brûlé vif et les cendres jettées au vent, et il y en a qui ont voulu dire qu'il avoit secrètement favorisé son évasion (1)... Il avoit défendu aux ecclésiastiques de loger d'autres femmes que la mère, tante ou sœur, de donner entrée à quelque autre femme ou fille : il ne parloit jamais à aucune sans témoins, jusques-là que l'ayant moy-mesme une fois conduit à un couvent de religieuses où il entra pour en confesser une qui étoit malade, et comme la disposition de la chambre ne me permit point de rester pendant qu'il la confessoit, je restay tout près de la porte, d'où je pouvois le voir, mais quelques autres religieuses m'ayant tiré à quelques pas de là insensiblement, et l'ayant ainsi perdu de vue, il m'en fit de reproches... On passoit quelquefois plusieurs mois sans que l'on tint d'audience à l'officialité ; il étoit très rare qu'on y appelat un pretre en jugement, et je suis asseuré (2) que l'official dans l'exercice de plusieurs années n'y avoit pas gagné plus de quatre écus » (3). Après les rapports de l'Evêque avec son clergé, ceux avec son peuple (4). M. Sicard a insisté sur les visites pastorales comme un moyen pratique de connaître les diocésains, d'exercer le contrôle dans toute l'étendue où devaient le faire les évêques d'alors, mais aussi comme une chose des plus pénibles à cause de la difficulté des communications. Là encore, Caulet a fait l'impossible. « Il visitoit des paroisses aussi souvent que leurs besoins et leurs dispositions les leur rendoient nécessaires ou utiles et que sa santé ou les affaires de son diocèse le lui pouvoient permettre. Il en avertissoit longtemps à l'avance les curez... prenoit le

(1) On peut supposer qu'il s'agit d'un prêtre dont nous parlerons ailleurs et dont la faute avait été des plus graves. Sa condamnation à mort aurait été commuée en prison perpétuelle et jeûne au pain et à l'eau trois fois la semaine.

(2) C'est un ancien official qui parle.

(3) *Lettre d'un official.*

(4) Sicard, ch. 4. Il cite comme grands visiteurs Richelieu et Fénelon, et l'évêque de Grenoble, Le Camus, que son ami Nicole ne pouvait suivre à cheval « sur les rochers » et qui disait qu'un évêque « de montagnes doit avoir la légèreté des chamois ». Caulet eût pu dire : celle « des isards », pour son diocèse pyrénéen.

temps le plus commode pour le peuple, évitoit de prendre celuy de
leurs plus pressans travaux... Il avoit fait imprimer les instructions
que les curez devoient donner au peuple au sujet du sacrement de la
Confirmation et de la manière de préparer les enfans. Pour la ville
cathédrale, voyant qu'il n'étoit pas possible d'éviter des inconvénients,
lorsqu'il donnoit publiquement et généralement la Confirmation, il ne
la donna que dans sa chapelle à ceux que le curé ou autre confesseur
de confiance luy envoyoit avec un bilhet, n'y ayant ni tems ni jour
déterminé pour cela. Il alloit confirmer au lit les malades. Quand il
vouloit retourner visiter de nouveau son diocèse, il faisoit parcourir
les verbaux des visites précédentes et voyoit à peu près ce qu'il y avoit
à faire. Il avoit pour principe de ne loger jamais dans les châteaux
des seigneurs ou chez d'autres particuliers considérables, mais chez
les curez et vicaires. Il ne menoit avec luy que les personnes absolument nécessaires, ne vouloit ni harangue ni compliment ni qu'on luy
servit à table que des viandes communes et pour la quantité propor-
tionnée au nombre des personnes. Point de venaison : il y en avoit
qui, luy voulant servir quelque perdrix, la luy déguisoient ; s'il s'en
apercevoit, il demandoit au curé s'il n'y avoit point de pauvres malades
dans la paroisse et les leur envoyoit avec les autres viandes les
plus délicates et faisoit ensuite quelque douce mercuriale au
curé de sa profusion... Deux ou trois œufs frais lui suffisoient... Il
auroit souhaité que la maison du curé n'eût pas appuyé sur les murailles de l'église. S'il y avoit quelque porte de communication de l'église
à la maison, il la faisoit murer et parce que cela lui sembloit trop
familier et parce que cela favorisoit des intrigues criminelles soit avec
le curé soit avec les clercs ou domestiques... Il n'accordoit à personne
la sépulture dans l'église... Il avoit un pareil zèle pour abolir l'usage
des Litres (1) et ceintures funèbres et des armoiries qu'il regardoit
comme une marque de sujétion honteuse et indigne de la majesté de
la maison de Dieu. Il avoit interdit les chapelles domestiques qui sont
dans les châteaux, comme exposées à une grande profanation... Il ne
permettoit pas qu'on employat les dépouilles et les vieilles jupes des

---

(1) Les *litres* ou *ceintures funèbres* étaient des bandes noires que l'on peignait, à
l'occasion de la mort d'un personnage, au dehors et même au dedans de l'église. Voir ce
que La Bruyère dit des *Sannions* (chap. *de la Ville*)..

femmes à faire des ornemens pour l'autel... Pour le reste il parloit dans sa visite avec force contre les vices prédominans dans la paroisse... Je ne l'ai jamais suivi dans ses visites », ajoute le panégyriste anonyme de Caulet ; ce qui ne diminue en rien l'importance de son témoignage, puisqu'il dit qu'on lui en a parlé et qu'il a vu les verbaux et ordonnances du prélat (1). M. l'abbé Sicard consacre un chapitre à la valeur intellectuelle des Evêques et à la façon dont ils défendaient la foi (2) : par les curés de campagne et par les missionnaires notamment. Caulet multiplie ces derniers. « Il assistoit aux missions du moins dans les lieux considérables et se rendoit aux autres, au moins vers la fin », et il y jouait sa vie. « Il faisoit faire des missions jusque dans les plus affreux et les plus dangereux de ces endroits et il y assista en personne, malgré l'esprit des habitans qui rendoit leur approche dangereuse, malgré la situation des lieux et les chemins affreux ou plutôt les précipices par où il falloit passer (3)... Le nom et la profession des Miquelets n'y furent plus connus à la fin ; on n'entendit plus parler de vols ni de meurtres ; le peuple ne parut plus catholique et plus gagné à Dieu nulle part que dans les montagnes... On scavoit, avant que de commencer la mission, quels étoient les vices qui dominoient le plus » (4), et le nécessaire était fait pour les combattre et les empêcher de renaître dans la suite. Ici se présentent, dans l'ouvrage de M. l'abbé Sicard, deux questions particulièrement curieuses, lorsqu'il s'agit d'un homme tel que Caulet: celle du Jansénisme et celle du Gallicanisme (5). Que Caulet ait été d'abord hostile au jansénisme, puis des plus favorables ; qu'il ait aimé le jansénisme (6), lui, fondateur du séminaire appaméen, premier directeur de Saint-Sulpice, protégé de saint Vincent-de-Paul, alors que par contre c'est par les séminaires qu'on achève de ruiner le jan-

(1) *Lettre d'un official.*
(2) Sicard, ch. 5.
(3) « Ni la rigueur de l'hyver, ni les précipices des montagnes, ni la crainte des Montagnards qui étoient féroces, ne l'arrêtoient point » (Besoigne II, p. 111). Il voyageait avec un ecclésiastique qui lui servait de secrétaire et d'aumônier, et avec deux domestiques.
(4) *Lettre d'un official.*
(5) Sicard, chapp. 6 et 7.
(6) Pour ses rapports avec Port-Royal, voir la consultation de M. de Sacy (Isaac Lemaistre) au sujet de la réforme du chapitre cathédral : cette pièce, datée de décembre 1656, a été par mégarde omise à sa place et nous aurions dû en parler à la p. 42. *Pièces justificatives,* n° XII.

sénisme, alors que ce sont « les brigands de Saint-Sulpice » qui l'attaquent le mieux, alors que les Lazaristes lui font la guerre ; qu'il ait
été l'un des prélats dont les vertus austères ne contribuèrent pas peu
au prestige de la célèbre hérésie ; chacun le sait. M. l'abbé Sicard ne
parle qu'en très peu de mots, trop peu à notre avis, de Caulet et de
Verthamon, « sans contester que, de tous les pontifes qui occupèrent
le siége de Pamiers depuis le milieu du xviie siècle jusqu'à la Révolution, les deux plus grands furent précisément ceux qui avaient des
attaches jansénistes. Caulet, l'un des trois compagnons d'Olier au
séminaire de Vaugirard, fut toute sa vie pieux, religieux, austère ; il
suivait l'exemple et aussi la direction de son voisin Pavillon, évêque
d'Alet » (1). Il cite aussi la lettre de Bossuet au maréchal de Bellefonds,
où Caulet est placé au nombre de « saints évêques » (2). Il rappelle
encore un curieux passage des *Nouvelles ecclésiastiques* qui au xviiie
siècle défendent les jansénistes et attaquent leurs adversaires dans la
personne de Mgr de Lévis-Léran, alors évêque de Pamiers : « Qu'est
devenu l'heureux temps du célèbre Caulet, qui a gouverné ce diocèse
dans le dernier siècle avec tant d'édification pendant 36 ans et dont la
mémoire a été jusqu'à nos jours si universellement en bénédiction
dans ce diocèse qu'il n'y a pas encore trente ans on couvrait sa tombe
de fleurs toutes les fêtes et dimanches ? » (3). Après le Jansénisme, le
Gallicanisme. Caulet n'est pas Gallican ; il a les yeux vers Rome, est
attaché au Saint-Siége qui le soutient fidèlement dans les luttes de ses
dernières années, résiste au Roi. Passons à ce que Caulet a fait pour
l'instruction publique : s'il combattit les Jésuites, qui à Pamiers
avaient fondé le second collège qu'ils ont eu en France, il s'est occupé
de l'instruction primaire, des petites écoles, comme le clergé de l'ancien
régime en général (4).« Les écoles étaient faites par des clercs sous la
direction des curés de paroisses. On y apprenait à lire, à écrire, à
connaitre les préceptes du christianisme. Les régents étaient payés
pour les villes soit par lui-même soit par les communautés, rarement
par les parents. Pour les jeunes filles et pour les femmes de la campagne, il avait institué une compagnie de veuves et de jeunes filles qui,

(1) Sicard, chap. 6, p. 369, d'ap. les *Annales de Pamiers* de M. de Lahondès.
(2) *Ibid.*, p. 381, note 1.
(3) *Ibid.*, p. 411, note 1.
(4) Sicard, chapitre 8.

sans prononcer de vœux, vivaient ensemble sous la direction de sa
sœur Catherine, veuve du baron de Mirepoix : elles allaient jusque
dans l'hiver et dans le fond des montagnes, pour quatre semaines et
plus, y appelaient auprès d'elles les jeunes filles et même les femmes
mariées, leur apprenaient à lire, à écrire, à bien tenir le ménage. Pour
elles, comme pour les régents des écoles, Caulet avait publié des règlements de sa façon » (1). Quant à la charité (2), on sait quelle fut la
sienne. Ecoutons encore ici l'un de ses biographes anonymes, qui
établit avec soin que Caulet n'a jamais trop fait pour ses parents,
qu'il n'avait pour eux « qu'un amour de charité ». Nous avons déjà
parlé de celui de ses frères qui fut curé de la petite ville de Tarascon
et ensuite son vicaire-général : « il visitoit les pauvres de plusieurs
paroisses et employoit ses biens à les nourrir et à les habiller » (3).
Quant à la sœur, la baronne de Mirepoix, l'évêque l'institua son exé-
cutrice testamentaire : « elle luy répondit en ma présence, lorsqu'il
voulut luy en parler, qu'elle l'en remercioit, qu'elle avoit suffisam-
ment, que cela ne feroit que l'embarrasser. S'étant mise sous la conduite du prélat son frère, il en a fait une régente, s'occupant même
quoique fort âgée à l'école des filles, entretenant à ses dépens un
nombre de filles pour ce pieux exercice » (4). Un autre de ses frères
était conseiller au Parlement de Toulouse et, devenu veuf, songea un instant à se faire prêtre, « non pour faire l'Abbé, mais
pour aller servir de vicaire à la campagne ou dans quelque paroisse
abandonnée (5). Un des grands prélats de ce siècle n'en fut point d'a-
vis. Quoiqu'il eût une fille, il fit néanmoins par son testament un legs
très considérable à l'hôpital ». Un autre de ses frères en fit un aussi,
« du moins par rapport à la grande famille qu'il laissoit ». Une autre
de ses sœurs, fort riche, lui donna de l'argent « pour quelque employ
qu'elle avoit prié son maître d'hotel de lui faire. Il en fit un tout autre
usage, lui dit que des voleurs avoient pris l'argent, que son maitre
d'hotel n'avoit peu s'acquitter de la commission, ajouta qu'il luy

---

(1) *De vita etc...*, chapitre 5.
(2) Sicard, chapitre 9.
(3) *Lettre d'un official.*
(4) *Ibid.*
(5) Besoigne (II p. 186) dit qu'il ne voulut jamais avoir auprès de lui son neveu, fils
du président, « de crainte qu'il n'y eût en cela quelque vue de bénéfice ».

cédoit tout le profit de l'argent, que ceux qui l'avoient pris luy en rendroient au Jugement de Dieu et même en ce monde » (1). Aucune magnificence ni pour sa maison épiscopale, ni pour le séminaire, ni pour une maison de campagne « qui servoit à de grands biens pour l'utilité du diocèse » ; pas de réserves à ce point que son économe était « souvent embarrassé pour fournir à la dépense ». Un vif amour des pauvres : dans ses dernières années, il fait l'hôpital son héritier, il vend ses cuillers et fourchettes ainsi qu'une écuelle qui était « la seule vaisselle d'argent qu'il avoit », il entretient à l'évêché un apothicaire avec un adjoint dont la boutique était « très bien pourvue de tout pour les pauvres, et ils faisoient toutes les opérations de chirurgie. On pourvoyoit encore aux bouillons, surtout lorsque les Dames de la Miséricorde manquoient de fonds pour en faire. Il pensionnoit des familles honteuses et honnêtes, surtout quand il y avoit des filles que la nécessité avoit exposées au danger de se perdre. Il les détournoit d'exercer des professions nuisibles à la jeunesse, comme des barlans, jeux de billards... Il a fait manger quelques pauvres à sa table sur la fin de ses jours, donnoit du secours à des artisans, acheptoit des instrumens et outils à d'autres, plaçoit les filles, donnoit des aumônes considérables aux religieux mandians de son diocèse, nourrissoit les batars sans aveu, mettoit à la porte de grandes corbeilles de pain en pièces pour le distribuer, ce qu'il faisoit souvent luy-même, des deux mains, à tête nue, comme un laquay qui sert son maître (2) ». Il veillait aussi à ce que la dime ne pesât pas trop lourdement sur les gens de la campagne (3). Nous en venons au dernier chapitre du premier volume de M. l'abbé Sicard (4). Caulet fut nommé évêque jeune, non comme Richelieu qui l'avait été à 21 ans, mais à 34 ans et après avoir reçu à 17 ans l'abbaye de Foix. Comme les prélats choisis jeunes, il marqua de son empreinte l'administration du diocèse appaméen ; s'il resta fidèle à son premier troupeau, on le sait. Une lettre écrite à Tou-

(1) *Lettre d'un official.*
(2) On se souviendra ici encore d'un passage de La Bruyère, celui où il oppose le pasteur en linge fin et en point de Venise qui achève sa digestion dans le banc-d'œuvre et somnole durant le sermon, et celui qui distribue « le pain de l'Evangile matin et soir, dans les temples, maisons, places, sur les toits ».
(3) *Lettre d'un official.*
(4) Sicard, chapitre 10.

louse, le 27 octobre 1677, — par qui ? nous l'ignorons (1), — montre
Caulet passant la matinée des fêtes et des dimanches dans le confessionnal, l'après-midi dans une des paroisses ou un monastère de filles
où il prêche ; elle nous le fait voir en prière chaque jour de 4 heures à
9 ou 10, et souvent l'après-dînée en visite chez les pauvres ou les
malades de l'hôpital. Si nous l'en croyons, c'est 5 ou 6 « bons chirur-
giens qu'il entretenoit dans la belle boutique d'apotiquaire qu'il tenoit,
pour aller voir dans les villages les pauvres malades et leur porter
gratis les remèdes dont ils ont besoin ». Elle confirme tout ce que nous
avons dit plus haut : prêtres reçus à l'Evêché, nourris à la table de
l'Evêque, tandis que leurs chevaux sont mis gratuitement dans son
écurie, prêtres amenés à l'Evêché et traités gratuitement dans une
pièce où Caulet « sert souvent d'infirmier », simplicité de la vie, « ni
carrosse ni chien excepté celui qui tourne la broche » (2), beaucoup de
lectures spirituelles, de mortifications, « et je sais qu'un couvent fort
austère à peine peut fournir toutes les haires, ceintures et disciplines
qui s'usent dans l'Evêché » (3). Nous y voyons aussi que la marquise
de Mirepoix, nièce de l'Evêque, fut obligée de loger dans une maison
voisine « où il nous mena tous la recevoir, mais elle n'entra pas dans
l'Evêché » (4) ; que, sa mère étant morte, Caulet donna aux pauvres
« sa légitime, et n'a pas voulu la laisser à MM. ses frères dont l'un est
Président et l'autre Conseiller en la cour de Toulouse » (5) ; que
l'Evêque assistait les criminels lors de leur exécution, et cela avec
« une charité qui attiroit les larmes de tout le monde (6) ; qu'il ne
faisoit pas deux prêtres en trois ans (7) ; que son père (8), avec six
mille livres de rente de patrimoine, servoit de vicaire dans les villages
du diocèse de son fils (9) sans vouloir d'autre charge ».

(1) *Suite des mémoires*, p. 187.
(2) Usage dont parle un vers de Pierre Goudelin, éd. Noulet, Toulouse, Privat, 1887,
p. 144 : « le gous que meno l'ast », — et la fable de la Fontaine « l'éducation » qui oppose
le chien de chasse César et le modesto tournebroche que le marmiton appelle Laridon
(VIII. 24).
(3) *Ibid.*, p. 191.
(4) *Ibid.*, p. 193.
(5) *Ibid.*, même page.
(6) *Ibid.*, p. 194.
(7) *Ibid.*, p. 195.
(8) C'est *frère* qu'il faut lire.
(9) Même observation.

Que l'on veuille bien compléter ce qui précède avec les travaux que nous donnerons sur les Protestants, le Peuple et le Clergé du diocèse, et l'on connaîtra assez bien l'esprit de François de Caulet, ses qualités, si on daigne lui en trouver plusieurs, ses défauts, si on veut lui en relever quelques-uns, toutes choses qu'il est également facile d'exalter par la louange et de railler par la critique, mais qu'il vaut mieux chercher à expliquer impartialement par l'influence du milieu où il a vécu, de ces Chapitres qui l'ont obligé à être « austère et presque méfiant » (1), de ces Hérétiques qu'il a fallu, en quelque sorte, « tourmenter et fatiguer » (2), de ces Ordres religieux qui laissaient à désirer, de ce rude peuple qui méritait, non moins que le clergé, d'être comparé aux ours des montagnes, de ces prêtres qui se pliaient imparfaitement à la discipline « du jeune Evêque plein d'élan des premières années » aussi bien qu'à celle « du Prélat vieilli ».

A Henri de Sponde on a élevé un beau monument dans Saint-Etienne de Toulouse. Caulet, qui a continué son œuvre, ne possède, selon ses dernières volontés, qu'une pierre au bas de la nef de la cathédrale de Pamiers, où les Jansénistes du xviiie siècle portaient des fleurs. Nous n'ignorons pas que tout ce que l'on pourra écrire de favorable à la mémoire de Caulet, risque fort d'être autrement interprété par bien des personnes ; que certains accuseront notre prélat d'entêtement, de ténacité, d'ignorance, quitte à avouer que sa piété fut sincère ou qu'il ne s'entoura pas de gens suspects, et diront de lui (ce qu'on peut aussi aisément répéter pour d'autres personnages et ce qui ne prouvera pas davantage), qu'il eût été « *dignus imperio, si non imperavisset* ». Du moins il importe que l'histoire de celui que Voltaire, une autorité peu suspecte, a proclamé « l'un des deux plus honnêtes Français du règne de Louis XIV », soit mieux connue, et que les documents inédits nous apprennent ce qu'était celui dont les admirateurs ont écrit, au lendemain de sa mort et en tête des copies de son testament qui nous ont été conservées : « *Exstincta est lucerna in Israel* ».

(1) Voir plus haut les lignes de M. de Lahondès.
(2) Bayle (*Nouv. de la rép. des Lettres*, janv. 1686) dit qu'il y a réussi mieux que personne et le regrette.

PIÈCES JUSTIFICATIVES.

I.

*Fragments d'un bref d'Innocent X relatif au chapitre de Pamiers et
aux religieux de Saint-Volusien de Foix. — 8 juillet 1650.*

(Archiv. départ., fonds de l'Evêché, Liasse LXVI sans numéro d'inv.)

Innocentius P. P. X.

Venerabiles fratres sive dilecti filii, salutem et apostolicam benedictionem.

Exponi nobis nuper fecit venerabilis frater Franciscus episcopus
Appamiarum quod in sua ecclesia Appamiarum, cujus canonici sunt
ordinis Sancti Augustini canonicorum regularium, ac etiam in monasterio Fuxensi ejusdem ordinis, dictae diocesis plurimi abusus
introducti reperiuntur in disciplinae ecclesiasticae et regularis dedecus
ac secularium scandalum. Quibus abusibus et scandalis dictus Franciscus episcopus, pro posse suo, obviare et remedium desuper oppor-
tunum afferre plurimum cupit ; verum, quia capitulum dictae ecclesiae
et religiosi dicti monasterii jussis et mandatis suis obtemperare ren-
uunt, contra eos vigore rescripti nostri agere desiderat. Ideoque nobis
humiliter supplicari fecit dictus Franciscus episcopus.... Nos igitur
eumdem Franciscum episcopum a quibusvis excommunicationis

suspensionis et interdicti aliisque ecclesiasticis sententiis censuris et poenis a jure vel ab homine quavis occasione vel causa latis, si quibus quomodolibet innodatus exstiterit, ad effectum praesentium dumtaxat consequendum, harum serie absolventes et absolutum fore censentes, hujusmodi supplicationibus inclinati, fraternitati vestrae, fratres Archiepiscope et Episcopi, seu discretioni vestrae, filii Officiales, per praesentes committimus et mandamus quatenus vos vel duo aut unus vestrum, vocatis ad id qui fuerint evocandi, et dummodo judicium super praemissis alibi coeptum non sit, in eisdem praemissis omnibus et singulis auctoritate nostra faciatis prout de jure fuerit faciendum.

Datum Romae, apud Sanctam Mariam Majorem, sub annulo Piscatoris, die VIII Julii MDCL pontificatus nostri anno sexto.

Contresigné : Marius Gobriellius.

Au revers : Venerabilibus fratribus Archiepiscopo Tholosano et Mirapicensi ac Alectensi Episcopis sive dilectis filiis eorum officialibus et eorum cuilibet.

II.

Lettre de dix chanoines de la cathédrale de Pamiers au Pape Alexandre VII. — Novembre 1656.

(Archiv. départ. de l'Ariège, fonds de l'Evêché, Liasse XVII n° 9).

Sanctissimo colendissimoque christiani orbis parenti Alexandro septimo Pontifici maximo.

Sanctissime Pater,

Ecce ad pedes Sanctitatis tuae supplicibus hisce litteris Appamiensis capituli reliquiae devolvimus, ut, cum cetera subtrahuntur communis omnium fidelium parentis praesidia, devote humiliterque imploremus. Duxissemus olim piaculo sacrum tanti parentis pectus, innumeris christianae reipublicae malis ferme oppressum, paucorum filiorum lamentis quatere ; sed, cum extrema ingruat tempestas ac paene ad naufragium eatur, in tantis periculis constitutos Eum unum adire necessum est qui et his imperare fluctibus et ventos compescere possit.

Jam a centum annis heretica Calvinistarum rabies coenobio nos, templis, sacra supellectili, imo etiam civitate quam post diversa exilia non nisi cadaverosam incolimus, ruinis, depredationibus incendiisque spoliaverat.

Successere bellorum civilium Catholicorum in Haereticos diuturnae discordiae, quibus desolata pridem regio in partem nos communis calamitatis tum necessitate tum commiseratione accivit.

Subtracta bellorum tumultibus vitae subsidia, sparsa per provinciam gravis lues, a qua nec nostras prohibere domunculas licuit, per triennium absumpsit.

Interim ex quo Gotolaunicam provinciam, a qua non nisi Pyreneis rupibus disjungimur, Ludovicus Decimus Tertius, Galliarum rex, occupavit, singulis ferme annis in hisce regionibus hiemalem habuit stationem miles, a quo nihil minus quam ab hoste infensissimo timendum lassata continuis exactionibus patientia pridem docuit.

Instat denique urgentissimus episcopus ac dominus Appamiarum Franciscus, qui tot malis oppressos quotidianis litibus ac paene ad inopiam redactos etiam annuis reditibus spoliare aggreditur, ut ad subeunda praecepta (quae falso jure praecipi contendimus) quaeque ab annuentibus in his impleri angustiis nullatenus queant, victis si fieri possit impossibilibus, adigat.

Jamque eo processere irarum impetus ut aut communibus abstinendum officiis, cum necessariis ad victum interdicatur, aut armorum praesidio repellenda vis sit; quod quam gravis schandali inter hereticos degentibus seminarium sit, Vestra Sanctitas judicet.

Inter has litium discordias consiliandis episcopi et capituli animis assiduam navarunt operam Patres Societatis Jesu, quorum eximia virtus et magnum in hisce regionibus nomen est ; cumque jam spes esset quaesiti exitus, consulentibus nobis quibus tandem mediis fieri episcopo satis posset nihilque interim metuentibus, non exspectato responso ad occupanda canonicorum bona curam vertit, jamque forte, dum Sanctitas Vestra supplices has legit, de reditibus percipiendis armis seditiose contenditur.

Contentionum litiumque gravissimas et multiplices causas dudum ad Sanctitatem Vestram transmisissent supplices canonici, nisi superfluum judicassent per se ipsos rem minime fidem habituram exponere ; sed, si Sanctitas Vestra cognoscendae rei curam alicui episcoporum, qui circumjecti probatae sunt virtutis et peritiae, committere velit, Tolosanum, Lombasiensem, Rivensem, Mirapicinum *(sic)*, Montalbanensem aliosque ad id muneris praestandum aptissimos habet praesules, si unum Aletensem excipiat utpote Appamiensis nostri in omnibus severissimum et Jansenianae haereseos apud sapientes suspectum consiliarium.

Discet sine dubio ex commissario quae et commiserationem sortis nostrae et in episcopum bilem moveant ; quanquam non tam nobis credi volumus quam popularium testimonio vocisque publicae suffragiis, quibus auditis, quas imponere filiis leges suis Sua *(sic)* Sanctitas volet, easdem lubentissime subituri sumus.

Quare, ne universalis ecclesiae curis intentum diutius detineamus, oramus supplices Sanctitatem Vestram, ne miserum Appamiensem capitulum a pastore ipso, authoritate qua apud judices seculares valet utente, in ruinam agi patiatur, canonicisque jam magnam partem senio confectis aliisque ob denegatos ab episcopo sacros ordines haud idoneis collabendi divino cultui ea, qua ceteris providet, cura patrocinetur.

Sistat primum furentis episcopi impetum, qui, dum haec scribo, etiam personas nostras quaerit ad carceres ! sistat, inquam, authoritate supremi pontificis donec per commissarium de re tota cognitum sit ! ne sacrae manus sanguinem fundant, ut periculum est in his extremis ! jubeat ab episcopi consilio abigi juniores clericos qui, crudeli Jansenianorum morali imbuti et beneficiis nostris inhiantes, sic abutuntur episcopi genio vix ut abstineri possit a manibus et periculum praesentissimum sit gravissimae seditionis. Haec rogant humillime Sanctitatis Vestrae filii, quorum hic leget subscripta nomina, munus, aetatem, perpetuo pro Sanctitatis Vestrae salute felicique ecclesiae regimine oraturi, canonici capituli Appamiensis tituli Sancti Antonini.

Datum Appamiis, die... Novembris 1656.

A gauche : De Mascaron archidiaconus septuagenarius. — De

Maguelonne sacrista octogenarius — *une ligne laissée en blanc.* —
Rudelle prior de Arvignano quinquagenarius. — Bellouguet canonicus clericus.

A droite : De Goullard archipresbyter sexagenarius. — De Nervese
praecemptor septuagenarius. — R. Martin prior de Rieucroso septuagenarius. — Douvrier canonicus theologalis.

III.

Copie de la bulle d'Alexandre VII. — 25 avril 1659.
(Arch. dép., fonds de l'évêché, Liasse XXV n° 11).

Alexander episcopus, servus servorum Dei, ad perpetuam rei me-
moriam.

Ad exsequendum pastoralis officii, nobis desuper meritis licet impa-
ribus commissi, debitum assidue vigilantes, circa ea nostrae provisionis
ministerium libenter convertimus, per quae ecclesiae regulares, prae-
sertim cathedrales, in suo primaevo statu et instituto conserventur et
in eis observantia regularis, praecisis scandalorum causis, nutriatur ac
desuper statuimus et ordinamus, prout pia praesulum ipsarum ecclesiarum vota expetunt et nos verum qualitate pensata conspicimus in
Domino salubriter expedire. Sane venerabilis frater noster Franciscus
modernus episcopus Appamiarum nobis nuper exponi fecit quod,
cum ecclesia Appamiarum in provincia Tholosana pridem a felicis
recordationis Bonifatio pontifice VIII predecessore nostro in monasterio Sancti Anthonini canonicorum regularium ordinis Sancti Augustini cum suis episcopo et capitulo erecta et instituta regularem statum
in suis canonicis retinuerit et de praesenti nullus admittatur ad dignitates ac canonicatus et prebendas dictae ecclesiae nisi prius emissa
professione regulari, paulatim tamen ex diversis temporum revolutio-
nibus et calamitatibus regularis disciplina inter illius canonicos adeo
remanserit deformata, ut de praesenti illius prebendati et dignitates in
ea obtinentes, sparsi per civitatem, personarum secularium contu-
bernium retinentes, nudum nomen canonicorum regularium contra

veterum regularium observantiam, prae se ferentes suos canonicatus et prebendas ac dignitates ad favorem consanguineorum aut aliarum personarum saecularium resignare seu dimittere soleant, de quibus subinde provisi ad emissionem professionis noviciatu juxta decretum concilii Tridentini non peracto admittantur, et exinde non tenuia scandala processerint, quibus linguae maledicae haereticorum calvinistarum in partibus illis grassantium contra personas ecclesiasticas facile acuuntur, conceptum venenum in ecclesiam Dei effundendo quod et piae et devotae personae ecclesiasticae aegre admodum sustinent. Quibus opprobiis dictus Franciscus episcopus pro pastoralis officii sui sollicitudine remedium aliquod adhibere satagens, illud in tribus ex duodecim ejusdem ecclesiae prebendatis viris regularis vitae studiosis feliciter, divina favente clementia, jam assecutus est. Verum, cum se ipsum operi tam utili perficiendo imparem sentiat, post multas divini auxilii implorationes tandem ad nos et Sedem apostolicam praesidium et optimum remedium imploraturus et impetraturus confugit, eo magis cum novissime in plurimis monasteriis canonicorum regularium dicti ordinis per totam Galliam regularis disciplina juxta primaevum illius institutum restaurata et late propagata reperiatur, et, sicut in eadem expositione subjungebatur, si ex speciali ejusdem Sedis auctoritate ingressus clericorum saecularium ad dignitates ac canonicatus et prebendas ejusdem ecclesiae, nisi prius facta probatione regulari, juxta sacrorum canonum et ipsius concilii Tridentini decretorum dispositionem interdiceretur et in ministros ejusdem ecclesiae viri probatae religionis assumerentur aliaque infra scripta per nos fierent et ordinarentur ex hoc profecto et improborum linguae opportuno remedio comprimerentur et populi devotio cum spirituali consolatione non modicum augeretur ipsaque cathedralis ecclesia, ad cujus normam tota dioecesis componi solet, pristino splendori restitueretur. Quare pro parte ejusdem Francisci episcopi nobis fuit humiliter supplicatum, quatenus ejus piae et salubri intentioni ipsiusque ecclesiae Appamiarum statui et venerationi in praemissis opportune providere de dignitate apostolica dignaremur. Nos igitur, qui cunctarum ecclesiarum decorem et venustatem ac spiritualem fidelium devotionem intensis desideriis exoptamus, simulque scandala in personis maxime religiosis et ecclesiasticis perferre non debemus, praedictum Franciscum episcopum a quibusvis excommunicationis suspensionis et interdicti aliisque ecclesiasticis sententiis censuris et pœnis a jure vel ab homine quavis occasione vel causa latis, si quibus quomodolibet innodatus existit, ad effectum praesentium duntaxat consequendum harum serie absolventes et absolutum fore consentes, hujusmodi supplicationibus inclinati apostolica auctoritate, tenore praesentium perpetuo statuimus et ordinamus, concedimus et indulgemus. Quod de caetero de omnibus et singulis ejusdem ecclesiae Appamiarum dignitatibus ac canonicatibus et prebendis quoties per cessum vel decessum aut quamlibet aliam dimissionem vel resignationem aut amissionem illas et illos etiam ad praesens et pro tempore obtinentes aut alio quovis modo tam in romana curia et apud sedem apostolicam praedictam quam extra romanam curiam in quibusvis mensibus simul vel successive etiam dispositioni apostolicae ex quavis causa et prima vice generaliter reservata seu reservati forent, perpetuis futuris temporibus illas et illos vacare pro tempore contigerit, seu si ad praesens, ut profertur, aut alio quovis modo aut ex alterius cujuscumque persona seu per similem vel aliam liberam resignationem illas et illos ad praesens obtinentium aut assecutionem etiam per obitum vacent et si tanto tempore vacaverint quod earum seu eorum collatio juxta Lateranensis statuta concilii ad sedem apostolicam praedictam legitime devoluta ipsique canonicatus et prebendae ac dignitates dispositioni apostolicae specialiter reservati seu reservatae existant, et ad illos seu illas consueverint qui per electionem assumi et super eis seu illorum aut earum aliquo vel aliqua seu aliquibus iis cujus statum praesentibus haberi volumus pro expresso pendeat indecisa non nisi ecclesiasticis seu presbyteris secularibus qui, antequam possessionem canonicatuum et prebendarum ac dignitatum hujusmodi assequantur, habitum per canonicos regulares dictae ecclesiae gestari solitum in aliquo ex monasteriis dicti ordinis, in quo vigeat disciplina regularis et vitae communis perfecta observantia et per pro tempore existentem episcopum in singulis vacationibus seu provisionibus designando suscipere et ad professionem per eosdem emitti solitam anno probationis expleto in eodem monasterio juxta ejusdem statuta regularia admissi, illam expresse emittere teneantur regulares, et non alias aliter nec alio modo etiam apostolica vel ordinaria seu quavis alia auctoritate provideatur, alias talis provisio nulla sit eo ipso nec non canonicatus et prebendae ac dignitates ejusdem respective adhuc eo, quo ante provisionem hujus modi vacabant, modo vacent et vacare censeantur ad effectum ut de illis juxta praesentis statuti tenorem alteri qualificato provideatur neque de caetero exsecuturos provisionum etiam apostolicarum de singulis dignitatibus ac canonicatibus et prebendis dictae ecclesiae Appamiarum perpetuis futuris temporibus ad receptionem emissionis professionis aliasque, ut profertur, procedere possint decernentes quascumque provisiones seu quaelibet mandata de providendo tam in genere quam in specie ac etiam in individuo etiam per nos et successores nostros et praedictam sedem apostolicam etiam cum quibusvis clausulis et decretis contra praesentis statuti formam et dispositionem aut possessionem aliter quam clericis seu presbyteris ut supra probatis et ad professionem admissis factas seu facta ac captas seu capiendas tanquam praeter mentem et intentionem nostras nullas irritas et inanes seu nulla irrita et inania nulliusque roboris vel momenti fore et esse nullumque per eas seu ea cuiquam jus acquiri vel et etiam coloratum titulum possidendi tribui praesentes quoque nullo tempore subreptionis vel obreptionis aut nullitatis vel intentionis nostro defectu notari vel impugnari, nec sub quibusvis similium vel dissimilium gratiarum revocationibus derogationibus suspensionibus limitationibus aut aliis contrariis dispositionibus a Nobis vel quibusvis aliis Romanis Pontificibus successoribus nostris ac praedicta sede et de motu proprio et de apostolicae potestatis plenitudine pro tempore emanandis, nisi de praesenti statuto illiusque toto tenore specialis specifica et expressa mentio facta fuerit, comprehendi, sed semper ab illis excipi et, quoties illae emanabunt, toties in pristinum et eum, in quo antea quomodolibet erat, statum restitutas repositas et plenarie reintegratas ac de novo etiam sub data posteriori per eumdem Episcopum Appamiarum quandocumque eligenda concessos validosque et efficaces fore et esse suosque plenarios et integros effectus sortiri et ab omnibus inviolabiliter observari, sicque et non alias per quoscumque judices ordinarios et delegatos etiam causarum Palatii apostolici auditores ac ejusdem sanctae Romanae Ecclesiae Cardinales et de latere legatos et vicelegatos sedisque apostolicae nuntios judicari et definiri debere, ac irritum et inane quidquid secus super his a quoquam quavis auctoritate scienter vel ignoranter contigerit attentari, non obstantibus nostra et Cancellariae apostolicae regula de clausulis ponendis in litteris Religiosorum aliisque apostolicis ac in provincialibus et synodalibus et

generalibus conciliis editis et edendis constitutionibus et ordina-
tionibus apostolicis praedictaeque ecclesiae Appamiarum etiam
juramento confirmatione apostolica vel quavis firmitate alia roboratis
statutis et consuetudinibus privilegiis quoque indultis et litteris apostolicis sub quibuscumque tenoribus et formis ac cum quibusvis et
derogatoriarum derogatoriis aliisque efficacioribus et insolitis clausulis necnon irritantibus et aliis decretis etiam iteratis vicibus in contra-
rium quomodolibet concessis. Quibus omnibus etiamsi pro illorum
sufficienti derogatione de illis eorumque totis tenoribus specialis specifica et expressa ac de verbo ad verbum, non autem per clausulas
generales idem importantes, mentio seu quaevis alia exquisita forma
ad hoc servanda foret, illis alias in suo robore permansuris hac vice
duntaxat specialiter et expresse harum serie derogavimus caeterisque
contrariis quibuscumque. Volumus autem quod statuto hujusmodi
sine expressa illius mentione nunquam derogatum censeatur. Nulli
ergo hominum liceat hanc paginam nostrae absolutionis statuti ordi-
nationis concessionis indulti decreti derogationis et voluntatis infrin-
gere vel ei ausu temerario contra ire. Si quis autem hoc attentare
praesumpserit, indignationem omnipotentis Dei ac beatorum Petri et
Pauli apostolorum ejus se noverit incursurum.

Datum Romae, apud Sanctam Mariam Majorem, anno Incarnatio-
nis dominicae MDCLIX die VI kal. Maii, pontificatus nostri anno V.

Suivent les mots : collationné sur l'original par moy, conseiller
secrétaire du Roy maison couronne de France et de ses finances.
Guignon. -- Est joint la copie de l'arrêt du conseil de 1661 qui ordonne
l'enregistremeut de la bulle, conformément à la requête de Caulet, et
prescrit d'exécuter la réforme.

IV.

Lettres de Louis XIV à M. de Caulet.

A.

Monsieur l'Evesque de Pamiez, Ayant esté informé que par vostre
ordonnance du 4ᵉ du mois dernier vous avez convoqué au 6 du pré-

sent le clergé de vostre dioceze pour tenir le sinode dans ma ville de Tarascon en Foix comme estant l'une des principalles et le centre de vostre dioceze et où les dites assemblées ont esté tenues autres fois tant par vous que par voz prédécesseurs, mesmes que le scindic de vostre chapitre cathédral en avoit interjeté appel comme d'abus et qu'il préthendoit avoir obtenu des inhibitions par des lettres de relief d'appel de tenir la dite assemblée sinodale, et d'autant qu'il m'a esté représenté que les appelations comme d'abus n'ont point effect suspensif en matière de discipline ecclésiastique et correction des mœurs qui faict le sujet de ces sinodes, je vous ay voulu faire cette lettre pour vous dire que mon intention est que, sans vous arrester aux dites inhibitions, vous proceddiez selon les formes ordinaires à la tenue de vostre sinode en la dite ville de Tarascon au jour que vous avez assigné, et teniez la main qu'il ne s'y passe rien contre l'ordre accoustumé, ce que me promettant que vous accomplirez je prieray Dieu qu'il vous ayt, Monsieur l'Evesque de Pamiez, en sa sainte garde.

Escrit à Tholoze le 3ᵉ jour de novembre 1659.

Louis.

Contresigné : Phélypeaux.

(A. E. Liasse de papiers inscrits au xviiiᵉ siècle comme inutiles.)

B.

Monsieur l'Evesque de Pamiers, Ayant esté informé des différends qui sont entre vous et le chappitre de vostre Eglize cathédralle pour la régularité, sur lesquelz sont intervenus divers Arrestz de mon conseil, et qu'il importe pour le bien de l'Eglize qu'ils soient réglez au plus tost par une voye d'accommodeman à l'amiable, je vous escris cette lettre que je faicts semblable au dit chappitre pour vous dire que dans trois jours après l'avoir reçeue vous ayez à venir ou députter quelque personne de vostre part en ma ville de Tholoze, chargé de tous les actes nécessaires avec plain pouvoir de traicter et conclure cette affaire par l'advis de personnes non suspectes que je feray nommer tant premier que du second ordre, désirant que les choses se terminent pendant mon séjour icy, et me promettant que vous accomplirez ce qui est en cela de mon intention. Je ne vous en feray la présente plus longue que pour prier Dieu qu'il vous ayt, Monsieur l'Evesque de Pamiers, en sa sainte garde.

Escrit à Tholose, le 29ᵉ jour de novembre 1659.

LOUIS.

Contresigné : PHÉLYPEAUX.

(A. E. Liasse XXIV nᵒ 5.)

V.

Fragments d'un bref de Clément XI relatif au chapitre cathédral de Pamiers — 25 janvier 1669.

(Archiv. départ., fonds de l'évéché. Liasse XVII, nᵒ 7).

Clemens P. P. IX.

Venerabiles fratres seu dilecti filii, salutem et apostolicam benedictionem.

Exponi nobis nuper fecerunt dilecti filii capitulum et canonici ac archidiaconus ecclesiae Appamiarum aut saltem major pars eorum quod, licet dicti exponentes ab immemorabili tempore gaudeant multis prerogativis et privilegiis etiam a diversis pontificibus, nostris predecessoribus concessis, approbatis et confirmatis semperque a nemine molestari seu perturbari deberent, nihilominus venerabilis frater, modernus Appamiarum episcopus, prerogativas et privilegia hujusmodi non solum evertere et levare sed etiam, previa impugnatione antiquarum dicti capituli constitutionum et consuetudinum, novas et inauditas consuetudines dictis privilegiis omnino adversantes propria auctoritate introducere intendit et de facto jam dictos exponentes contra privilegium felicis recordationis Joannis P. P. XXII nostri predecessoris ac etiam contra statuta dictae ecclesiae dispositioni concilii Tridentini nimime contraria omni participatione administrationis ecclesiae privavit, seu quia exponentes praedicti similibus se innovationibus opponunt illos quasi excommunicatos et inobedientes in dies privat non sine magno detrimento cultus divini et scandala praedictorum exponentium qui, idcirco ne prerogativae seu privilegia hujusmodi frustratoria reddantur aut indebite evertantur seu illis absque causa sic priventur, cupientes etiam se ab hujusmodi molestationibus et vexationibus eximere et iisdem prerogativis ac privilegiis, quibus hactenus laudabiliter gavisi fuerunt, pacifice frùi et gaudere, contra episcopum praedictum via juris agere intendunt, quod facere nequeunt absque speciali nostro rescripto, ideo dicti exponentes nobis humiliter supplicari fecerunt quatenus....... Nos igitur, statum et merita causae et causarum hujusmodi praesentibus pro expressis habentes, ipsosque exponentes et eorum singulos a quibusvis excommunicationis suspensionis et interdicti aliisque eeclesiasticis sententiis censuris et pœnis a jure vel ab homine quavis occasione vel causa latis, si quibus quomodolibet innodati existant, ad effectum praesentium dumtaxat consequendum, harum serie absolventes et absolutos fore censentes,hujusmodi supplicationibus inclinati, fraternitati vestrae, fratres Archiepiscope et Episcopi, seu discretioni vestrae, filii officiales, per praesentes committimus et mandamus quatenus vos vel duo aut unus vestrum, vocatis ad id qui fuerint evocandi, in praemissis omnibus et singulis, dummodo statuta praedictae ecclesiae sint in usu et non sint contraria concilii Tridentini decretis, auctoritate nostra faciatis prout de jure fuerit faciendum.

Datum Romae, apud Sanctam Mariam Majorem, sub annulo Piscatoris, die XXV Januarii MDCLXIX Pontificatus nostri anno secundo.

Contresigné : B. M. Victorius.

Au revers, en lettres à demi-effacées :
Venerabilibus fratribus Archiepiscopo Tholosano et Sancti Papuli ac Mirapicensi Episcopis sive dilectis filiis eorum Officialibus et eorum cuilibet.
Du cachet il ne reste qu'une trace.

VI.

Lettre (écrite en entier de la main de Caulet, reproduite en fac-simile).

Mon révérend père

Ce mot est pour vous remercier très affectueusement et toute vostre saincte congrégation de la charité qu'elle a faicte à ce pauvre diocèse, et vous coniurer avec elle de la conserver pour le temps ordonné de Dieu, afin de faire revivre en ces quartiers l'esprit du grand saint Augustin, et réparer les ruines que l'hérésie a fait dans les ames aussi bien dans les temples. Je supplie très humblement vostre charité d'en faire faire quelque priere dans toutes vos maisons, que ie ne cesseray d'offrir à Dieu afin qu'il la remplisse de son esprit et seray à iamais sans réserve,

Mon révérend père
Vostre très humble et obligé serviteur

FRANÇOIS, E. de Pamiès.

A Pamiès, ce 9 janvier 1650.

En marge. — Toute nostre maison conservera l'odeur de vertus de vos bons pères de Paris.

Au dos. — Au R. P. Général de le Congrégation des chanoines réguliers de saint Augustin, à Paris.

VII.

Lettre du même au successeur du précédent abbé.

Mon Révérend Père,

Je ne scay si vous avez reçu la lettre que i'eus l'honneur de vous écrire pour vous témoigner la part que ie prens à la iuste douleur qu'a ressenty toute vostre congrégation de la mort de vostre très vertueux prédécesseur. Je vous priois encore de vouloir m'accorder, comme il avoit fait, quelqu'un de vos pères de Foix pour remplir quelque chanoinie de ma cathédrale quand elle viendroit à vaquer et agréer que celuy que ie choisirois puisse estre transféré de la Congrégation à nostre église par Sa Saincteté pour ne deppendre que de l'Evesque pour les raisons que le P. Morin scait qui m'ont déterminé après une longue et meure délibération avec les plus sains et les plus sages. J'ay prié ma sœur de retirer vostre réponse parce que il pourroit arriver quelque vacance et ie ne pourrois avant avoir receu vostre dernière résolution, choisir quelqu'un des vostres. La charité qui ne cherche jamais ses interets et l'exemple que l'histoire ecclésiastique nous donne que les ordres ont donné d'excellens subjects à des Evesques pour la réformation de ieurs chapitres, me fait espérer cette grâce de laquelle je tacheray d'estre reconnoissant par toute sorte de services au général et au particulier de toute vostre saincte Congrégation. Je luy demande et à vous part à ses saints sacrifices et prières pour le diocèse et pour moy et suis et seray toute ma vie de tout mon cœur,

Mon Révérend Père,

Vostre très humble et très acquis serviteur.

FRANÇOIS, E. de Pamiès.

A Pamiès, ce 14 mars 1667.

Au dos. — Au R. P. abbé de la Congrégation de sainte Geneviefve, à Paris.

VIII.

Lettre du même au même.

Mon révérend Père,

Le P. Morin vous témognera l'estime et l'affection singulière que i'ai pour votre sainte Congrégation et le désir que i'aurois que vous puissies ayder à notre œuvre. J'ay à vous remercier tous des instructions et des bons exemples que donnent vos pères à Foix, à quoy la vertu et la prudence du P. Morin contribue beaucoup, ce qui m'oblige de vous coniurer de le laisser encore dans cette abbaye, non seulement pour la correspondance que nous avons avec luy pour le bien des âmes, et qu'on n'auroit pas facilement avec un autre, pour ne se pas connoitre et ne convenir des bonnes maximes pour le régime des àmes, mais même pour le parfait établissement de votre maison, ayant beaucoup de créance dans les esprits, et étant même fort instruit des affaires. Je prie toute votre pieuse et célèbre assemblée de m'offrir et le diocèze à Dieu et ie ne manqueray de le prier pour l'heureux succez de votre chapitre et seray à jamais parfaitement,

Mon R. Père,

Votre très humble et tres obéissant serviteur,

François, E. de Pamiès.

A Pamiès, ce 5 de septembre 1667.

Pas d'adresse.

IX.

Lettre du même au même.

Mon Révérend Père,

Je vous rends grâce de tout mon cœur du consentement que vous avez donné au noviciat de F. François Beyria dans votre maison de Cassan. Je m'asseure qu'il satisfaira vos bons pères. J'ay conféré fort au long avec le P. visiteur afin qu'il peut s'éclaircir plus aisément de la disposition de vos religieux sur les matières du temps. Il y trouva avant son arrivée et y laissa en partant Mrs Feydeau et Feret, qui y avoit été malade. Il vous rendra sans doute un compte exact et fidèlle de toutes choses. Nous avons une commune obligation de ne point souffrir que personne enseigne ou tienne même aucune opinion qui ne soit reçeue dans les écoles et approuvée de l'Eglise et que ceux qui ont part à la conduite des âmes ne se divertissent du soin continuel qu'ils doivent avoir de se sanctifier eux mêmes dans leur vocation aussi bien que les âmes que Dieu leur adresse pour s'amuser à des suiets *quae quæstionem magis praestant quam aedificationem.* Je veux croire, mon R. P., qu'ils se conformeront à vos sentimens et aux nostres. Je me recommande cependant à vos saints sacrifices et prières et suis,

Mon R. P.

Votre très h. et t. o. s.

François, E. de P.

Ce 19 octobre 1668.

Pas d'adresse.

[Ces quatre lettres, que j'ai eu récemment l'occasion d'acquérir, sont aujourd'hui aux Archives départementales de l'Ariège].

X.

La chapelle N. D. de Montgauʒy, près de Foix.

Le 25 mai 1628, Sponde visita la chapelle N. D. de Montgauzy. Sur le procès-verbal (1), il ajouta de sa main qu'il l'avait inspectée le 9 sep. précédente, « laquelle visite etoit plus ample et fut perduë à Pam(iers) avec l'ordon(nance) qui en avoit esté dressée (2) : l'extrait de ceste est en un cahier de mes minutes d'ordonnances ». L'Evêque décrit le grand autel, en maçonnerie, long de douze pans, couvert de toile, orné de « plusieurs images de carton enluminées et d'ung petit tableau du crucifix de bois avec la corniche dorée ». Il montre sur l'autel, « contre la planche, l'imaige de Nostre Dame de bois tenant Nostre Seigneur entre ses bras du cousté gauche, vestue de deux robes et d'un voille ». Entre l'autel et la sacristie, un entredeux de planches. Sur les deux portes qui conduisent à la sacristie, deux « toiles à l'huile, l'une représentant *David,* et l'autre *Salomon* ». Au-dessus de l'autel, un dais « de toille peincte avec le nom de Jésus et au-dessus est ung autre tableau à l'huile représentant *la Natifvité de Nostre Dame* ». Le chœur est séparé de la nef par des balustres en menuiserie et carrelé « de brique ornée ». Dans la nef, trois chapelles de chaque côté. La première à droite est « soubz le nom de la Passion », la seconde, « de Saint-Aloy et jusque-là entretenue par une confrérie des orfèvres, serruriers, balustriers », dont l'Evêque dit en marge qu'elle a été transférée dans l'église paroissiale, la troisième, de Sainte Anne ; à gauche, celles de Saint Eutrope (3), de Saint Michel et de Saint Paul. Sauf les chapelles de Sainte Anne et de Saint Paul, chacune a « au-dessus de l'autel ung tableau à l'huile représentant lesdits saints ». Elles sont fermées de petites murailles basses sans portes ni balustres ;

(1) Même secrétaire que pour Saint-Volusien de Foix.

(2) Sponde, nommé au commencement de 1626 et sacré à Rome le 17 des calendes de septembre, était entré à Pamiers le 23 mai 1627 ; les Huguenots l'en avaient chassé le 13 novembre ; il y rentra en mars 1628.

(3) Saint Eutrope, martyr et premier Evêque de Saintes, est le patron d'une seule paroisse de l'Ariège, celle de Canté (cant. de Saverdun).

celle de Saint Eloy est seule carrelée. Au milieu de l'église, contre un pilier à gauche, la chaire en pierre avec un couvert de sapin. Dans chacune des quatre premières chapelles, un confessionnal. A l'entour de l'église, une galerie de sapin ; au fond, une tribune « pour l'office et le chant garnie de jalousies ». Le chœur seul est « planchéié en plat fonds painct et asuré ». La confrérie de Saint Eloy n'avait « aulcune autre escripture qu'un livre contenant le nom des confraires » ; l'Evêque leur donnera des statuts.

Parmi les ornements de cette chapelle, notons « le devant d'autel cuyr doré avec l'imaige de Sainct Aloy », un ornement complet de satin vert à ramages garni de passementerie d'or faux et doublé de satin vert, une aube en toile de Paris, une vieille chasuble « rompue » de camelot rouge avec la croix en satin blanc de Bruges. « L'église est obscure et n'a point de jour ». Dans le rôle de ces ornements, signalons un pluvial de taffetas blanc « doublé de crespe faconné et garny à l'escusson » et sur le devant de taffetas vert avec une passementerie d'or faux, six robes servant à vêtir l'image de la Vierge (une de velours façonné à grands ramages, une de damas incarnat, une de satin façonné à petits feuillages verts, garnies de passementerie d'or faux, une de damas blanc avec passementerie d'or fin, une de satin bleu et une de damas couleur de feuille-morte garnies de passementerie d'argent fin), cinq aubes en toile de Rouen, dix-neuf petits tableaux peints à l'huile représentant la Passion et ayant leurs corniches dorées, quatre tableaux peints à l'huile « assez grands, avec la corniche dorée, l'un d'un Christ, l'aultre de la Vierge, le 3 de Saint François mourant et le 4 de Saint Jean au désert », quatre guirlandes servant « de couronne pour les images de Jésus-Christ et de Notre Dame, 10 chérubins de papier en bosse tout dorés, 24 chérubins peintz sur du quarton, un petit image de boix représentant Jésus en bosse vestu d'une petite chemise », quarante coussins de différente sorte, « six voiles, deux rouges, l'un brodé de fin or avec de petites perles, le petit Jésus sortant d'un calice en peinture sur le milieu, l'autre garni d'une dentelle d'or fin, deux de tafetas vert, un de tafetas bleu, un de gaze figurant un solheil au milieu ». L'Evêque ajoute de sa main qu'il faut faire carreler les chapelles, y mettre de petites portes, en garnir les autels de nappes, pierres sacrées, croix et tableaux.

(A. E., liasses de papiers inscrits au xviiie siècle comme inutiles. — Deux pièces).

XI.

Inventaire de la chappelle de damas vert et autres ornemens de l'esglize appartenant à Monsieur l'abbé de Foix qui estoient es mains de M. Fabre son ageant et par luy deslivrés présentement suivant l'ordre dudit sieur abbé à M. Baurès, marchant dudit Foix, qui ont esté deslivrés aux MM. du chapitre de mandement de Monsieur l'abbé de Foix le treitzième juin 1638 en la forme qui s'ensuit.

Premièrement ung grand crucifix bois de vene *(sic)* avec son pied de mesme boys (1), — trois pluviaux de damas vert garnis de passements d'argent avec les armoyries dudit sieur abbé en broderie et sans frange, — une chasuble de mesme estoffe et garniture avec ses armoyries sans frange, — deux dalmaticques de mesme estoffe et garnitures dont l'une est garnie de frange d'un costé tant seulement, — un devant d'autel de mesme estoffe et garnitures garny de frange, — deux estolles et trois manicules *(sic)* de mesme estoffe en nombre de cinq pièces, — ung garniment de poulpitre de mesme estoffe, — deux devantz de crédance de mesme estoffe et garniture avec frange, — deux oreilliers ou cuyssinetz de mesme estoffe, — une bourse pour tenir les corporaux de mesme estoffe, — ung voyle de calice de satin vert en broderie d'argent, — ung parant *(sic)* paravant de mesme estoffe, — plus quatre bourses de corporaux, deux voyles de taffetas vert, ung corporal et trois parans *(sic)* paravantz de toille, — six chandelliers de boys de bène *(sic)* noir pour servir à l'autel dans une boette de sapin, — huit sierges de cire blanche, les trois un peu rompus, — six bouquetz pour parer l'autel dans une boette, — dix sept purificatoires toelle d'Holande toutz neufs, — ung chassis pour tendre le devant d'autel.

La chapelle de damas vert en toutes les pièces mentionnées au présent inventaire et autres choses en iceluy enrollées et desquelles il a plu à M. de Caulet seigneur et abbé de Foix honorer son esglize

(1) D'ébène.

abbatiale avec un armoire de sapin ont esté remises dans la sachristie de ladite esglise pour l'usage d'icelle par le sieur Baurès, bourgeois, pour la descharge duquel envers mondit seigneur de Foix j'ay faicte et signée la présente attestation audit Foix le 21 novembre 1638. P. Mansart antien chanoine et prieur claustral.

(A. E., Liasse XXXIX).

XII.

Consultation, sous forme de lettre, de M. de Sacy (I. Lemaistre) à Caulet.

Monseigneur,

Les personnes qui prennent dedeça interet dans vos affaires, ayant iugé qu'on ne pourroit pas empêcher que uos parties n'obtiennent main leuée de la saisie faite sur leur temporel, ont esté d'auis de lier une conférence ceans auec M. Vostre Archidiacre dans Laquelle on a tiré de luy parole de ne rien poursuivre dauantage jusqu'à ce qu'on eut vostre reponse sur ce que L'on Vous escriroit par le Courrier d'auiourdhuy, de quoi j'ay esté chargé a cause des occupations de M. De Saint-Nicolas (1), lequel n'a rien omis pour faire valoir les raisons qui vous ont porté a presser uotre Chapitre sur les obligations a la vie régulière, ce qu'il auoit deia fait en particulier auec le dit sieur Archidiacre stimulant sa conscience sur ce suiet ; Mais enfin celles de ne vous opposer pas a leur sécularisation, laquelle ils esperent obtenir de Rome, ont paru assez considérables pour vous supplier d'y faire attention, pour bien considerer les motifs que Vous dicernerez mieux que Je ne vous les puis exprimer, dont les principaux sont,

1° La difficulté, et comme impossibilité d'arriuer a cette prétenduë reforme.

(1) *M. de St.-Nicolas* est Henri Arnauld, deuxième fils de l'avocat Antoine-Arnauld et frère du grand Arnauld ; alors abbé de Saint-Nicolas d'Angers et âgé de 59 ans, il avait été chargé d'affaires du roi à Rome ; il devint évêque de Toul, puis d'Angers, et c'est alors qu'il se montra l'un des zélés protecteurs de Port-Royal. C'est l'oncle d'A. Lemaistre et de Sacy.

2ᵇ Le préiudice que cette occupation causeroit a uos autres emplois plus importans.

3º Le peu d'utilité pour L'auenir, quand bien le dessein de la Réforme reussiroit.

La difficulté de L'oeuure en soy, qui dit une vision bien rare au pays que Vous habitez. 2º de l'indisposition des suiets et par les qualités de l'esprit et par leurs mœurs. Vous les connoissez. 3º du peu de zele en ceux qui ont l'autorité auiourdhuy. 4º de la protection que trouuent les Libertins dans la chicane par la conuoitise présente. 5º de la dépense a faire pour leuer seulement quelques unes de leurs prétextées oppositions, comme de n'auoir une Eglise, ni lieux réguliers et peu d'esperance d'y en edifier.

Pour le préiudice a vos autres emplois. C'est assez dire qu'il ne faudra plus parler de resider, et que la depense si utile et si nécessaire sur les lieux sera malheureusement détournée dans la bourse des gens qui ne se sanctifieront pas par cet argent.

Il y a aussi peu d'utilité a espérer de cette réforme, supposé même que vous l'emportiez contre eux en tout Tribunal ; car les arrests quelqu'argent qu'ils coustent a obtenir, ne donnent pas la vraye penitence au cœur quoiqu'ils fassent souuent les repentis. Et si vous n'auez qu'une reforme au dehors, qu'auez vous auancé, sinon peut-être un etat pire en ceux qui pechent plus malignement sous ces feintes. Je seay un ordre, et vous le connoissez, Monseigneur, qui a cousté bien de l'argent et du temps à Ceux qui en ont sollicité la réforme, et qui après tout n'a fait que des repentis, et dont la conduite est deuenuë encore plus dangereuse depuis qu'ils ont réformé leur habit.

Supposé même ladite reforme iusqu'au cœur qui seroit a la vérité une consolation bien grande pour L'Euéque, et Edification a la Ville Episcopale ; mais combien durera ce bien qui auroit tant cousté, et interrompu, pour ne dire empescher, tant d'autres biens. Et quels engagemens sur L'auenir, soit a reformer dans le relaschement soit a separer des privilèges en les assujettissant a une Congrégation.

Ces raisons, Monseigneur, ont fait résoudre que l'on vous escriroit pour attendre vostre résolution, Si elle est de consentir a la secularisation, Vous n'aurez qu'a envoyer procuration pour cela. Et si vostre esprit se trouue en perplexité, et que Vous desiriez en laisser la determination a quelques uns de vos amis de confiance ici, Vous pourrez en escrire et enuoyer aussi la même procuration pour en disposer selon leur jugement.

Il seroit bien a souhaiter que vous fussiez present a une délibération si importante pour toutes les circonstances et les suittes a menager sur les interets de vostre Esglise. Mais si vous iugez plus a propos de vous epargner ce voyage, on y travaillera le plus fidelement qu'il se pourra. Cependant L'on a fait esperer que vous aurez la bonté d'accorder a Messieurs vos Chanoines main leuée de la saisie faite de leur reuenus pour un certain temps, Et que L'on vous prieroit de le vouloir ainsy. Et nous croyons, Monseigueur, que vous le deuez d'autant plus qu'il est comme impossible d'euiter qu'elle ne leur soit donnée par Le Conseil.

C'est, Monseigneur, le suiet de la presente, auec la tres humble priere de nous honorer tous de vostre souuenir deuant Dieu, et de nous croire tout a Vous, comme nous le sommes, et en particulier le Secretaire du susdit Conseil qui se dit auec vostre permission,

Monseigneur,

Vostre tres humble et tres obeissant serviteur,

I. LEMAITRE, signé a l'original.

Et plus bas : Mon frere (1) a assisté a la susdite conference auec M. De Saint-Nicolas, M. L'abbé de Caulet (2) et M. Depons (3).

Escrite a Paris le 20ᵉ decembre 1656.

(A. E., liasse XXIX. — Nous avons respecté l'orthographe de la pièce ; ce n'est pas l'original).

---

(1) Le frère aîné d'Isaac Lemaistre est le célèbre avocat Antoine Lemaistre, qui mourut en 1658.

(2) Pour l'abbé de Caulet, voir ma p. 181.

(3) *M. de Pons* était curé de Saint-Jacques-du-Haut-Pas ; c'est lui qui administra Saint-Cyran, déclara ensuite qu'il ne l'avait pas assisté, et fut victime d'une tentative d'empoisonnement que le P. Rapin attribuait aux Jansénistes. Voir le *Port-Royal* de Sainte-Beuve, 4ᵉ édit., t. II p. 538 et suiv.

XIII.

Nous analysons à cette place une ordonnance de Cerle, « vicaire général de Pamiers, le siége vacant, confirmé par authorité apostolique », adressée en janvier 1681 au clergé et au peuple du diocèse (1). Cerle dit qu'Abraham s'afflige de ce qu'Ismaël s'élance contre Isaac, et Rébecca, de ce que la faveur d'Esaü oblige Jacob de fuir. Il signale le mal qu'endurent « les dignes disciples de l'incomparable prélat que l'Eglise par la bouche de son chef visible qualifie d'*homme selon le cœur de Dieu et vraiment apostolique* ». La fuite de quelques-uns est plus sainte que celle « des admirables fugitifs dont parle Isaïe » ; il insiste sur « ces bons religieux, ces vierges pures, ces vertueux laïques » ; il leur oppose ceux qui les persécutent, notamment les Frères Mineurs Conventuels de la maison de Pamiers et ceux de la Compagnie de Jésus qui sont au Collège de cette ville, qui confessent sans autorisation, et ces derniers plus audacieusement encore que les Cordeliers. « On a veu le Recteur du Collège courir en pleine rue vers quelques régalistes excommuniés dont chacun évitoit la rencontre avec l'horreur que tout bon fidèle doit avoir pour des personnes livrées à Sathan, et dire tout haut en les embrassant des paroles peu sérieuses... Le régent de Rhétorique a entretenu ses escoliers en pleine classe d'une manière très licencieuse des histoires fâcheuses de quelques papes du xe siècle, bien que la jeunesse de Pamiers ait besoin de sucer avec le laict une particulière vénération pour le Saint Siége à cause que cette ville a esté infectée de l'hérésie de Calvin et qu'elle est dans le voisinage de quelques villes huguenotes... Ils font le plaisir au P. de La Chaise... Ils méprisent le bref de Sa Sainteté du 2 octobre dernier par lequel elle deffend de reconnoitre d'autres vicaires généraux que ceux qui ont esté ou seront élus par les Chanoines

---

(1) Cette pièce manuscrite m'a été communiquée par M. l'abbé Barbier, chanoine de la Cathédrale de Pamiers ; je le remercie d'avoir bien voulu la mettre à ma disposition, ainsi que l'ordonnance (également manuscrite) de Cerle au P. Mercier dont j'ai parlé plus haut, p. 150.

Réguliers de Pamiers ». Suit la condamnation de Fortassin, « prétendu grand-vicaire », de la manière dont le Métropolitain a dispersé le chapitre depuis août 1680 ; l'affirmation que Fortassin est schismatique, « comme un loup qui fait mille ravages dans le troupeau... comme le Dragon de l'Apocalypse qui arrache du ciel avec sa queüe la troisième partie des étoiles » ; l'appréciation sévère du gouverneur du pays, le marquis de Mirepoix, surtout du juge-mage de Pamiers, le sieur de Malenfant, qui avait été « avec une troupe de gardes dans la chapelle de N. D. de Sabart pour en chasser les ecclésiastiques », qui chasse les curés de leurs bénéfices pour y installer les régalistes, qui a fait dire à Caulet « sur la fin de sa vie qu'il mouroit avec le déplaisir de ne l'avoir pas excommunié ». Pour ces motifs, Cerle ordonne aux Cordeliers et aux Jésuites de faire amende honorable pour avoir prêché et confessé sans son autorisation, et nommément au P. Dispania, recteur du Collège (1) ; faute de quoi, ils seront suspendus conformément à son ordonnance du 8 octobre. Il interdit d'apprendre à la jeunesse à mépriser le Saint Siége, de lire l'*Histoire de la décadence de l'Empire et du Luthéranisme* du P. Maimbourg (2), sous peine d'excommunication. Il menace le sieur Fortassin de l'excommunier s'il ne se repent pas, et aussi le sieur de Malenfant ; quant au marquis de Mirepoix, il se contente de l'admonester « paternellement », de lui rappeler son titre de « maréchal de la Foi » ; pour Béringuier, curé de Dun, et Lombès, curé de Saint-Félix, qui ont bravé ses ordonnances des 27 septembre et 18 octobre 1680, il les déclare suspendus et se réserve l'absolution de cette suspension.

(1) *Sic.*

(2) Le P. Maimbourg, jésuite, mourut en 1686. Il fut dégradé par le général de son ordre, comme trop gallican et se retira à l'abbaye de Saint-Victor, à Paris, où Louis XIV le pensionna. Son *Histoire de la décadence de l'Empire* part de Charlemagne ; celle du *Luthéranisme* passa relativement inaperçue ; quant à celle du *Calvinisme*, Bayle en fit une *Critique générale* qui est un des ouvrages les plus remarquables du philosophe ariégeois.

XIV.

Au moment d'achever l'impression, on me communique une vie manuscrite de Caulet où il y a un certain nombre de détails qu'il convient d'indiquer en guise d'additions à ce qui précède, et en renvoyant aux pages de notre livre.

P. 8. — H. de Sponde dans son ordonnance du 21 septembre 1631 avait déclaré que l'état de chanoine régulier était incompatible avec celui de chanoine de la cathédrale et invité le chapitre à vivre en communauté ou à solliciter du Pape la sécularisation. Puis il ne chercha qu'à les contraindre à vivre en communauté, loin de les aider à obtenir la sécularisation.

P. 33. — L'Evêque et les chanoines consultent quatre docteurs de Sorbonne, J. Charton, R. Duval, M. Grandin, Ch. Mallet (1). Ceux-ci, par un mémoire daté du 29 octobre 1646 que le biographe anonyme transcrit, sont défavorables aux chanoines.

P. 34. note 1. — L'arrêt du conseil du 12 février 1642 permettait de solliciter la sécularisation, mais ordonnait, en attendant, d'élire un prieur claustral et de vivre sous ses ordres en communauté.

P. 36. — En décembre 1654 l'Evêque indique aux chanoines deux maisons à habiter, contigues, celles de feu Le Goible et celle de R. Martin alors chanoine et prieur de Rieucros.

P. 53. — Caulet ayant reçu à la profession Carla que le chapitre ne voulait pas y admettre, et cela « le dimanche 7, dans l'église cathédrale, pendant la grand'messe, en la forme accoutumée », le nouveau chanoine veut se placer aux stalles hautes du chœur ; Mascaron s'approche, lui dit de descendre, le pousse même plusieurs fois avec violence.

P. 61. — La bulle d'Alexandre VII est datée du 10 mai 1659. Il paraît, dit le biographe, que M. de Caulet ne fut point entièrement

(1) Sur ces quatre docteurs, voir le *Port-Royal* de Sainte-Beuve, *passim.*

satisfait de la bulle : aussi ne fut-elle enregistrée que le 3o juillet 1661.
Il écrivit au Cardinal Dataire. Celui-ci répondit en septembre et
octobre 1659 ; le biographe résume ses réponses et estime qu'elles
auraient bien « dû modérer l'ardeur avec laquelle M. l'Evêque
avoit poursuivi et poursuivoit un aussi grand nombre d'arrêts du
Conseil pour obliger ses chanoines à faire plus que la Cour de Rome
n'auroit exigé d'eux.» Le biographe ajoute que la sécularisation était le
seul moyen d'en sortir, et que l'œuvre finale de Caulet fut détruite
par la Régale : « et dans un moment il ne resta rien d'une entreprise,
qui lui avait coûté plus de 3o années de travail, pour laquelle il avait
obtenu plus de 20 arrêts du Conseil Privé, des bulles, des lettres de
Rome, lui qui aimait tant le Dieu de la paix et qui cherchait avec tant
de zèle le salut des âmes. »

P. 80. — Les *anciens*, on les appelait *messieurs ;* les *réformés, frères,* et ils s'appelaient entre eux *pères.*

P. 99. — Carrère, ancien chanoine du Camp et curé de Sabart,
avait été d'abord des mieux disposés à seconder la réforme de l'Evêque. Mais le biographe dit qu'il refusa de prendre le nouvel habit,
résigna son canonicat et la dignité de sacristain, entra dans la congrégation de Sainte-Geneviève. Il laisse entendre que Carrère trouvait
trop austère le genre de vie de réformés.

P. 104. — Le biographe se refuse à voir « un trait de fourberie »
dans la lettre que Caulet, revenu de Paris en 1675, reçut du P. de la
Chaise. Il ne veut pas condamner l'assemblée du clergé de 1682 qui,
le 6 mai, regretta « que la conduite de M. de Pamiès n'eût pas été
plus modérée envers le Roi ».

P. 108 note 4. — Le biographe ne ménage pas Palarin, « ce zélé
promoteur qui avait engagé le prélat à excommunier les jésuites, cet
ennemi déclaré de la morale relâchée, ce défenseur si ardent des prin-
cipes de la morale sévère, qui, après avoir tant fait contre la Régale et
les Régalistes, demanda le canonicat de R. Martin, puis le doyenné
du Camp. » Il est aussi sévère pour Brau. « Ces deux prêtes avares et
séditieux s'estoient mis à la table des persécuteurs de M. de Caulet
et réunis pour cela avec les Jésuites de Pamiers et le juge-mage ». Quand
Palarin, à la tête des régalistes, voulut assister aux obsèques de celui
qui l'avait excommunié, le murmure du peuple, les représentations
des chanoines réformés et du P. Morin, prieur de l'abbaye de Foix,

auraient dû les forcer à se retirer ; ils restèrent ; le biographe ne veut pas affirmer que c'ait été sur les conseils du P. d'Hispagnac, recteur du collège des jésuites.

P. 110. — Mme de Mondonville (1) aurait caché Cerle et Charlas avant de leur fournir le moyen d'aller à Blaye, puis à Rome.

P. 118 et suiv. — L'arrêt du 14 *(sic)* janvier 1638 ordonne de lever 45.000 l. pour la cathédrale, 15.000 pour le palais épiscopal en dix ans ; un du 9 juin 1639, en six ans seulement. Par un accord du 21 février 1653, l'Evêque devait donner 4.000, le chapitre 3.000, chaque année jusqu'à ce que l'ouvrage fût fini. Le 14 mars 1662, on transige avec Cagnac, maître maçon de Toulouse, pour 5 liv. 10 sous par canne carrée ; l'Evêque et le chapitre devaient lui fournir les matériaux à pied d'œuvre. Le biographe ajoute qu'en août 1680 il ne manquait que les voûtes des huit petites chapelles ; que l'ouvrage, selon un mémoire du chanoine Durieu, avait coûté 40.000 écus dont l'Evêque avait « trouvé le secret de faire payer les deux tiers au chapitre » malgré les conventions passées.

P. 190. — L'auteur anonyme de cette vie de Caulet, désireux de rester dans un juste milieu, ne sait pour quelles raisons on a prétendu que les jésuites avaient regardé Caulet comme un *scélérat :* « ce terme est trop choquant et même scandaleux », dit-il.

---

(1) Dans le *Centenaire de l'Ecole Normale* (Paris, Hachette, 1895), M. Paul Dupuy étudie l'Ecole Normale de l'an III et à ce propos indique que c'est chez les Jansénistes du xviie siècle que se rencontre l'idée de fonder des écoles destinées à former des maîtres. Il cite les *Régentes* de Pavillon, omet les *Mirepoises* de la sœur de Caulet, signale les *Filles de l'Enfance*, « véritable école normale de femmes, anéantie par les Jésuites en 1686 » et la communauté de filles établie par Choart de Buzanval, évêque janséniste de Beauvais. La *Congrégation* fut supprimée sur la réquisition de Boucherat, chancelier de France, et « la Mondonville », exilée chez les Religieuses Hospitalières d'Avranches, ajoute le biographe anonyme de Caulet, de Coutances, disait Sainte-Beuve qui, dans son *Port-Royal*, fait de Mme de Mondonville une Angélique non cloîtrée.

XV.

Les armes de Caulet ont été reproduites d'après le **Registre des** Pénitents Bleus de Foix.

Dans tout ce qui précède, j'ai désigné par R. C. les registres des délibérations du chapitre cathédral de Pamiers, qui font depuis **assez** longtemps partie des archives départementales de l'Ariège, — par A. E. les liasses des anciennes archives de l'Evêché de Pamiers, conservées jusqu'en 1886 dans le clocher de la cathédrale de cette ville, réunies alors aux Archives départementales par les soins de M. Pasquier archiviste de l'Ariège, et non encore classées. Pour le reste de notre bibliographie, il suffit de se reporter aux notes de ce travail-ci.

Fac-simile de l'écriture de CAULET

I _ Abbé de Foix (*Quittance donnée à Lavelanet le 17 Septembre 1638*)

II _ Evêque de Pamiers (*Ordonnance appointée à Pamiers, le 11 Mai 1652*)

Fac-simile d'une lettre autographe de CAULET
au Général de la Congrégation des Chanoines Réguliers
de Saint Augustin (Pamiers, 9 Janvier 1650)

ERRATA.

P. 4, l. 9. — Collège.

P. 8, n. 2. — *Au lieu de :* il avait été, *lire :* il fut.

P. 12, n. 13, l. 2. — Commende.

P. 13, n. 3. — Du P. Charles Faure.

P. 17, l. 10. — Témoigne.

P. 18, l. 15. — Commendataire.

P. 19, l. 2. — Remettre.

P. 20, l. 9. — *Pas de trait d'union.*

P. 20, l. 14. — Celles-ci.

P. 21, l. 7. — Se rendent.

P. 21, l. 12. — Prébendiers.

P. 22, l. 18. — Capucins *avec une majuscule.*

P. 25 n. 1, l. 1. — Haut-justicier.

P. 36, l. 7. — Chapitre.

P. 39, n. 6, l. 2. — *Hortuli.*

P. 52, n. 5. — Requeste.

P. 74, l. 4. — Trouverait.

P. 79, l. 23 et 24. — *Intervertir les mots* réformés *et* anciens.

P. 82, l. 10. — Sur ces entrefaites.

P. 83, l. 3. — Roy.

P. 84, l. 29. — Août.

P. 91, n. 8. — *Lire :* Pièces Just., nᵒ V (*et non pas* IV).

P. 97. — L'évêque de Cahors en novembre 1670 est Nicolas Sevin ; Alain de Solminihac était mort le 31 décembre 1659.

P. 100, l. 3 de la note 6. — Aujourd'hui.

P. 104, n. 2. — Il n'avait.

P. 102, l. 7. et p. 105, l. 17. — Saint-Jean-du-Falga.

P. 118, l. 8. — Lumière.

P. 123, l. 3. — *Pas de guillemets.*

P. 128, l. 7 de la note 3. — Registre.

P. 131, l. 16. — Du.

P. 131, l. 21. — Une.

P. 141, l. 19. — Liberté.

P. 154, l. 17 et 18. — *Lire :* aux travaux de P. de Caulet, l'église dut le mur.....

P. 154, l. 29. — *Au lieu de :* à l'administration de Pierre de Caulet, *lire :* à l'histoire de cette église.

P. 161, l. 23. — Déserte.

P. 201, l. 9. — Clément IX.

P. 173, n. 3. — *Dictionn. de l'archit.*

TABLE DES MATIÈRES.

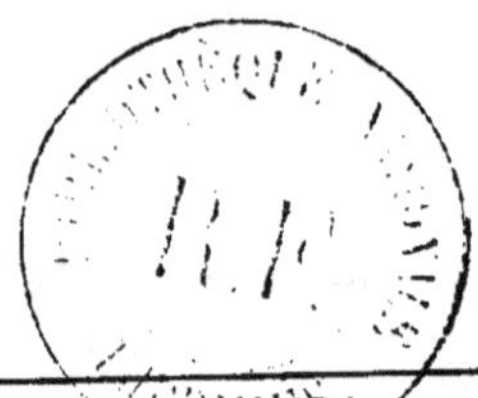

Foix, imprimerie-typographique GADRAT Aîné, rue de l'Histour.